中等职业教育市场营销专业创新型系列教材

广告策划与创意实务

郭　萍　李素芳　主编

张从罗　李兴昌　李秀革　副主编

科学出版社

北　京

内 容 简 介

本书全面介绍广告学的相关知识和广告业务的实操技术，共分为七个项目，分别是认知广告、开展广告调研、组合广告媒体、广告策略、凝练广告创意、广告制作和广告运作规范。本书采用项目任务式教学模式，每个任务由一个或多个学习情境组成，每个学习情境包括情景导入、知识储备、任务演练等环节，并且在需要之处设置了"知识延伸""案例阅读"，每个项目最后还有综合实训和习题。本书在编写时注重学生的实际操作，以期使学生不仅能够掌握广告和广告业务的基本知识，还能够将所学的知识应用到广告业务的各个环节中，能够对实际的广告业务进行操作。

本书可作为中职学校商贸类专业学生广告课程的教学用书，也可作为市场调研人员、营销管理人员、客户服务人员、广告业务人员等学习广告知识、提高广告业务能力的实用手册。

图书在版编目（CIP）数据

广告策划与创意实务/郭萍，李素芳主编. —北京：科学出版社，2016
（中等职业教育市场营销专业创新型系列教材）
ISBN 978-7-03-050692-4

Ⅰ. ①广… Ⅱ. ①郭… ②李… Ⅲ. ①广告学－中等专业学校－教材
Ⅳ. ①F713.81

中国版本图书馆 CIP 数据核字（2016）第 276848 号

责任编辑：涂 晟 李 娜 / 责任校对：王万红
责任印制：吕春珉 / 封面设计：东方人华平面设计部

科学出版社 出版
北京东黄城根北街 16 号
邮政编码：100717
http://www.sciencep.com

三河市良远印务有限公司印刷
科学出版社发行 各地新华书店经销
*

2016 年 10 月第 一 版 开本：787×1092 1/16
2019 年 8 月第五次印刷 印张：16 1/2
字数：370 000

定价：40.00 元
（如有印装质量问题，我社负责调换〈良远〉）
销售部电话 010-62136230 编辑部电话 010-62135763-2013

前　　言

广告大师李奥·贝纳说过:"我们希望消费者说'这真是个好产品',而不是说'这真是个好广告'。"

广告是主要的市场营销手段。随着社会经济的繁荣、社会大数据和信息化的发展、人们审美的提高和品位的提升,广告在企业树立形象、打造品牌、宣传产品等方面发挥了不可替代的作用。越来越多的企业认识到,在竞争日益激烈的市场环境中,通过广告来发掘市场是参与市场竞争的必要手段,同时也是获得消费者认可的主要途径。

中职教育的目的是要培养在生产经营、社会服务领域具有高素质的技术技能型人才,这就要求中职教材既要做到有利于学生对基本知识和基本技能的掌握,又要有利于学生自身素质的提高,为学生毕业后成功走上相关工作岗位奠定良好的基础。基于以上考虑,编者精心编写了本书,旨在帮助学生掌握基本的广告理论,熟悉且能够操作广告的基本业务,在广告前期市场调查、中期设计制作和后期测评中均能够按规范操作,真正成为营销职业人。

本书共分七个项目,分别是认知广告、开展广告调研、组合广告媒体、广告策略、凝练广告创意、广告制作和广告运作规范。

本书具有以下特点:

1)实用性强。本书的广告理论知识全面,信息量大,涵盖了从广告基本认知、广告前期调研到广告创意设计,再到广告运作规范,繁简得当,突出重点,深入浅出,贴近实际。

2)针对性强。本书突出中等职业教育的特点,突出案例教学,突出实践操作,对中职学生有极强的针对性。

3)体例独特。本书设置了任务演练,双线并行,共同构成教材内容:教材内容=专业知识+任务演练。每个项目包括以下内容:

① 项目内容:各项目开篇均设有项目内容,包括知识目标、技能目标、过程与方法和职业素养,使学生首先明确本项目的内容、知识点和技能点。

② 情景导入:每个任务均从"情景导入"入手,吸引学生对本部分内容的关注,引发学生思维,让其对新知识有一个具体、形象的认识,从而产生兴趣。

③ 知识储备:基础知识部分穿插设置"知识延伸""案例阅读"等小栏目,使教学更加贴近生活和职业岗位的需要,在轻松中给学生以启迪、阳光和振奋等,增强了内容的可读性和知识的新颖性,让教材更加生动、形象。

④ 任务演练:每个学习任务最后设置针对此任务的实践内容供学生参考模拟或实操,检验对知识的领会和应用情况。

⑤ 项目总结:针对每个项目的核心内容做简要的总结回顾。

⑥ 检测练习:设计一些重要的理论练习题目,为师生提供共同分析讨论、互动的平

台，使学生在做中学，在学中练，有利于理论知识和实践操作能力的提升。

⑦ 实训项目：每个项目中设有实训项目，以提供给学生按照项目内容自行设计和实施实践的机会，检验学习效果。

本书可用 108 学时进行教学，教师可根据需要选讲其中相关内容。具体学时分配参考如下：

学时分配参考表

项 目 名 称	参 考 学 时
广告简介	8
开展广告调研	16
组合广告媒体	16
广告策略	16
广告创意	16
广告制作	28
规范广告运作	8
合计	108

本书项目一由杨敏编写，项目二由邵新、马小姗编写，项目三由李秀革、林楚冰编写，项目四由王存利编写，项目五由郭萍、张从罗编写，项目六由李兴昌编写，项目七由李素芳编写。本书由郭萍、李素芳担任主编，张从罗、李兴昌、李秀革担任副主编。全书由郭萍负责设计大纲、统稿和定稿工作。

本书的编写和出版，得到了河北经济管理学校、广东普宁职业技术学校、惠州城市职业学院的大力支持和帮助，特此表示衷心的感谢。另外，本书在编写过程中参阅了国内外大量的文献资料，限于篇幅，在此不能一一罗列，编者就此向著者表示诚挚的谢意。

限于编者水平，书中难免存在不当或疏漏之处，敬请广大读者指正，以臻完善。

编 者
2016 年 8 月

目　　录

项目一 广 告 简 介

▲项目内容

1. 知识目标

1) 掌握广告的含义、分类及要素。
2) 了解广告在营销中的作用。
3) 掌握广告业务的基本流程。

2. 技能目标

1) 能够从不同的角度对广告进行分析。
2) 能够根据广告业务流程从事广告业务工作。

3. 过程与方法

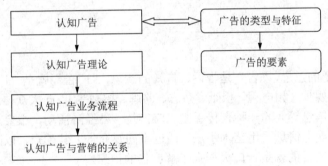

4. 职业素养目标

乐观。

任务一 认 知 广 告

学习情境 1 认知广告的类型与特征

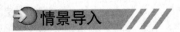 情景导入 ////

广告的创意时代

　　人们在营销方面做出的很多努力都是试图推广产品，使产品打入更大的市场。这些行动可以满足客户需求，与之产生强烈共鸣，甚至渗入流行文化，并成为我们生活和语言的一部分。而广告成为衔接商家和消费者之间的纽带。

有些营销失误会使策划者感到深刻自责和遗憾。在 Mars 公司放弃了使其 M&M 品牌糖果在电影《ET: 外星人》中露面的机会后,导演斯皮尔伯格转向 Hershey 公司。Hershey 公司抓住了这次机会,这一投资非常值得。据《时代》杂志 1982 年报道,在电影上映后的几个月中,Reese 糖果的销售额上升了 65%。即便影片中没有提到该产品的名字,但能将它独有的橙色包装展现出来就足够了,这一植入式广告使生产商得到了大力的促销支持。

20 世纪 70 年代早期,美国波特兰州立大学平面设计专业学生卡罗琳·戴维森（Carolyn Davidson）为耐克设计了钩形商标,关于耐克到底向她付了多少费用一直有很多传言（事实上是 35 美元）。但自从 1972 年它在美国田径奥运选拔赛使用的耐克鞋上出现之后,这个钩形图标就一直作为耐克的商标。它为什么会获得成功呢？有人说它是"一艘空船":"它是如此简洁,并且相隔一段距离也可以看得见。而其他更复杂的标志可能会很著名,但无法获得如此好的品牌效应。"由于钩形标志本身没有固有的意义,耐克可以用它衍生出任何想要得到的形象,而此后耐克很多的平面广告只是宣传它的品牌形象。

（资料来源:https://www.douban.com/note/167304049/?type=like）

思考:生活中的广告怎样影响我们的生活？

📖知识储备

（一）广告的含义

"广"是广泛的意思,"告"是告诉、告知的意思,"广告"就是"广泛地告知"。广告是借助一定的媒体（如电视、报纸、杂志、路牌、招贴等）,向大众传达一定信息（如文化信息、商品信息等）的一种宣传手段。广告是一种经济活动,主要是将广告主付费的商品、劳务和观念信息采用艺术手法,通过不同媒介告之其受众,以改变或强化消费者观念的行为。其目的就是让广大群众了解广告的信息。

（二）广告的特征

1. 营利性

营利是广告的本性和生命,不营利的广告行业无法生存。

2. 信息性

广告传达的是信息,表现手法有图像、文字、声音及色彩等,广告像一个默默伫立的路人,用它的姿态倾诉与引导受众的情绪与心理。

3. 指导性

广告的标题带有指导性,即使是无标题广告,也会通过主题给受众以指引。

4. 说服性

广告的目的是说服受众,接受其诉求。

5. 艺术性

艺术是广告的实力所在，通过艺术创造吸引人们的目光，影响人们的行为。

（三）广告的类型

1. 按照广告的内容分类

广告按照内容分类可以分为产品广告、品牌广告、观念广告和公益广告。

产品广告指向消费者介绍产品的特征，直接推销产品，目的是打开销路、提高市场占有率的广告。

品牌广告指以树立产品品牌形象，提高品牌的市场占有率为直接目的，突出传播品牌在消费者心目中确定的位置的一种广告。

观念广告是通过提倡或灌输某种观念和意见，试图引导或转变公众的看法，影响公众的态度和行为的一种公关广告，既可以宣传组织的宗旨、信念、文化或某项政策，也可以传播社会潮流的某个倾向或热点。它是以建立观念为目的的广告，不直接介绍产品，也不直接宣传企业信誉，旨在建立或改变一种消费观念。观念广告有助于企业获得长远利益。

公益广告是以为公众谋利益和提高福利待遇为目的而设计的广告；是企业或社会团体向消费者阐明它对社会的功能和责任，表明自己追求的不仅仅是从经营中获利，而是过问和参与如何解决社会问题和环境问题这一意图的广告；是指不以营利为目的而为社会公众切身利益和社会风尚服务的广告。它具有社会的效益性、主题的现实性和表现的号召性三大特点。

2. 按照广告的传播媒介分类

广告按照传播媒介可以分为报纸广告、杂志广告、电视广告、电影广告、网络广告、包装广告、广播广告、招贴广告、POP 广告、交通广告、直邮广告、车体广告、门票广告、餐盒广告等。随着新媒介的不断增加，依据传播媒介划分的广告种类也会越来越多。

3. 按照广告的传播范围分类

广告按照传播的范围可以分为国际性广告、全国性广告、地方性广告和区域性广告。不同传播范围的广告根据其受众范围和特点也具有不同的特征。

4. 按照广告的传播对象分类

广告按照传播对象可以分为消费广告和企业广告。

消费广告以消费品为广告内容，主要是向广大消费者传播各类商品的信息。

企业广告以生产资料为广告内容，主要是向工业企业传播有关原材料、机械器材、零配件等生产资料的信息，一般利用专业杂志或专业媒体发布广告信息。

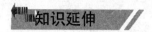 **知识延伸**

商业广告存在的意义

商业广告之所以存在，是有其特殊意义的，它可以传达出产品的信息、品牌、形象，从而吸引消费。具体包括以下几个方面。

1. 表达信息

现代商业社会中，商品和服务信息绝大多数都是通过广告传递的，平面广告通过文字、色彩、图形将信息准确地表达出来，而二维广告则通过声音、动态效果表达信息，通过以上各种方式，商品和服务才能被消费者认识和接受。

2. 树立品牌形象

企业的形象和品牌决定了企业和产品在消费者心中的地位，这一地位通常靠企业的实力和广告战略来塑造和维护。在平面广告中，报纸广告、杂志广告由于受众广、发行量大、可信度高而具有很强的品牌塑造能力。而结合二维广告，则可以使塑造能力大大增强。

3. 引导消费

平面广告一般可以直接送到消费者手中，而且信息详细具体，如购物指南、房产广告、商品信息等都可以引导消费者去购买产品。二维广告则可以通过动态效果的影响，促使消费者消费。

4. 满足消费者的需求

一幅色彩绚丽、形象生动的广告作品，能以其非同凡响的美感力量增强广告的感染力，使消费者沉浸在商品和服务形象给予的愉悦中，使其自觉接受广告的引导。因此，广告设计是物质文化和生活方式的审美再创造，通过夸张、联想、象征、比喻、诙谐、幽默等手法对画面进行美化处理，使之符合人们的审美需求，可以激发消费者的审美情趣，可有效地引导其在物质文化和生活方式上的消费观念。

任务演练

将学生分为若干个学习小组，最好是六人一组，分析讨论自己心目中的广告是什么样的，结合广告实例分析广告的优缺点有哪些，然后分组汇报。

任务评价标准与记录如表 1-1 所示。

表 1-1　任务评价标准与记录

评价内容与标准	1组	2组	3组	4组	5组	6组
素材搜集						
汇报文本						
汇报内容						

续表

评价内容与标准	1组	2组	3组	4组	5组	6组
汇报效果						
创新体现						
合计						

重点记录：

注：评价内容一般分为五项，评价标准一般分为优秀（A记2分）、一般（B记1分）、不合格（C记0.5或0分）三个等级，每个任务满分为10分。此表可用于教师打分和学生互评。

学习情境2　认知广告的要素

▶ 情景导入 ///

飘柔的广告要素分析

1. 广告目标

产品广告本身并不能直接达到销售目的，只是一种促进销售的重要手段。广告可以提高产品知名度，树立品牌形象，推动产品销售，以促成营销目标的实现。飘柔在洗发水市场中已占据一定地位，"柔顺"的特性早已深入人心，这一系列广告的目的在于增加消费者对广告产品的消费习惯和偏爱，加深消费者对此产品的好感和信心，从而确保已有的产品市场，并提高产品市场占有率。飘柔通过大量的广告宣传，使飘柔洗发水可以让头发柔亮顺滑的广告目的深入人心，将浪漫的广告故事情节与产品合二为一，与受众产生交流，达到让产品深入人心的目的。

2. 广告信息

飘柔洗发水拍了一系列由人气偶像罗志祥和曾恺玹主演的浪漫爱情式的广告故事。这一系列的广告创意在于策划人别具匠心地将产品宣传植入了一个大众都容易接受的浪漫爱情故事之中。这个故事被分为五个部分。飘柔洗发水的"柔顺"特性自始至终贯穿于五个部分之中，广告中多次出现女主角的柔顺秀发滑过男主角指间的镜头，尽显飘柔能使秀发"柔亮顺滑、滋养、抚平毛躁"的效果。

飘柔的诉求对象是年轻的、现代的、追求完美的自信女性，广告中所营造的浪漫气氛及唯美画面，还有女主角一头乌黑柔顺的秀发，很容易抓住女性的眼球，使其产生对产品的美好联想，从而诱发购买行为。好的广告创意必须具备在消费者感觉不到任何推销压力的情况下，自觉地接受广告产品。飘柔的这一系列广告创意就做到了这一点。

这一系列广告的创意除了浪漫的故事和唯美的画面外，还具有艺术感，巧妙地将品牌名称融入其中。"非一般的柔顺，触发非一般的心动""柔顺一触难舍，一触瞬间心动"两句广告语把广告升华到极致，同时也达到了产品的宣传效果。飘柔这一系列广告把情感因素和品牌特征进行了完美的结合，并有效地发挥了明显效应，这就是它的创意所在。

3. 消费心理

宝洁公司采用的是只向消费者承诺一个利益点，他们认为只有把产品与消费者的特定需要进行直接的结合才能与消费者有效建立情感上的联系。飘柔的诉求对象是年轻的、现代的、追求完美的自信女性。飘柔认为，要想打动消费者就必须从了解消费者的心理出发，对消费者进行情绪、愿望等情感上的把握，用感性诉求来激发消费者的情感，进行"情感投资"，从而激发消费者的购买动机，促成消费者的情感消费。飘柔从情感的层面发掘消费者与产品的连接点，与消费者进行深度沟通。飘柔广告片风格始终如一，表达的信息简洁、生活、健康，有种小幸福在里面，亲切自然，对品牌积累十分有利。飘柔在广告上表现出的亲和力，让消费者产生了强烈的品牌信任感。毫不做作、细致入微的细节描写展现了飘柔关心消费者的生活品质形象。

（资料来源：http://wenku.baidu.com/link?url=ZnvwHHE10-0UZ8hPRvLczj56dEQlblRAkrW5_
35BQVg8g_VRVXGKZNpc58m8zPm0H9i1lHqD0OMyYG1yaz_EjOy14i8SaRMtLH8ehXi-p7e）

思考： 飘柔的广告要素融合得是否完美？何以见得？

📖知识储备

广告有三个要素，分别是广告目标、信息个性和消费心理。

（一）广告目标

企业通过广告活动要达到一定的目的。广告最基本的目标在于促进销售，除此之外，还包括很多具体目标。

1. 广告目标的种类

按照目标的不同层次可分为总目标和分目标。总目标是从全局和总体上反映广告主所追求的目标和指标，而分目标是总目标的具体目标。

按照目标所涉及的内容，可分为外部目标和内部目标。外部目标是与广告活动的外部环境有关的目标，如市场目标（包括销售量目标、广告覆盖面及广告对象等）、计划目标（包括销售量目标、销售额目标、利润率目标）、发展目标（树立产品和企业形象、扩大知名度及企业生存和发展目标）。内部目标是指与广告活动本身有关的目标，如广告预算目标、质量目标和效果目标等。

按目标重要程度划分，有主要目标和次要目标。主要目标涉及全局，是广告活动的重点，要全力以赴，不可放弃。在一定的条件下，为了广告的整体效果和企业的整体利益，在广告宣传中宁可放弃次要目标，也要保证达到主要目标。

2. 广告目标的内容

广告目标在不同的企业、不同的商品，以及在商品生命周期各阶段上往往不同，广告目标的内容归纳起来大致有以下几个方面：

1）介绍新产品的性质、性能、用途和优点，协助新产品进入目标市场，以提高商品的知名度为目标。

2）介绍老产品或改进后的产品具有的新用途和改进后的优点，以扩大产品的销售量和延长产品的生命周期为目标。

3）增加产品的销售量，突出产品的质量和功能，激发消费者直接购买，提高销售增长率，以扩大产品的市场占有率为目标。

4）保持原销售数量，稳定老客户的购买额度、吸引潜在客户，以维护原有利润水平为目标；支援人员销售，节约推销费用。

5）增进与经销商之间的关系；树立品牌形象和企业形象，以提高产品知名度和信任度；提供某些优质服务，延长产品的购买时间或使用季节。

6）扩大销售区域，开辟新市场和吸引一些新客户；提高与同类产品竞争的抗衡能力，或压倒同类产品，抢占同类产品在市场上的销售制高点。

7）消除令人不满的印象，解答消费者的疑虑，排除销售前的种种障碍；为消费者提供售后服务，建立商业信誉。

8）建立友谊和感情，提高社会对企业的信任感。

9）调动员工积极性，增强员工的自豪感和责任心。

10）维护企业的长远利益。

3. 建立广告目标应遵循的原则

1）目标要单一，突出重点。

2）目标要具体。

3）应充分考虑环境因素。

4）广告目标必须是合理的、可行的。

5）确定广告目标实现的期限。

6）要规定测定目标的方法和保持广告目标的相对稳定性。

（二）信息个性

信息个性是指信息具备自己的个性方面的东西，具体到特定人群。

例如，从读者的个性来定义。读者的职业、性别、性格也决定了他关注什么样的信息和什么角度的报道。根据市场定位，同一个事件，每个纸媒的报道方式和角度是不同的。举例来说，如果一条信息的"信息个性"是"白领""学生""女会计"或是"月收入5000元的程序员"，那么会有什么样的效果？宝马撞人的新闻，根据"信息个性"会有很多个报道角度。"从宝马车的技术问题分析撞人"——信息个性可能是"机械迷"；"宝马车撞人后的高官内幕"——信息个性可能是"关系社会改革者"；"宝马车撞人是因为小蜜在旁"——信息个性可能是"刚毕业的秘书"，等等。

（三）消费心理

消费心理是指消费者在寻找、选择、购买、使用、评估和处置与自身相关的产品和服务时所产生的心理活动，即消费者进行消费活动时所表现出的心理特征与心理活动的过程。

1. 消费者的心理特征

消费者的心理特征包括消费者兴趣、消费习惯、价值观、性格、气质等方面的特征。

2. 消费者的心理过程

消费者的心理过程分为七个阶段：产生需要、形成动机、搜集商品信息、做好购买准备、选择商品、使用商品，以及对商品使用的评价和反馈。

消费者心理受到消费环境、消费引导和消费者购物场所等多个方面因素的影响。企业往往通过对消费者心理的影响，制订相应的营销策略。

3．消费心理分析

消费者的心理一般遵循如下的过程。第一，寻找购买目标。消费者从众多企业、品牌和产品中寻找符合自己需求的目标商品。第二，感知所欲购商品。对商品的各个方面进行认知和感受，了解其特征与满足自己需求的程度。第三，诱发消费者对商品的使用联想。这一阶段消费者会对商品的使用效果进行判断。第四，判定比较。消费者对既定的目标进行比较。第五，选择购买。第六，购后体验。消费者将购买使用后的感受与体验反馈给之前的广告信息和商品信息。

任务演练

每个小组选择三个自己较喜欢的广告作品，分析并分享该广告作品反映出来的广告的三要素都是什么，谈谈自己对该广告作品的评价。

任务评价标准与记录如表 1-2 所示。

表 1-2　任务评价标准与记录

评价内容与标准	1 组	2 组	3 组	4 组	5 组	6 组
素材搜集						
汇报课件						
汇报内容						
汇报效果						
创新体现						
合计						

重点记录：

注：评价内容一般分为五项，评价标准一般分为优秀（A 记 2 分）、一般（B 记 1 分）、不合格（C 记 0.5 或 0 分）三个等级，每个任务满分为 10 分。此表可用于教师打分和学生互评。

任务二　认知广告理论

学习情境 1　认知广告的基本理论

情景导入

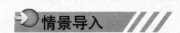

百事可乐定位策略

百事可乐作为世界饮料业两大巨头之一，100 多年来与可口可乐一直上演"两乐之战"。两乐之战的前期，即 20 世纪 80 年代之前，百事可乐一直惨淡经营，由于其竞争手法不够高明，尤其是广告的竞争不得力，被可口可乐远远甩在后头。然而经历了与可口可乐无数次交锋之后，百事可乐终于明确了自己的定位，以"新生代的可乐"形象对可口可乐实施了侧翼攻击，从年轻人身上赢得了广大的市场。

百事可乐的定位是具有其战略眼光的。因为百事可乐的配方、色泽、味道都与可口可乐相似，绝大多数消费者根本喝不出二者的区别，所以百事可乐在质量上根本无法胜出。百事可乐选择的挑战方式是在消费者定位上实施差异化。百事可乐摒弃了不分男女老少"全面覆盖"的策略，而从年轻人入手，对可口可乐实施了侧翼攻击。并且通过广告，百事可乐力图树立其"年轻、活泼、时代"的形象，而暗示可口可乐的"老迈、落伍、过时"。百事可乐完成了自己的定位后，开始研究年轻人的特点。通过精心调查发现，年轻人现在最流行的东西是酷，而酷表达出来就是独特的、新潮的、有内涵的、有风格创意的意思。百事可乐抓住了年轻人喜欢酷的心理特征，推出了一系列以年轻人认为最酷的明星为形象代言人的广告。在美国本土，1994年百事可乐以500万美元聘请了流行乐坛巨星迈克尔·杰克逊作为广告代言人。此举被誉为有史以来最大手笔的广告运动。杰克逊果然不辱使命。当他踏着如梦似狂的舞步，唱着百事可乐广告主题曲出现在屏幕上时，年轻消费者的心无不为之震撼。在中国大陆，继邀请张国荣和刘德华做其代言人之后，百事可乐又力邀郭富城、王菲作为它的形象代表。两位香港歌星不同凡响，郭富城的劲歌劲舞，王菲的冷酷气质，迷倒了全国无数年轻消费者。在全国各地的百事销售点上，我们无法逃避的就是郭富城那执着、坚定、热情、渴望的眼神，百事可乐那年轻、活力的形象已深入人心。在上海电台一次6000人调查中，年轻人说出了自己认为最酷的东西。他们认为，最酷的男歌手是郭富城，最酷的女歌手是王菲，而最酷的饮料是百事可乐，最酷的广告是百事可乐郭富城超长版。现在年轻人最酷的行为就是喝百事可乐。百事可乐以新生代喜欢的超级巨星做形象代言人是其广告策略中最成功的一点。

百事可乐广告语也是颇具特色的。它以"新一代的选择""渴望无限"作为自己的广告语。百事可乐认为，年轻人对所有事物都有所追求，如音乐、运动，于是百事可乐提出了"渴望无限"的广告语。百事可乐提倡年轻人做出"新一代的选择"，那就是喝百事可乐。百事可乐这两句富有活力的广告词很快赢得了年轻人的认可。配合百事可乐的广告语，其广告内容一般是音乐、运动，如上述迈克尔·杰克逊和郭富城都是劲歌劲舞。百事可乐还善于打足球牌，其利用大部分青少年喜欢足球的特点，特意推出了百事足球明星，可谓充满洞察力。

百事可乐作为挑战者，没有模仿可口可乐的广告策略，而是勇于创新，通过广告树立了一个"后来居上"的形象，并把品牌蕴含的那种积极向上、时尚进取、机智幽默和不懈追求美好生活的新一代精神发扬到百事可乐所在的每一个角落。百事可乐是受人尊崇的，其广告策略也是值得推崇的。

（资料来源：http://wenku.baidu.com/link?url=C6ZVNTKxNZDRQbHFKfuYNSX6J-3yLMGMWoEP8L_NEsLwUqGMGFqBU9YAuc1ks1ZgPHypxGV2MdfEUzAXaDw0jKRgcGFwXMdnJQX5Wbw9o-7）

知识储备

（一）广告的定位理论

广告定位属于心理接受范畴的概念，所谓的广告定位就是指广告主通过广告活动，使企业或品牌在消费者心目中确定位置的一种方法。定位思想的最先倡导者是美国著名广告专家 J. 克劳特。

定位理论的创始人艾·里斯（AI Ries）和杰克·特劳特（Jack trout）曾指出："'定位'是一种观念，它改变了广告的本质。""定位从产品开始，可以是一种商品、一项服务、一家公司、一个机构，甚至于是一个人，也许可能是你自己。但定位并不是要你对产品做什么事。定位是你对未来的潜在顾客心智所下的功夫，也就是把产品定位在你未来潜在顾客的心中。所以，你如果把这个观念叫作'产品定位'是不对的。你对产品本身，实际上并没有做什么重要的事情。"

可见，广告定位是现代广告理论和实践中极为重要的观念，是广告主与广告公司根据社会既定群体对某种产品属性的重视程度；把自己的广告产品确定于某一市场位置，使其在特定的时间、地点，对某一阶层的目标消费者出售，以利于与其他厂家的产品竞争。它的目的就是要在广告宣传中，为企业和产品创造、培养一定的特色，树立独特的市场形象，从而满足目标消费者的某种需要和偏爱，以促进企业产品销售服务。

（二）USP 基本理论

1. USP 理论的内涵

20 世纪 50 年代初，美国人罗瑟·里夫斯（Rosser Reeves）提出 USP 理论，要求向消费者说一个"独特的销售主张"（Unique Selling Proposition），简称 USP 理论。

USP 理论独特销售主张包括以下四个方面：

1）强调产品具体的特殊功效和利益——每一个广告都必须对消费者有一个销售的主张。

2）这种特殊性是竞争对手无法提出的——这一项主张，必须是竞争对手无法也不能提出的，须是具有独特性的。

3）有强劲的销售力——这一项主张必须很强，足以影响数百万的社会公众。

4）20 世纪 90 年代，达彼斯[①]将 USP 定义为：USP 的创造力在于揭示一个品牌的精髓，并通过强有力的、有说服力的证据证实它的独特性，使之所向披靡，势不可挡。

2. USP 理论的特点

1）必须包含特定的商品效用，即每个广告都要对消费者提出一个说辞，给予消费者一个明确的利益承诺。

2）必须是唯一的、独特的，是其他同类竞争产品不具有或没有宣传过的说辞。

3）必须有利于促进销售，即这一说辞一定要强有力，能招来数以百万计的大众。

3. USP 理论的基础

（1）USP 的理论基础

随着经济的发展和生产力的提高，市场商品种类日益丰富，市场竞争也日趋激烈，

---

① 达彼斯：一家知名 4A 广告公司，在亚洲排名第三，于 1940 年创立于纽约，1963 年在香港开办亚洲总公司，现于亚洲 13 个国家有 25 家分公司，共有员工约 1200 人。于 2003 年加入全球最大的传播集团 WPP。

标准化的同质产品或同质信息诉求很难再赢得消费者的青睐，因此差异化营销成为企业主要的营销战略选择。差异化营销充分考虑到了消费者需求的多样性和异质性。USP 理论就是适应了营销战略的要求，因为差异性的信息诉求是建立在差异的产品基础之上的，包括产品的核心差异，产品的形体差异及产品的附加差异，这些都是广告 USP 的理论基础。

（2）USP 的心理基础

消费者的购买动机和行为要受到认知过程的影响。所谓认知是指消费者通过感官对外部刺激物所获得的直观形象的反映。心理学认为，无规律过程是一个胡乱选择的心理过程，包括选择性注意、选择性曲解和选择性记忆三种。USP 策略正是利用人们这三种心理特点，在广告中宣传产品独具的特征及利益，使消费者注意、记住并对提供的利益产生兴趣，从而促成其购买决策。

案例阅读

脑白金吆喝起中国礼品市场

在中国，如果谁提到"今年过节不收礼"，随便一个人都能跟你说"收礼只收脑白金"。脑白金已经成为中国礼品市场的第一代表。

睡眠问题一直是困扰中老年人的难题，因失眠而睡眠不足的人比比皆是。有资料统计，国内至少有 70%的妇女存在睡眠不足现象，90%的老年人经常睡不好觉。"睡眠"市场如此之大，然而，在红桃 K 携"补血"、三株口服液携"调理肠胃"概念创造中国保健品市场高峰之后，在保健行业信誉跌入谷底之时，脑白金单靠一个"睡眠"概念不可能迅速崛起。

作为单一品种的保健品，脑白金以极短的时间迅速启动市场，并登上中国保健品行业"盟主"的宝座。其成功的最主要因素在于找到了"送礼"的轴心概念。

中国乃礼仪之邦，有年节送礼，看望亲友、病人送礼，公关送礼，结婚送礼，下级对上级送礼，年轻人对长辈送礼等种种送礼行为，礼品市场何其浩大。脑白金的成功，关键在于定位于庞大的礼品市场，而且先入为主地得益于"定位第一"法则，第一个把自己明确定位为"礼品"，以礼品定位引领消费潮流。

（资料来源：http://www.vccoo.com/v/e3ba80）

（三）广告的 4P 与 4C 理论

1. 4P 理论

4P 理论从企业自身出发，以产品销售为导向，如图 1-1 所示。

优点：直观性、可操作性和易控制性。4P 理论包含了企业营销所运用的每一个方面，它可以清楚直观地解析企业的整个营销过程，而且紧密联系产品，从产品的生产加工一直到交换消费，能完整地体现商品交易的整个环节，对于企业而言，容易掌握与监控，无论哪个环节出现了问题，都容易及时地诊断与纠正。

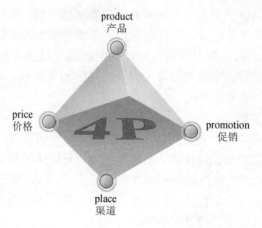

图 1-1　4P 理论

缺点：它是以企业为中心，以追求利润最大化为原则，这势必会使企业与顾客之间产生矛盾。4P 不从顾客的需求出发，其成本加利润法则往往不为消费者所动，企业也不考虑消费者的利益，只是采用各种手段让消费者了解它的产品，从而有机会购买其产品，而不是注意引导消费者的思想。

2. 4C 理论

4C 理论在 4P 理论的基础上进行了改进，它以消费者需求为导向，如图 1-2 所示。

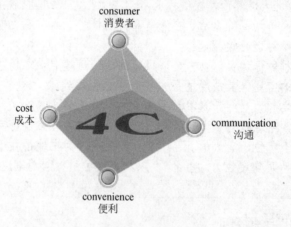

图 1-2　4C 理论

优点：4C 营销策略注重以消费者需求为导向，克服了 4P 策略只从企业考虑的局限。

缺点：①它立足于顾客导向而不是竞争导向，而在市场竞争中，要取得成功既要考虑客户，也要考虑竞争对手。另外，4C 策略在强调以顾客需求为导向时却没有结合企业的实际情况。②4C 策略仍然没有体现既赢得客户又长期拥有客户关系的营销思想，被动适应顾客需求的色彩较浓，没有解决满足顾客需求的操作性问题。

宜家和宝洁的 4P 和 4C

宜家给自己的产品定位就是"提供种类繁多、美观实用、老百姓买得起的家居用品"。宜家在追求产品美观实用的基础上要保持低价格，其低价格策略贯穿于从产品设计到造型、选材、OEM（原始设备制造商）的选择管理、物流设计、卖场管理的整个流程。宜家的渠道策略表现在宜家卖场的成功上，如今，宜家已不仅是一个家居品牌，也是一个家居卖场品牌。

宝洁以消费者愿意付出的成本为定价原则。其最初打入中国市场时是以高品质、高价位的品牌形象进入的，虽然当时中国消费者的收入并不高，但宝洁仍将自己的产品定在高价上，价格是国内品牌的 3~5 倍，但要比进口品牌便宜 1~2 元。而这正切中了我国消费者崇尚名牌的购买心理，消费者愿意以较高的价格购买其产品，这使宝洁拥有强大的竞争力，得以在洗发水用品市场众多品牌中脱颖而出。而现阶段，宝洁继续保持其高品质，而价格却更为大众化。

（资料来源：http://www.docin.com/p-1739483825.html）

思考： 宜家和保洁的 4P 和 4C 是怎样做的？其营销策略如何通过广告诠释？

学习情境 2　认知广告的传播理论

情景导入

白加黑——治疗感冒，黑白分明

1995 年，"白加黑"上市仅 180 天的销售额就突破 1.6 亿元，在竞争激烈的感冒药市场上分割了 15%的份额，登上了行业第二品牌的地位，在中国大陆营销传播史上堪称奇迹。这一现象被称为"白加黑"震撼，在营销界产生了强烈的冲击。

一般而言，在同质化市场中，很难发掘出"独特的销售主张"。感冒药市场同类药品甚多，市场已呈高度同质化状态，而且无论是西药，还是中成药，都难以做出实质性的突破。康泰克、丽珠、三九等"大腕"凭借强大的广告攻势，才各自占领一块地盘，而盖天力这家实力并不十分雄厚的药厂，竟在短短半年里就后来者居上，其关键在于崭新的产品概念。

"白加黑"是个了不起的创意。它看似简单，只是把感冒药分成白片和黑片，并把感冒药中的镇静剂"扑尔敏"放在黑片中，其他什么也没做；实则不简单，它不仅在品牌的外观上与竞争对手形成很大的差别，更重要的是它与消费者的生活形态相符合，达到了引发联想的强烈传播效果。

在广告公司的协助下，"白加黑"确定了干脆简练的广告口号"治疗感冒，黑白分明"，广告传播的核心信息是"白天服白片，不瞌睡；晚上服黑片，睡得香"。产品名称和广告信息都在清晰地传达产品概念。

（资料来源：http://www.360doc.com/content/13/1205/11/7010028_334635970.shtml）

思考：白加黑的广告传播有什么特点？

知识储备

（一）认知广告传播的 5W 理论

广告与传播有着特别密切的关系。广告学在其发展过程中是以整个传播学体系作为自己的依据的，从本质上说，广告就是一种信息传播的过程，必须依靠各种传播手段，广告信息才能传递给一定的受众。广告现代化的过程是与传播技术现代化的过程并驾齐驱的，而作为广告效果的评定，在相当大程度上也取决于其与信息传播学规律的吻合程度。所以，作为广告学的分支学科之一，广告传播学便也处于十分重要的位置。

传播指的是人类交流信息的一种活动，其目的是建立共同的认识并共享这种信息。传播学是随着 20 世纪 40 年代到 50 年代间电子传播媒介的飞速发展而形成的。它是研究人类一切传播行为和传播过程发生、发展的规律，以及传播与人和社会的关系的学问。

传播学作为一种跨学科研究的产物，同时具有政治、经济、文化、教育、娱乐、技术等方面的特征。由此看出，我们所说的广告具有的"通告""诱导""教育"等功能都属于传播学的内容。

传播学正式形成的第一个标志就是美国学者 H.拉斯维尔于 1948 年在《传播在社会中的结构与功能》一篇论文中，首次提出了构成传播过程的五种基本要素，并按照一定结构顺序将它们排列，形成了后来人们称为"五 W 模式"或"拉斯维尔程式"的过程模式。这五个 W 分别是英语中五个疑问代词的第一个字母，分别是 Who（谁）、Says What（说了什么）、In Which Channel（通过什么渠道）、To Whom（向谁说）、With What Effect（有什么效果）。

由此可以看出，对于广告而言，拉斯维尔对定义的五项分析具有重要的意义，五要素构成了广告运动的全部内容。这五个 W 对广告效果之间进行了系统的研究，对每一个要素的把握是广告运动能否成功的基础。

1）广告传播的主题"谁"就是"个人或组织机构"，这是广告传播的第一要素。广告传播必须明确广告主，这是由广告传播的目的和责任决定的。作为商业广告，其目的是向消费者传播商品或提供某种服务信息。当消费者接收到这一信息后需要购买这种商品时，需要了解这是谁生产的；另外，广告传播是要对社会、对消费者负责的，只有明确是谁发出的广告传播，才能真正明确责任。

2）广告传播的客体是"说什么"，即"讯息"（或"信息"）。这是广告传播的第二要素。信息具体是指思想观念、感情、态度等，这里的信息不是泛指任何方面的信息，而是限于广告所"诉求"的信息。"诉求"就是"意欲传播"，"意欲告诉受众什么"的意思。广告主只有把诉求的信息传播给受众，才能实现广告传播的目的。

3）广告传播的第三个要素即"媒介"——所通过的渠道。传播媒介把信息转化为"适当的符号形式"，只有经过这种转换才可能实现跨越时空的传播。这里"适当的符号形式"是指广告传播通过特定的媒介或渠道，把信息或变成文字、图像，或变成语言等符号形式，被传播对象接受。由于选择了不同的媒介和渠道，因此信息或者变成文字或者变成图像也就会随之相应地改变。

4）"受传者"即"其他人或组织"。"受传者"即"其他人或组织"，是指广告传播的对象，也就是信息的接受者或受众。这是广告传播的第四个要素。广告传播总是针对一定对象进行的。没有对象的传播是毫无意义的，即使传播者不能具体确定接受其广告信息的人在哪里，人数有多少，是哪些人，但这并不妨碍广告传播是针对某些人来进行的。事实上，广告主在开始发起传播活动时，总是以预想中的信息接受者为目标的。

5）"反馈"是指广告活动不仅是一个信息传播者向接受者发出信息的过程，还包括信息的接受，以及由接受者作为反应的反馈过程在内，是传播、接受、反馈活动的总和。

广告传播活动不应看成是一个单向的、直线性的传播，而是由接受者和反馈信息构成的一个不断循环、发展、深化的连续而又完整的过程。

（二）广告传播的特点

广告传播以营利为目的。以企业为主体的广告主所进行的有关商品、劳务、观念等方面的广告信息传播，具有以下特点。

1. 广告传播是有明确目的的传播

无论营利性广告传播还是非营利性的公益广告传播活动都具有明确的目的。例如，作为营利性企业追求的是要把企业的信息尽快地传给潜在的目标受众，实现商品销售，提供服务，获得盈利，维持企业的生存和发展，其目的性是非常明确的。也正是为了实现企业的营利目的，企业广告主才对广告创意给予高度重视，对广告文案字斟句酌，制订周密的广告传播计划，并要求广告制作要准确有效地传递信息，要求广告上的每一个字、每一个图表和符号都应该有助于产品所要传达的信息的功效。

2. 广告传播是可以重复的传播

广告信息总是力求所有的目标受众都接收到。对于以营利为目的的商业广告而言，广告主总是针对潜在消费者策划传播活动的。在第一次刊播以后，不可能被每一个目标受众接受，一次传播到达率是极低的，那就需要第二次再播、第三次再播。

同时，广告的反复传播也是为了能对受众产生足够的影响力，从而对其产生认知、感情、态度以至行为方面的影响，达到广告传播的预期目的。

3. 广告传播是复合性的传播

广告传播不是通过单一渠道进行的，大多数广告主常常通过多种渠道展开复合性传播，其方法一是以大众传播媒介为主体，同其他媒介相配合，即利用报纸、杂志、广播、电视向分布广泛、人数众多、互不相识的受众进行的信息传播；二是以付费的传播为主体，与不付费的传播相结合。大众传播媒介需要付费，这是现代广告的基本特点之一。广告主也可以通过自办媒介物开展广告传播活动，虽然其规模较小、传播有限，但可以针对特定受众进行有效的传播活动，并且费用较低。

4. 广告传播是对销售信息严格筛选的传播

一个企业，一种商品，一种服务或观念，可以宣传的方面是很多的，有待于传播的信息是大量的，但是广告传播实际所能传播的内容总是十分有限的。对信息严格地加以筛选是广告传播的又一显著特点。

由于广告传播是付费的传播，因此购买大众传播的花费是高昂的。对广告主来说，他所购买的刊载广告的版面和播映的时间是极为有限的，在有限的条件下要求一次传播尽可能多的、能吸引消费者的信息。另外，由于每一个广告主都要面对严酷的传播竞争环境，即信息接受者的信息取舍。消费者生活在广告信息的汪洋大海中，他们无暇关心所有的广告信息，只对那些新颖的、有趣味的、与自己利益相关的商品信息采取接受的态度。因此，无论哪一个企业，对广告传播的信息总是惜墨如金、反复思考、精心筛选，以增加有限信息中的"含金量"。

（三）广告传播的基本原理

1. 广告传播的诱导性原理

广告信息作为外界刺激，作用于受众引起预期的观念改变和购买行为，这是一个可以通过多种手段诱导实现的心理渗透过程。它包括观念的传播、情绪的传播和行为的传播。

广告传播的直接目的是要让接触广告的人了解并接受广告中包含的信息。要实现这一过程，一种情况是在较短的时间内直接通过广告制作的奇特的画面、语言、音响、色彩等引起受众强烈的兴趣；另一种是通过潜移默化逐步诱导而达成的。诱导受众逐步接受广告宣传的内容，包括接受广告中主张的消费观念、价值观念和生活方式，以一种无形的力量使受众对广告传播者的观点意见趋于认同。诱导力的大小取决于信息的诱导性强弱的程度。策划制作广告的一切努力同提高广告诱导力有关，所以诱导性原理被人们视为指导广告策划、制作、传播的重要依据。

2. 广告传播的二次创造性原理

广告传播的二次创造性原理是指广告传播是一个完整的创造性过程。这种创造性不仅表现在传播者在广告的设计制作、选择传播途径等方面，还体现在广告信息的接受者方面。广告信息的接受者会通过再造想象，在接受传播信息的过程中发挥创造性。信息接受者接受信息同样也是一个创意的思维过程，它可以面对无数信息，根据自己的生活经验加以选择性的注意、选择性的理解、选择性的记忆，而后通过想象、联想等一系列心理活动，做出自己的判断和反应。所以从人的创造性发挥的角度来说，广告传播是一个二次创造过程。广告传播者应该深刻了解广告传播过程中的二次创造性原理，对制作并传播广告信息是有积极意义的。

3. 广告传播的文化同一性原理

信息在传播中能否被接受或接受程度如何，决定于双方共同的经验区域的大小。共同的经验区域越大越广阔，传播就越容易，接受程度就越高。也就是说，广告传播的效果同传受双方的文化状况密切相关。广告传播客观上要求传播者与接受者有共同的文化基础。文化作为潜在的支配者、诱导者时时刻刻促进或制约着广告传播过程的实现及其效果。

从文化角度来看，广告传播是一种文化活动。要实现有效的传播，广告信息的制作者、传播者与其接受者应具备共同的价值观念，类似的行为模式及其他文化方面的共同性。这种共同性越多，传播的效果就越好。它可以根据文化背景共同性的大小确定广告的传播方式，同时应注意广告文化水准要与受众的文化水准相适应。广告制作者应有极强的文化意识，要清醒地看到广告传播在本质上也是一种文化交流，时时从文化的角度去观察广告信息接受者的情况，从文化的角度去调查广告传播成败的深层次的原因。

案例阅读

耐克的跨文化传播

跨文化问题是每一个跨国公司在经营和管理中都会遇到的问题。德国的阿迪达斯是耐克和锐步在欧洲的最大竞争对手。欧洲人出于本能，偏爱欧洲大陆上生产的一切。阿迪达斯正是利用这点向耐克展开了强大攻势。此外，耐克运动鞋价格昂贵，每双售价高达 80～200 美元，使一些欧洲人难以接受。针对这一点，耐克公司刻意揣摩迎合欧洲人的心理特点。例如，法国青年好标榜，美国人就在鞋上贴上价格标签，以满足法国青年的身份表现欲。荷兰 25 岁以上的人喜欢穿白色的运动鞋，25 岁以下的人则喜欢穿色彩鲜艳的运动鞋，耐克就区分对待。

欧美文化传统的差异也使一些欧洲人对美国货深恶痛绝。法国巴黎一所时装设计学院的络莉女士对穿运动鞋极为反感，她说："简直是堕落，不擦鞋是其一，而最可恶的是穿运动鞋。"另一位意大利人称穿运动鞋上班的女子"丑陋不堪"。但同时迪斯尼乐园与美国电影一样，美国文化在欧洲大有市场，耐克正在利用美国形象塑造欧洲的"运动鞋族"。国际市场是耐克的策略重点。奈特[①]说，我们都已强烈地意识到，几年后，本公司在国外开展的业务要比在国内大得多。问题是，即使目前的国外销售占了耐克公司总销售的 1/3，但这些业务的开展只不过是分公司通过单纯模仿美国机器实现的。公司必须到足球及其他国际性体育项目中去开辟市场。奈特担心，在海外，耐克鞋正失去原有的正宗、做工一流的形象。这一切归咎于忽视营销策略及销售体松散。外国零售商也是怨声载道，耐克公司总是采用高压手段强迫他们早早地订购耐克鞋，而只有美国零售商才习惯这种方式。

为了改变这种情况，耐克买断了世界各地的分销业务，以期获得更多的控制权，奈特号召部下集中精力到德国、墨西哥和日本这些超级重要市场去开展业务。在那里，耐克公司将使零售商们相信：提前订货并非是桩痛苦的事，广告宣传的重点对象将特别放在体育界。耐克还将推出迎合特殊市场要求的旅游鞋。例如，销往亚洲的羽毛球鞋，销往新堪的那维亚岛的手球用鞋。真正的挑战还在于找到一批称职的

① 菲尔·奈特（Phil Knight），耐克公司创始人，耐克公司的董事长兼总裁。

经理，并给他们灌输耐克的经营方式。但这个过程充满艰辛。在美国，奈特相信本公司的经理能干得很出色，因为他知道他们理解耐克这块牌子的意义，那就是体育、表演、洒脱自由的运动员精神。这就是传奇总裁阐述的耐克集体文化的丰富内涵。现在，奈特很想在国外找一批信得过的经理，由他们开创性地经营其国内市场，并同时维护耐克的信誉。

但问题是，耐克文化可能被真正译出来吗？出口耐克鞋的同时，奈特还总是念念不忘出口他的耐克文化。原因很简单，在俄勒冈州，耐克公司的大院周围贴着引人注目的体育比赛及表演的消息，这些报道鼓励人们去买那些旅游鞋，虽然这些售出的运动鞋中有 70%，包括耐克鞋，未曾出现在体育馆内。一位运动鞋营销专家认为"消费者始终对体育怀有极大的兴趣，而且这种兴趣具有持续性，这一准则至关重要。"为了加强国际行销力量，耐克正在买断世界各地的分销权，以使公司行使更多的控制权。耐克一方面要让好生意从国外市场不停地冒出来；另一方面以维护耐克的牌子为宗旨，履行那些根据建议制订的策略。耐克公司在日本的经历是一个最好的例证，它证明这一过程是非常艰难的。一年前，奈特清楚地知道耐克日本分公司的销售业务很大，但是由于它没有将体育、表演与公司牌子的形象结合起来，所以耐克买下了这家公司，对它进行改头换面。奈特选中了勇吉秋元来领导这项工作。秋元曾为肯德基在日本拓业立下了汗马功劳。

由于各国的文化背景和民族习惯不同，公司在制订营销战略和策略时就应当十分重视这种现象，像秋元这样的吸烟者往往把体育运动理解成一种非常柔和的消遣方式，如高尔夫球。秋元被送往 Beaverton，接受长达四个月的耐克文化及经营方式的教育。他扔掉了香烟，开始跑步。他回到位于东京的耐克日本公司后，下达了公司内部禁止吸烟的命令。对于这个烟雾弥漫的国家，这项禁令无疑是件大事。同时，他还迫使耐克在日本雇员参加长跑训练，以迎接 1994 年夏威夷马拉松赛。耐克总公司与各分公司的联系加强之后，耐克得到的第一笔"红利"就是一种专为亚洲人脚形设计的特殊轻型跑鞋的问世。但是对于很多重要方面，特别是耐克这块牌子本身，秋元并不能完全理解。奈特说，秋元动身回东京之前，想把"放手去干"译成准确日语提交给耐克营销部的经理们。耐克人为此惊恐万分。奈特回忆说："我们说'不行'，千万别译出来。我们决不想掩盖一个事情——我们的牌子是一个美国牌子。"耐克能够凭其强调的文化动力跑赢国际竞争这场比赛吗？家大业大的耐克现在不比创业初期，奈特这位传奇般的企业家面对的是更大的挑战。

（资料来源：http://3y.uu456.com/bp_97fja63krr62h60030r2_4.html）

任务演练

广告除了对传递企业、品牌和产品信息起到宣传的作用，你认为广告还能起到哪些传播方面的作用？找出四则广告对上述内容进行讲解。

任务评价标准与记录如表 1-3 所示。

表 1-3 任务评价准与记录

评价内容与标准	1组	2组	3组	4组	5组	6组
素材搜集						
汇报课件						
汇报内容						
汇报效果						
创新体现						
合计						

重点记录：

注：评价内容一般分为五项，评价标准一般分为优秀（A记2分）、一般（B记1分）、不合格（C记0.5或0分）三个等级，每个任务满分为10分。此表可用于教师打分和学生互评。

任务三 认识广告业务流程

学习情境1 广告分析阶段

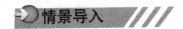

情景导入

飘柔的市场分析

目前，我国洗发用品的市场规模约220亿元，我国洗发水经历了一个从品种单一、功能简单向多品牌、功能全面的发展过程，现阶段中国已成为世界上洗发水生产量和销售量最高的国家。但同时，中国的洗发水产业也进入了众多品牌激烈竞争的时期，2000多个生产商、500多个品牌正以各种不同的方式拼抢着总量为220多亿元的洗发水消费市场，市场竞争非常激烈。从长远看，洗发水市场发展前景依然可观。

宝洁公司著名的飘柔（Rejoice）品牌自1989年10月进入中国以来，一直是洗发水市场第一品牌，其知名度、消费者使用率、分销率等各项市场指标多年来均遥遥领先。

飘柔不仅为消费者带来了美丽的秀发和美好的生活，更以其推崇的自信优雅的生活态度成为消费者心目中厚爱有加的品牌。在第三届中国商标大赛中，飘柔被全国25万消费者和专家一致评选为"最受中国消费者喜爱的外国商标"。之后亦多次在全国性评奖中夺魁，成为消费者最喜爱的品牌。作为老牌的洗发水品牌，飘柔从1989年10月进入中国市场以来至今已有20多年的历史，一直是中国洗发水市场的领导品牌，成为中国女性生活的一部分。

SWOT分析如下。

1. 优势（S）

1）宝洁生产了高品质的、知名的、适合中国消费者的洗发水，令消费者满意，值得消费者信赖，消费者也乐意购买宝洁的产品，这样就形成了稳定的市场，并占有了很高的市场份额，飘柔就是如此。

2）宝洁拥有十几个年销售过亿美元的品牌，全球有产品技术中心20个，持有专利数量超过29 000项。

3）宝洁对每一种洗发水都有明确的定位及明确的概念。飘柔的主要功效则被定为使头发光滑柔顺，更加有针对性。

4）产品价值与其价格相符，达到了优质优价。

2. 劣势（W）

1）宝洁的广告缺乏创意性，没有自己的特色，表现手法老套。

2）宝洁自己旗下的其他品牌的洗发水会与飘柔产生竞争，降低了飘柔在市场上的竞争力与占有率。

3）宝洁采用多品牌战略，企业需要投入更多的资金和成本，分散了企业有限的资源，降低了产品竞争力。

3. 机会（O）

现代人的审美观逐步提高，对头发的要求也越来越高，因此对洗发水的需求也会增多，有很大的市场。

随着经济的发展，人们的收入逐渐增加，生活质量水平也逐渐提高。

4. 威胁（T）

广告太老套，一成不变，让竞争对手有机可乘。

当前的洗发水市场非常活跃，不断有含有高科技的新产品出现，如联合利华的清扬、力士等，对宝洁的飘柔构成了很大的威胁。

广告从其筹备到真正落实是一个非常复杂的过程，只有切实掌握好其中每一步的关键，系统地做好整体流程分析才能最终得到理想的结果，其流程通常分为三个阶段，即市场分析阶段、认识广告策划与计划阶段及广告实施与测评阶段。

（资料来源：http://www.docin.com/p-1687194137.html）

思考： 做好广告的前期分析是否重要？重要在哪几个方面？

知识储备

市场分析主要包括营销环境与市场分析、产品分析、消费者分析、企业与竞争对手的竞争状况分析及企业与竞争对手的广告分析，为后续的广告策略部分提供有说服力的依据。

（一）营销环境与市场分析

1. 分析企业市场营销环境中宏观的制约因素

企业市场营销环境中宏观的制约因素主要包括企业目标市场所处区域的宏观经济形势；市场的政治、法律背景；市场的文化背景，即企业的产品与目标市场的文化背景有无冲突之处；这一市场的消费者是否会因为产品不符合其文化而拒绝产品。

2. 市场营销环境中的微观制约因素

市场营销环境中的微观制约因素主要分析企业的供应商与企业的关系和产品的营销中间商与企业的关系。

3. 市场分析

市场概况主要分析市场的规模与市场的构成。市场规模分析体现在整个市场的销售额、消费者总量、消费者总的购买量等要素在过去一个时期中的变化情况，以及未来市场规模的变化趋势等因素。

市场的构成分析包括这一市场的主要产品的市场份额、主要地位与构成竞争的产品分析，以及未来市场构成的变化趋势。

市场的构成分析也表现在对市场的季节性分析、暂时性分析和其他突出的特点分析。

（二）产品分析

产品的分析包括产品的概况、产品的诉求和产品的核心特色。

1. 产品的概况

产品的概况包括产品的上市情况、产品系列或名称、基本外形和性能等特点、产品的定位、定价、目标市场与品牌标志等。

2. 产品的诉求

产品的诉求包括产品设计的诉求目标、诉求对象和诉求方式，情感诉求或者理性诉求的手段等分析。

3. 产品的核心特色

要在广告的市场分析阶段准确地分析产品的核心特色，与竞争对手比较的优势等。

案例阅读

1. 产品概况

小米手机是北京小米科技有限公司定于 2011 年 10 月上市的一款双核智能手机。在中国这样一个手机竞争近乎白热化的市场，2011 年 8 月份发布的小米手机凭什么引起那么多人的关注？为何有人说小米手机的性价比几乎击败了所有的安卓手机？又为什么小米手机还没上市就遭遇手机界的"四面楚歌"。下面我们就给小米手机做一个全面的产品分析。

产品名称：小米手机，MI-ONE，小米 MI。

（1）手机概况

直板，MI 机身黑色电池、七色可选，CPU Scorpion 双核（比其他单核性能提高 200%，比其他双核智能提高 25%～30%），Android OSU 2.3+MIUI 操作系统。双核 CPU 是目前智能手机最高的硬件配置，七色可选电池别具特色，自创 MIUI 系统带给用户全新的体验。

（2）产品定位

发烧级智能手机，3G 智能机的产品定位几乎每个品牌的手机都不少于两款，而小米手机却定位于发烧级智能手机，真正致力于做到互联网和移动手机的集合。

（3）产品定价

¥1999。

（4）研发团队

北京小米科技有限责任公司（研发队员包括原谷歌、原摩托罗拉、原微软等的多名高级技术人员）强大的研发团队，先进的技术支持，让我们有理由相信小米手机不是一般的手机。

（5）手机生产商

英华达——专业从事电子通信设备的生产公司，老牌电子通信设备公司生产的手机兼具了潮流性与可靠性。

（6）产品特色

主频高的双核处理器，1GB RAM 和 4GB ROM 的内存，高分辨率的 4 英寸夏普外屏，半透反射结构让用户在阳光下也可以看得清晰，800 万超高像素不仅支持人脸识别，还有内置 LED 补光灯，米键一键上传图片，米聊服务方便语音短信、语音微博，云服务。

（7）logo 寓意

"MI"——mobile internet mission impossible，"倒立少一点的心"——让用户更省心。

（8）15 天免费换货，12 个月保修

小米之家服务站温馨地入驻各个城市。

2. 产品诉求

（1）情感诉求

1）名字——小米（亲切可爱、大方，宛如朋友）。

2）logo——倒立少一点的心（帮用户解决困难，让用户更省心一点）。

3）七色电板——追求细节内涵，色彩彰显个性。

（2）理性诉求

1）双核处理器、超大内存、4 英寸夏普屏幕、高像素拍照设备搭配 ¥1999 的价格很难不让人心动。

2）米键、米聊、云服务真正实现"移动的互联网"。

3. 核心特色

（1）独具特色的 MIUI HOME

MIUI HOME 将快捷方式和程序图标的两层模式整合为桌面一层模式，长按进入编辑模式后，打开 Widgets 小工具盒子支持拖拽添加小工具，如果想卸载程序，把程序拖拽到顶部垃圾框即可，八种桌面屏幕切换效果，桌面动画华丽绚烂。

（2）T9 键盘智能拨号

智能拨号采用 T9 键盘，支持联系人拼音首字母、电话号码搜索，结果以联系频率优化排序，提高电话安全，默认禁止第三方程序监听用户电话，持续更新归属地数据库，并支持外国国家代码，现已有230301条归属地记录。

（3）小米刷机

OTA升级（每周五小米手机开发版会进行每周一次的例行更新，修复之前的Bug，新增更实用的功能）。

1）升级包本地升级（有时候没有无线网络，包月流量不够用，可以使用完整升级包在本地进行升级）。

2）刷入其他系统（小米支持原生Android、点心OS，还有广大发烧友自己制作的ROM）。

（三）消费者分析

1. 总体消费态势分析

在同质化越来越严重的今天，如何才能俘获消费者的心，令品牌摆脱单纯的卖产品阶段，提高品牌附加值，相信这是每个服装品牌经营者孜孜追求的目标。现今的消费态势是一个品牌如果具有了独特性、唯一性，并能引起目标消费群的共鸣，消费者的忠诚度也就会随之而来。

2. 现有消费者分析

对某个品牌或产品来说，对自身拥有的现有消费者进行分析，包括消费者的类型、特征、收入等均对广告前期市场分析起到至关重要的作用。

（四）企业与竞争对手分析

分析企业或产品的竞争情况，包括竞争对手的销售与广告效果情况。

任务演练

想要做好广告业务，就要充分地了解广告主的需求，以小组为单位，以一家广告公司开展广告业务为前提。想要了解广告主的需求，需要制订一份广告主洽谈业务计划书。

任务评价标准与记录如表1-4所示。

表1-4 任务评价标准与记录

评价内容与标准	1组	2组	3组	4组	5组	6组
讨论过程						
汇报文本						
汇报内容						
汇报效果						
创新体现						
合计						

重点记录：

注：评价内容一般分为五项，评价标准一般分为优秀（A记2分）、一般（B记1分）、不合格（C记0.5或0分）三个等级，每个任务满分为10分。此表可用于教师打分和学生互评。

学习情境2 广告策划与实施阶段

情景导入

万宝路的市场变迁

万宝路创业的早期,其定位是女士香烟,消费者绝大多数是女性。其广告口号是"像五月天气一样温和。"可是事与愿违,尽管当时美国吸烟人数年年都在上升,但万宝路香烟的销路却始终平平。女士们抱怨香烟的白色烟嘴会染上她们鲜红的口红,很不雅观。于是,莫里斯公司把烟嘴换成红色。可是这一切都没能挽回万宝路女士香烟的命运。莫里斯公司终于在20世纪40年代初停止生产万宝路香烟。

"二战"后,美国吸烟人数继续增多,万宝路把最新问世的过滤嘴香烟重新搬回女士香烟市场并推出三个系列:简装的一种,白色与红色过滤嘴的一种,以及广告语为"与你的嘴唇和指尖相配"的一种。当时美国一年香烟消费量达3820亿支,平均每个消费者要抽2262支之多,然而万宝路的销路仍然不佳,吸烟者中很少有人抽万宝路香烟,甚至知道这个牌子的人也极少。

在一筹莫展中,1954年莫里斯公司找到了当时非常著名的营销策划人李奥·贝纳,交给了他这个课题:怎么才能让更多的女士购买万宝路香烟?

1. 对限定任务进行辩证思考

作为一个策划课题的承接者,李奥·贝纳面临这样的资源处境:既定的万宝路香烟产品、包装等。同时又面临着这样的任务:让更多的女士熟悉、喜爱,从而购买万宝路香烟。李奥·贝纳必须在这样的资源环境中,寻找实现这样任务的途径。如何解决这个问题?

如果李奥·贝纳完全限于莫里斯公司提出的任务和既定的资源,循着扩大女士香烟市场份额的思路进行策划,那么风靡全球的万宝路就不会出现在这个经济世界了。幸运的是,李奥·贝纳并没有被任务和资源限定住,而是对莫里斯公司给予的课题进行了辩证的思考。

2. 大胆改造成就万宝路

在对香烟市场进行深入的分析和深思熟虑之后,李奥·贝纳完全突破了莫里斯公司限定的任务和资源,对万宝路进行了全新的"变性手术",大胆向莫里斯公司提出:将万宝路香烟的定位改变为男子汉香烟,变淡烟为重口味香烟,增加香味含量,并大胆改造万宝路形象——包装采用当时首创的平开盒盖技术并以象征力量的红色作为外盒的主要色彩。广告上的重大改变是万宝路香烟广告不再以妇女为主要诉求对象,广告中一再强调万宝路香烟的男子汉气概,以浑身散发粗犷、豪迈、英雄气概的美国西部牛仔为品牌形象,吸引所有喜爱、欣赏和追求这种气概的消费者。

这是迄今为止最为成功和伟大的营销策划,由于李奥·贝纳突破资源和任务的大胆策划,彻底改变了莫里斯公司的命运,在万宝路的品牌、营销、广告策略按照李奥·贝纳的策划思路改变后的第二年(1955年),万宝路香烟在美国香烟品牌中的销量一跃排名第 10 位，之后便扶摇直上。今天万宝路已经成为全球仅次于可口可乐的第二大品牌，其品牌价值高达 500 亿美元。

给定的任务不过是表面的，莫里斯公司的最终目的还是打开香烟市场，而不是非得做女士香烟不可，抓住了这一点，就不会被"女士香烟"束缚住，李奥·贝纳才能够对万宝路进行"变性手术"，才缔造了万宝路的神话。所以，我们在进行策划时，要有勇气刨根问底，挖掘本质的目的，然后对给定的任务和资源进行辩证思考，这就是一个营销策划人的功力，也是营销策划的本质。

（资料来源：http://wenku.baidu.com/link?url=hhbF7jQZ7KssGRnIOOWWxim-10hNvNn1cqG_XNgpyapJc5xxYL6IZEPTtErbb75-8RKWGavFbIM2pCal431Wej0q-kims0NU7PSM_u7yALy）

思考：万宝路的成功与营销策划有何关系？

知识储备

（一）广告策划

广告策划是现代商品经济的必然产物，是广告活动科学化、规范化的标志之一。美国最早实行广告策划制度，随后许多商品经济发达的国家都建立了以策划为主体、以创意为中心的广告计划管理体制。1986 年，中国大陆广告界首次提出广告策划的概念。这是自 1979 年恢复广告业之后对广告理论一次观念上的冲击，它迫使人们重新认识广告工作的性质及作用。广告工作开始走上向客户提供全面服务的新阶段。

所谓广告策划，是根据广告主的营销计划和广告目标，在市场调查的基础上，制订出一个与市场情况、产品状态、消费群体相适应的经济有效的广告计划方案，并加以评估、实施和检验，从而为广告主的整体经营提供良好服务的活动。

（二）广告策划的类型

广告策划可分为两种：一种是单独性的，即为一个或几个单一性的广告活动进行策划，也称单项广告活动策划。另一种是系统性的，即为企业在某一时期的总体广告活动策划，也称总体广告策划。

一个较完整的广告策划主要包括五个方面的内容：市场调查的结果、广告的定位、创意制作、广告媒介安排、效果测定安排。通过广告策划工作，使广告准确、独特、及时、有效地传播，以刺激需要、诱导消费、促进销售、开拓市场。

（三）广告策划的流程

1. 准备阶段

1）成立广告策划小组，包括选任项目负责人、策划人员、方案人员、导演、设计人员、市场调查人员、媒介联络人员、公共关系人员等。

2）制订项目计划推进表。

3）策划研讨。策划小组首先要对策划任务进行总体研讨，每个成员对本次策划的目的、内容都有比较明确的了解，明确自己的任务。

2. 市场调查阶段

1）拟定"市场调查计划"：确定市场调查的目标、范围、对象、方法（初步依据是现有的基础资料、企业运转的实际情况、生产经营活动和产品现状，或是临时搜集的有关外部资料），然后拟定"市场调查计划"。

市场调查计划的主要内容有调查的目的要求、调查项目、调查对象、调查方法、调查费用、调查时间安排、调查人员组成及其分工等。

2）拟定市场调查所需的问卷、访谈提纲，准备必需的辅助设备和人员。

3）实施市场调查项目。

4）市场调查结果的分析、整理。把各种数字计算成绝对数、相对数、列表、制图等，以归纳或演绎等方法对资料予以综合分析研究，提出意见。

5）撰写"市场调查及其分析报告"：包括企业营销环境分析、产品定位分析、竞争对手广告分析、本企业目标市场论证及选择等。

知识拓展

调查报告的一般组成内容如下：

1）题目。包括广告市场调查题目、报告日期、为谁制作、撰写人。

2）前言。包括内容简介、提出背景、调查要点及所要解决的问题。

3）正文。这是调查报告的中心部分，包括详细资料、关键图表和数据及调查方法等。

4）结论。包括对调查目的、调查问题的解答和可行性建议。

5）附录。包括资料来源使用的统计方法、重要原始资料等。

6）评估反馈阶段。调查全面结束，应对广告市场调查的各个阶段、各个步骤进行总的评估，包括调查方案、计划、方法等，以便改进、提高今后的调查工作及其质量。

3. 广告策划与创作阶段

广告策划就是在充分获取市场信息的前提下，预测市场的发展规律，在符合广告主营销策略的基础上，科学地制订广告总体战略，追求最优化的广告效果的活动过程。

（1）面对目标市场进行策划

广告创作者必须了解市场的基本规律，包括市场容量、市场分割情况、市场成熟程度与目标消费群限定等。广告创意如果能与市场规律、市场需求及消费者的关心点结合在一起，就能产生出人意料的"化合作用"，使策划转化为市场经济效益。

（2）面对国内市场进行策划

把握中国消费者的心理（如好客、重礼仪、孩子在家庭中的地位甚高等）。在本阶段，由项目负责人填写"策划制作单"，召集项目组成人员、策划人员举行策划策略会议，根据广告市场调查所接收到的信息及研究建议，就项目的广告推进进行策略性的探讨研究，并在此基础上进行设计制作。研究的具体内容和步骤包括以下几点。

1）广告目标。广告目标的确定，首先取决于企业经营目标和市场状况，其次是根据广告活动的目的来选择和确定。因此,要根据市场调查信息找出关键问题与机会点,明确广告的具体方向,使广告活动的目的具体化、数量化,更具可操作性。

2)广告定位。即针对消费者的不同要求、不同心理,突出宣传商品某些方面的特点,向消费者传递所需要的商品信息。

3)广告活动预算编制。即根据广告目标和企业自身能力确认广告费用及其使用安排。在进行广告预算时,要充分考虑产品生命周期、市场份额与顾客忠诚度、竞争与干扰、广告频率与产品的替代性等因素。

4)广告媒体选择。根据目的性、有效性和可行性原则,按照目标受众的接受习惯与接受能力,以及广告媒体的覆盖范围与特点、广告活动预算等,确定广告媒介及其排期。

5)广告诉求策略研讨。明确广告诉求对象、广告信息和诉求方式,通过广告主题研讨、创意表现研讨与作业、创意说明会、创意修正和设计完稿等一系列广告作品的完成。必要时,应对广告作品的宣传表达效果进行测试,根据情况进行调查。

6)撰写广告策划书,内容和格式没有统一限制。

4. 广告实施阶段

本阶段是根据广告策划书所确定的工作方案,在完成广告作品设计制作后组织发布实施的过程,亦即将意境设想变为实际效果的过程。这一阶段的工作,对广告策划业务来说也许并不重要,但就广告活动而言却是非常重要的。既要确保广告策划书所规定的内容认真执行,又要根据市场环境的现实变化进行修正,还要进行阶段评估和终期效果测定等。

(四)制订广告计划

广告计划可以划分为广义广告计划和狭义广告计划两种。广义的广告计划具体包括广告市场调查、广告目标计划、广告时间计划、广告对象、广告地区、广告媒介策略、广告预算、广告实施、广告效果测定与评估在内的全部广告活动的内容。狭义的广告计划具体包括广告目标、广告地区、广告时间和广告对象。本节所讲的广告计划是从广义角度来进行分析的。

企业的广告计划实施是企业对于即将进行的广告活动的规划,它是从企业的营销计划中分离出来,并根据企业组织的生产与经营目标、营销策略和促销手段而制订的广告目标体系。

广告计划实施的主要内容一般包括广告预算、广告目标、广告主题、广告创意策略、媒体选择及日程表与各种促销的配合等。广告计划的主要内容摘要之所以存在,是为了便于广告主或广告决策者快速了解广告计划并重点了解有关详细内容,及时做出对广告计划取舍的决策。

任务演练

以成立广告公司为目的,设计广告公司的岗位,经过研究通过后,在全班竞选出几家广告公司的总经理,再通过招聘的方式确定各公司各岗位的人选,完成广告公司的成立。

绘制广告策划流程图，按照成立的广告公司的不同岗位，讲述广告策划活动的实施过程与角色分配。

任务评价标准与记录如表 1-5 所示。

表 1-5　任务评价标准与记录

评价内容与标准	1 组	2 组	3 组	4 组	5 组	6 组
公司成立						
绘制流程图						
汇报内容						
汇报效果						
创新体现						
合计						

重点记录：

注：评价内容一般分为五项，评价标准一般分为优秀（A 记 2 分）、一般（B 记 1 分）、不合格（C 记 0.5 或 0 分）三个等级，每个任务满分为 10 分。此表可用于教师打分和学生互评。

学习情境 3　广告测评与监控阶段

 情景导入

丰田霸道广告风波

一切缘起一汽丰田销售公司的两则刊登在《汽车之友》2003 年第 12 期，由盛世长城广告公司制作的广告。一辆霸道汽车停在两只石狮子之前，一只石狮子抬起右爪做敬礼状，另一只石狮子向下俯首，背景为高楼大厦，配图广告语为"霸道，你不得不尊敬"；同时，"丰田陆地巡洋舰"在雪山高原上以钢索拖拉一辆绿色国产大卡车，拍摄地址在可可西里。

12 月 2 日，《汽车之友》在自己的网站上向读者致歉，表示"由于我们政治水平不高，未能查出广告画面中出现的一些容易使人产生联想的有伤民族情感的图片，广告刊出后，许多读者纷纷来信来电话质询，我们已认识到问题的严重性，在此，我们诚恳地向多年来关心和支持《汽车之友》的广大读者表示衷心的歉意。"同时，《汽车之友》还表示，将停发这两则广告，由于发行原因，将在下一期杂志上正式刊登道歉函。

12 月 4 日，这两则广告的制作公司——盛世长城国际广告公司也公开致歉，表示"一些读者对陆地巡洋舰和霸道平面广告的理解与广告创意的初衷有所差异，我们对这两则广告在读者中引起的不安情绪高度重视，并深感歉意。我们广告的本意只在汽车的宣传和销售，没有任何其他的意图。"同时还表示，"对出现问题的两则广告已停止投放。由于 12 月的杂志均已印刷完成并发布，这两则广告将在 1 月份被替换。"

全国各地的主力媒体纷纷把目光聚焦于此。12月3日，丰田中国事务所公关部的电话几乎被打爆。当天下午，危机公关程序启动，紧急会议在京广中心召开。"广告本身有没有问题已经不重要，重要的是民族情绪已经被激发出来，没有什么能抵挡民族情绪，政府是不可能管制民族情绪的""民族情绪是针对日本人，那么必须由日本人出面承担责任"。所以，"不管一汽丰田销售公司是不是承担责任，丰田都要承担责任"。

晚上6点半，丰田又紧急召集记者到京广中心，由一汽丰田汽车销售有限公司总经理古谷俊男正式宣读了道歉信。在丰田汽车公司的致歉信中，没有为这次事件寻找任何开脱的理由，而是对此致以诚挚的歉意。古谷俊男回答："出现这样的事情完全是我们的责任，应该由我们自己来承担。"同时，古谷俊男在座谈会上，也婉转地说明两则广告的创意其实都是中国人设计的，陆地巡洋舰广告上的绿色卡车也不是真的图片，而是手绘上去的。"但我们是广告主，我们要负责任。"

无论丰田公司本身，还是发表该广告的媒体，或是创作该广告的盛世长城广告公司，都一致对外"表示诚恳的歉意"，而丰田公司则仅由一汽丰田汽车销售有限公司总经理古谷俊男对外发言，其他人如果被问及，则连连道歉，不发表其他讲话。

丰田的诚恳态度得到了公众的谅解，12月5日后，整个事件戛然而止。

在这次广告风波中。网友们在广告之外，还对"霸道"的中文车名（英文为Prado）提出质疑，认为太过张扬。为了消除中国公众对丰田公司及"霸道"越野车的不良印象，4月18日，记者从一汽丰田销售有限公司获悉，在四川丰田生产的丰田SUV"霸道"已经改名为"普拉多"。

9月份开始的一汽丰田众系列广告中，全部没有"霸道"的字眼，而是用上了"普拉多"。霸道今年因出了广告风波，至今仍然心有余悸。"霸道"这两个字在汉语中带有一定的贬义，但应用在越野车方面，却有着不畏艰险的意思。一汽丰田此次换名，是丰田的一种全球化战略。霸道的英文为prado，原意为林荫大道，音译为"普拉多"。丰田的豪华车Lexus在当年北京车展上也宣布易名，由"凌志"变为音译的"雷克萨斯"。

（资料来源：http://rwxy.ycit.cn/ttg/case/case_9.htm）

思考：丰田霸道广告引起风波的主要原因在哪里？

知识储备

（一）广告测评与监控

所谓广告活动的效果预测及监控是指企业在通过广告市场调查获得一定资料的基础上，针对企业的实际广告需要及相关的现实广告环境因素，运用已有的知识、经验和科学方法，对企业和市场未来广告发展变化的趋势做出适当评价行为的分析与判断，为企业广告活动等提供可靠依据的一种活动。

广告测评包括广告信息测评、广告媒体测评和广告活动效果测评。广告测评的详细情况将在项目七中介绍。

广告监控包括广告在实施过程中接受的行政管理和审查等监控，详细情况在项目七中介绍。

（二）广告测评的发展历史

第一阶段，1900～1960 年，主要发生在美国，大部分是广告心理效果测评。著作有《广告心理学》，主要研究杂志广告的读者，其再生率与广告篇幅大小及提示次数的关系。《广告与销售》《广告原理》都偏重于广告文案测评。1930 年前后，广告效果测评已开始采用机器测评法。

第二阶段，1961～1969 年，此阶段被称为广告传播效果时代，即以测评传播效果作为广告效果测评的模式。开始于美国广告学家考利在 1961 年提出的 DAGMAR 理论，其理论依据为传播理论，广告消费者的反应是从知名到理解到确信到购买行为的连锁反应。这一阶段广告效果测评工作在各媒体公司、广告公司、测评公司开展。

第三阶段，1970 年至今，此阶段为系统研究时代，这一阶段的广告效果测评上升到对广告整个销售效果、即时效果与长远效果的综合测评。在这一阶段，随着计算机技术及应用的飞速发展，极大地推动了广告效果测评程序表数据库的建立和各种测评模型的发展。广告效果的事后测评越来越准确，事前预测的发展越来越迅速，尤其是广告效果的事前预测，成为当时的一个活跃的研究领域。

任务演练

每个小组选择一则最近流行的广告，进行效果测评抽样访问调查，至少访问 10 个人，调查问题如下。

1）那则广告是什么模样？内容是什么？

2）广告的销售重点是什么？

3）你从该广告中知道些什么？

4）看完该则广告后心理有何反应？

5）你看完该广告后购买该产品的欲望增加了还是减少了？

6）广告中哪些因素影响你的购买欲望？

7）你最近购买这种产品是什么厂牌？

整理并汇报调查的结果。

任务评价标准与记录如表 1-6 所示。

表 1-6　任务评价标准与记录

评价内容与标准	1组	2组	3组	4组	5组	6组
访问执行						
结论汇总						
汇报内容						
汇报效果						

续表

评价内容与标准	1组	2组	3组	4组	5组	6组
创新体现						
合计						

重点记录：

注：评价内容一般分为五项，评价标准一般分为优秀（A 记 2 分）、一般（B 记 1 分）、不合格（C 记 0.5 或 0 分）三个等级，每个任务满分为 10 分。此表可用于教师打分和学生互评。

任务四　认知广告与营销的关系

> 情景导入

脑白金的广告营销

从 1998 年开始，脑白金在极短的时间内快速启动了市场，在 2～3 年内创造了销售十几亿元的销售奇迹，后虽销售有所滑落，但仍然保持着旺销的市场势头。如今，脑白金已经走过了整整 18 个年头，依然屹立在中国的医药保健品市场，的确是中国医药保健品市场的奇迹。然而纵观国内的医药保健品市场，更多的产品往往是昙花一现，已经难寻踪影了，少数所谓"运作成功"的产品也是各领风骚两三年，过后也就销声匿迹了。那么，面对同样的市场环境，不同产品的市场寿命相差为什么会如此悬殊呢？相信脑白金在营销推广方面的策略，会给当今医药保健品企业在产品营销上更多的启示。

广告不断创新，引领送礼消费时尚。

"今年过节不收礼，收礼只收脑白金"，这句在专业广告人员看来非常恶俗的广告语却为脑白金的销售立下了汗马功劳，作为礼品，不仅需要满足送礼人的面子因素，而且要具有一定的时尚性，这些问题正是脑白金运作团队的优势所在，脑白金利用其在广告上的优势地位，通过大量的广告投放和明星代言，有效解决了购买群体所需要的面子问题，同时定期调整广告的风格，始终保持广告风格的趣味与时尚，保持广告的新鲜感，保持了脑白金送礼的时尚性，使礼品的购买者更乐于选择脑白金，从而维持了市场的稳定与发展。同时，广告的不断创新和投放，也是维持产品价值的有力手段，有效地提升了顾客购买和使用的满意度，稳定了顾客的购买信心。

广告是把双刃剑，当产品走向高速发展期后，品牌的维护工作没有相应地跟上，品牌弱势积累的危机就很容易爆发出来。而脑白金之所以畅销十余年，就是通过成长期、成熟期的巨大广告宣传攻势来对产品进行市场推广，从而通过取信消费者后达到取悦消费者。由此，提炼出了脑白金广告运作的强势，脑白金广告资金与销售的关联，媒体分工整合策略；"送礼"概念使脑白金概念和软文广告为大众所熟知，所以脑白金广告能够及时根据市场态度不断进行策划。在维护既定产品市场定位的同时，脑白金也在不断改进广告创意与表现，提升美誉度。脑白金还通过赞助社会公益活动及重大赛事来提升品牌形象。同时，脑白金还在递增式地做好媒介、政府公关工作。

因此，对于脑白金广告的评价不应该仅仅局限于它的创意形式，而应看到它背后的广告策略、媒体策略及销售配合策略，这样对它的评价才可以更客观。再来看脑白金广告对营销管理策略的作用。在保健品界，脑白金被普遍认为是以广告成就销售神话的经典案例。

1. 通过创新实现差异化

这是促成脑白金神话的各种因素中最重要的因素。脑白金的创新是深入的、全方位的、非常彻底的。从产品配方、促销手段、广告投放、渠道控制、分支机构管理等众多方面，脑白金全部进行了大胆的创新。而创新带来的差异化，则成了脑白金成功的最主要因素。

（1）产品创新：复合配方巧造壁垒

巨人公司的策划人员采用复合包装，在产品形态上做到了和竞争对手的差异化。加上口服液后，消费者就会明显感觉到和单纯胶囊的产品存在差异。

（2）促销创新：登峰造极的"新闻广告"

在消费者对保健品行业的信任陷入低谷以后，巨人公司决定在报纸上做"软广告"，也就是新闻广告。脑白金的创新之处是它将新闻广告发展到了登峰造极的程度。

（3）渠道管理：让经销商成为配货中心

脑白金启动时，采用了一种非常独特的渠道策略。脑白金在省级区域内不设总经销商，在一个城市只设一家经销商，并只对终端覆盖率提出要求。将一个经销商的控制范围限制在一个地区、一个城市，一方面防止了经销商势力过大对企业的掣肘；另一方面，一个城市只设一家经销商，保证了流通环节的利润，厂家与经销商的合作关系因此变得更加紧密。

2. 低成本快速扩张

在两年的时间内，数目不大的启动资金竟然基本上启动了全国市场，实现了 12 亿元的年销售额，不能不说是一个营销奇迹。脑白金的成功集中体现了"低成本快速扩张"的原则。

试销用了一年时间，脑白金的成功在很大程度上得益于健特公司进行过很长时间的试销工作。为了找到一个成功的营销模式，史玉柱率领部下进行探索的时间超过了一年。试销工作先后在武汉、江阴、常州等地进行，其间尝试过多种办法，网上有种说法是脑白金甚至尝试过学习安利的直销模式。成功的试销能够大幅度降低营销成本、加快市场开发进程，试销是实现"低成本快速扩张"的必由之路。

在进入礼品市场后，结合礼品低度介入的购买特点，"收礼只收脑白金"的电视广告铺天盖地而来，结合经验丰富的终端促销行动，在不到两年时间，脑白金的年销售额就超过了 10 亿元。很明显，脑白金广告对产品销售起到了主导作用，看似简单重复的策略背后隐藏着实践和科学，因此广告效力是有目的和可预见性的。

思考：脑白金的广告与营销活动之间是怎样配合的？

知识储备

（一）广告与促销活动

随着环境的发展变化，任何一个系统都具有变化、发展的趋势和可能。随着信息高速发展，市场竞争越来越激烈，市场规模越来越大，对经济活动的效率提出了更高的要求。在这种背景下，广告作为新的信息资源为增强国内外企业参与市场的竞争意识，以及在国际、国内市场求得生存和发展，起到了不可替代的作用，广告促销以其极强的广告信息渗透性影响着社会经济的每一个角落，为广告促销的发展提供了广阔的空间。

广告促销活动在不同的经济背景、营销策略下有着不同的形式和内容，同人类经济社会的发展一样，广告促销活动的经历也是由简单到复杂、由低级到高级的过程，通过我国实现市场经济以来的广告促销在实践应用中呈现出的不同阶段性，不难看出广告传播的内容是随着经济发展过程中竞争的激烈程度和营销观念的变化而不断拓宽和深化的。第一阶段从20世纪70年代末到80年代末。市场处于竞争初期，产品品种较为单一，同类同质商品少，市场竞争主要通过产品本身的性质特点及功能利益造成的差异性来实现。这一时期营销的策略是产品中心制，营销的重点是吸引顾客购买，广告促销活动侧重于信息硬式传输方式，主要是由于消费者的选择范围有限及教育相对不发达，公众文化水平比较低，商品知识比较缺乏，不了解商品的基本功能和使用方法，客观上需要信息的硬性传播。第二阶段从20世纪80年代末到90年代中期。由于市场竞争较为激烈，随着科技的飞速发展，产品之间差异性缩小，各种替代品和模仿品不断涌现，同类同质产品充斥市场，使得产品至上的时代瓦解，取而代之的是形象至上的时代。这一时代企业形象（Corporate Identity，CI）广告的导入突破了原有的营销观念，将企业的个性、理念、文化和精神等特点传播给社会公众，以使公众产生深刻认同感为营销策略，营销的重点是达到促销与树立企业形象的目的。但是，CI立足企业主体，由内向外传播企业形象，因而缺乏与公众的情感沟通，偏离公众需求和心灵满足。第三阶段是从20世纪90年代中期到90年代末，信息高速发展、竞争激烈的经济全球化的初期。世界各国的经济相互渗透和相互影响，导致传统的市场结构和消费观念及竞争的内容和形式都发生了质的变化，即由原来产品质量竞争优势、价格竞争优势、服务竞争优势演变到品牌竞争优势。由品牌形成的差异化竞争优势，综合地反映企业与消费者及竞争对手的关系，充分体现了全球经济一体化的竞争优势。这一时期，市场营销的重点是满足购买品牌产品而获得的更高层次的心理需要，营销策略主要反映难于模仿的、无法替代的品牌优势。

广告传播的内容是保持产品在公众心目中的优秀形象，把产品质量和经营理念有效地传达给消费者，力图使品牌具有并且维护一个高知名度的品牌形象，刺激目标消费群主动购买的欲望。当市场竞争加剧时，单纯地扩大品牌知名度的广告传播难以提供对消费者长期、稳定的影响力。从竞争优势的角度来看，品牌知名度只是短期行为；从盈利能力的角度来看，也无法将其转化为经济价值，难以形成可持续发展的竞争优势。进入21世纪以来，由于全球经济迅猛发展，改变了原有的传播模式和营销观念，营销策略表现为客户中心制，而这一时期的营销重点建立在对消费者的需求准确把握与不断满足的基础之上，实现个性化服务，把一般消费者转化成忠诚顾客。忠诚顾客资源极富有战略价值，不仅能为企业创造超过同行业绝对水平的超值利润，也成为企业获取可持续发展的竞争优势。相对而言，经济全球化也要求广告传播应提供高渗透、快捷、优质、互动的信息，实现个性化服务，在此期间的营销系统中，广告传播活动不只是单纯地提升和维护品牌知名度，而是通过广告传播活动扩大和维系品牌忠诚的客户群，建立和发展品牌与消费者的长期关系，来获得最大的品牌关系价值。

（二）广告策划与市场营销活动

广告是市场营销活动中的一个有机组成部分。它在市场营销活动中居于服从、服务的地位。

市场营销环境可以分为政治、经济、文化、科技、竞争、法律六个方面，这六大因素是不可控制的。企业内部可控因素分为产品、价格、促销、渠道四个方面，企业通过适当调整内部因素以适应外部环境，实现营销目标。四个可控因素的组合即市场营销组合，促销作为市场营销组合的四方面之一，又由若干个部分构成，包括广告、人员销售、公共关系、特种推销方法等。广告只是企业促销措施之一，是作为市场营销组合的一个有机组成部分而存在并发挥作用的。

1. 广告策划必须服从于市场营销计划

对企业来说，进行广告策划的目的是提高广告宣传效果，使企业以最低的广告开支达到最好的营销目标。广告作为市场营销组合的一项策略措施，必须服从其整体性、协调性、多变性的要求，既要服从市场营销总目标的总体要求，又要处理好与市场、价格、产品、渠道等各项策略的关系。广告策划必须与适当的目标市场、适当的产品、适当的价格、适当的渠道相匹配、相适应。总之，广告策划要服从企业营销策划的整体，绝不能让广告与产品、价格、渠道、市场各行其是。

2. 广告策划服务于市场营销活动

广告策划服务于市场营销活动主要体现在广告策划要生动、形象、精确、适时地体现市场营销的总体构思、战略图和具体安排。首先，表现在要体现市场策划的意图，即进行广告策划之前，必须清楚企业的目标市场是什么，有哪些，在哪里，有何特性，本企业产品在市场中的位置如何。其次，表现在要体现产品策划的意图，一要体现产品广告的必要性，二要体现产品的差异性，三要体现产品的阶段性。再次，表现在要体现价格策划的意图，即广告应标明产品的实际价格，要体现产品的观念价格和产品的价值观念。最后，要表现渠道策划的意图，即广告要跟着销售渠道跑。总之，广告目标是为企业市场营销目标服务的；广告策划要力求从多方面为企业营销策划服务，并且要服务好。

3. 市场营销策划对广告策划起决定作用

广告策划虽然在客观上是服从、服务于企业营销的，但并不是一种被动的活动。广告策划要体现主动性、创造性和进取性。

市场营销策划对广告策划起着决定性作用，规定着广告策划的方向、方法、内涵、外延；而广告策划又对于市场营销有着反作用，对于实现市场营销计划是不可缺少的，起着先导、辅助和促进的作用。这就是广告策划与市场营销的关系。

🔖 **任务演练**

用思维导图画出各小组理解的广告与营销的关系，可以每个同学先画一份，再由小组成员一起来画。

任务评价标准与记录如表 1-7 所示。

表 1-7 任务评价标准与记录

评价内容与标准	1组	2组	3组	4组	5组	6组
思维导图（个人）						
思维导图（小组）						
关系分析						
汇报效果						
创新体现						
合计						

重点记录：

注：评价内容一般分为五项，评价标准一般分为优秀（A 记 2 分）、一般（B 记 1 分）、不合格（C 记 0.5 或 0 分）三个等级，每个任务满分为 10 分。此表可用于教师打分和学生互评。

项 目 总 结

本项目主要引导学生认识广告，即认识广告的类型、特征与广告的三个要素，要求学生掌握广告的几个基本理论，并能够通过案例分析广告基本理论的运用情况。本项目主要的任务为引导学生认识广告业务流程，知道广告公司开展广告业务的几个过程。

检 测 练 习

一、单项选择题

1. 广告业务流程包括（　　）三个阶段。

　　A. 广告分析阶段、广告策划与计划实施阶段、广告测评与监控阶段

　　B. 广告策划与计划实施阶段、广告分析阶段、广告测评与监控阶段

　　C. 广告测评与监控阶段、广告策划与计划实施阶段、广告分析阶段

　　D. 广告分析阶段、广告测评与监控阶段、广告策划与计划实施阶段

2. 20 世纪 50 年代初美国人（　　）提出 USP 理论，要求向消费者说一个"独特的销售主张"（Unique Selling Proposition），简称 USP 理论。

　　A. 特劳特　　　　　　　　　　　B. 罗瑟·里夫斯

　　C. 尼尔·鲍顿　　　　　　　　　D. 杰罗姆·麦卡锡

3. （　　）是广告的本性和生命。

　　A. 信息性　　　　B. 指导性　　　　C. 营利性　　　　D. 说服性

4. 4C 包括（　　）、成本、便利、沟通。

    A. 消费者　　　　　B. 产品　　　　　　C. 定价　　　　　D. 促销

5. 市场分析包括营销环境分析、消费者分析、（　　）、企业与竞争对手的竞争状况分析、企业与竞争对手的广告分析。

    A. 产品分析　　　　B. 政治环境分析　　C. 文化环境分析　D. 渠道分析

二、多项选择题

1. 广告三要素有（　　）。

    A. 广告目标　　　B. 广告信息　　　C. 消费心理　　　D. 广告媒体

2. 广播传播的特点包括（　　）。

    A. 广播传播是有明确目的的传播

    B. 广告传播是可以重复的传播

    C. 广播传播是复合性的传播

    D. 广告传播是对销售信息严格筛选的传播

3. 广告传播的基本原理包括（　　）。

    A. 广告传播的诱导性原理　　　　　　B. 广告传播的二次创造性原理

    C. 广播传播的文化统一性原理　　　　D. 广告传播的说服性原理

4. 建立广告传播学的客观基础——5W 理论包括（　　）。

    A. Who（谁）　　　　　　　　　　　B. Says What（说了什么）

    C. In Which Channel（通过什么渠道）D. To Whom（向谁说）

    E. With What Effect（有什么效果）

三、判断题

1. 广告是市场营销活动中的一个有机组成部分。它在市场营销活动中居于服从、服务的地位。　　　　　　　　　　　　　　　　　　　　　　　　　　　　（　　）

2. 广告策划不必服从于市场营销计划。　　　　　　　　　　　　　　（　　）

3. 广告计划实施主要内容摘要一般包括广告预算、广告目标、广告主题、广告创意策略、媒体选择及日程表与各种促销的配合等。　　　　　　　　　　　　（　　）

4. 4C 营销策略注重以消费者需求为导向，克服了 4P 策略只从企业考虑的局限。

                                          （　　）

实 训 项 目

【实训名称】广告认知与策划流程模拟。

【实训目的】能对广告业务流程进行认知并进行实践跟踪探索，以加深对广告业务流程运作的理解；检验学生的领悟能力和综合运用知识及广告业务运作技能，包括广告要素的认知、广告业务流程分析与运用、广告与企业营销的关系。

【实训材料】笔、本、电脑等办公用品。

【实训要求】

1）以各广告小组为单位，寻找一个真实的企业广告业务流程课题与之进行流程运作对比综合训练。

2）找寻课题、调查研究。学生按组展开调查，并详细记录调查情况。

3）分组开展企业广告业务流程草案。草案初审，由指导教师评析。

4）确定方案，提交广告因为流程设计正稿。

5）各组在班级进行交流、讨论。

6）方案跟踪，即与真实企业的某一阶段广告开展进行对比分析。

7）方案评审、考核、认定成绩。

8）小组成员要扬长避短，各尽所能，充分发挥广告小组团队精神。

9）实训结束以后，举办一个课题单元展，以PPT演示并回答问题，使每个小组、每个同学能全面地发现优点、认识不足。

10）每小组提交一套广告业务流程方案和作品，小组成绩与每个同学的表现综合考评即为同学个人成绩。

将实训成绩填入表1-8。

表1-8 实训成绩考核表

实训名称：广告业务流程实训

评估指标	评估标准	分值	得分
课题的选择	（1）是否具有代表性	10分	
	（2）是否具有可行性	10分	
调查方法	（1）科学可行	10分	
	（2）难易适中	10分	
广告业务流程	（1）系统性	10分	
	（2）操作性	10分	
	（3）合理性	10分	
成果展示	PPT设计精美，解说语言表达流畅	10分	
广告业务流程方案	（1）格式规范性	5分	
	（2）内容完整性、科学性	5分	
	（3）结构合理性	5分	
	（4）文理的通顺性	5分	
合计		100分	
教师评语			签名： 年 月 日
学生意见			签名： 年 月 日

项目二　开展广告调研

项目内容

1. **知识目标**

1）掌握广告调研的含义和要求。
2）掌握广告调研的目的。
3）掌握广告调研的方法。
4）掌握广告调研报告的格式。
5）广告预算与分配。

2. **技能目标**

1）能够制订广告调研计划。
2）能够实施广告调研任务。
3）能够撰写广告调研报告。
4）能够绘制广告预算表。

3. **过程与方法**

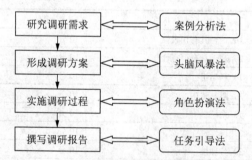

研究调研需求	⟺	案例分析法
形成调研方案	⟺	头脑风暴法
实施调研过程	⟺	角色扮演法
撰写调研报告	⟺	任务引导法

4. **职业素养目标**

完美设计、细心。

任务一　认知广告调研计划

学习情境 1　认知广告调研

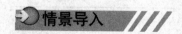情景导入

百威啤酒的广告调研

世界啤酒市场一直是竞争十分激烈的一个领域，市场领导者的角色在不断更换，

在这种拉锯战中，策略上稍有失误，胜利就很容易落入他人之手，会影响到企业未来的利益。

百威啤酒是在美国及世界最畅销的啤酒，长久以来被誉为"啤酒之王"。在20世纪60年代激烈的啤酒市场竞争中，"百威"每次居首位，目前仍居于啤酒业的霸主地位。

"百威"之所以成功，除了确实是美国首屈一指的高品质啤酒外，与其卓越的市场策略和广告策略也有重要关系，这一点从百威啤酒成功地进军日本市场即可看出。

对企业来说，必须为自己的产品确立正确的目标。"百威"能取得成功，首先在于把握了日本市场的变化趋势，确立了以年轻人为诉求对象的广告策略。日本年轻人富有购买力，有更多时间去追求自己喜爱的事物，新奇而又昂贵的产品很能吸引他们。他们有自己的表达方式和独特的语言，往往是市场舆论的制造者和领袖。如果想用广告来打动他们，就必须认识他们，了解他们的消费动机，只有这样才能推出有效的广告打动他们的心，优质而有效的广告调研是百威啤酒在日本行销成功的背景。

"百威"的主要广告对象，先是设定为25～35岁的男性，他们的生活形态是平常都喝啤酒以外的烈酒，对运动与时装非常有兴趣，喜爱多姿多彩的休闲活动。这个对象的设定与百威啤酒原本就具有的"年轻人的"和"酒味清淡"的形象十分吻合。

（资料来源：http://zhidao.baidu.com/link?url=6PeoXIFg16Gmg3NRilAcbQ__-OlFHUTcgCuJ0WX3Ys2sthXJgw
UEnLPTsUVhTtipsed7hKn4lcARS3R0OKnuQq）

思考： 百威广告打动人心的主要原因是什么？

知识储备

（一）广告调研、市场调研的含义与关系

1. 广告调研的含义

广告调研，英文名为 advertising research，也叫广告调查，是伴随着广告活动进行的一切调查活动的总称，其含义通常有广义（泛指与广告相关的一切调查活动）和狭义（在开展广告活动时就广告活动所面临的有关问题，系统、客观、广泛且持续地收集相关资料，加以记录、分析、衡量与研究，提供结论和建议，以供广告决策参考的活动）两个方面。

知识拓展

我国广告调研包括两个方面：学术性广告调研和商业性广告调研。

学术性广告调研：服务于教学和研究的广告调研。展现成果的途径如下：①已出版的专门著作；②广告专业期刊上刊登的文章；③各高校广告学相关专业自主开展的广告调研活动。

商业性广告调研：服务于商业机构的广告调研，可以自主调研，也可以委托专门的调研机构。

我国广告行业相关的主要调研机构有以下几个。

1）CTR：1995 年成立，中国国际电视总公司和国际研究集团 TNS 投资。研究业务：消费者固定样组、个案研究、媒介策略研究、媒介资讯和金融研究。

2）CSM 央视索福瑞：CTR 市场研究和 TNS 集团建立，致力于专业的电视收视和广播收听市场的研究。

3）AC 尼尔森：1923 年阿瑟·查尔斯·尼尔森在美国成立。使市场份额这一概念具有现实意义。

4）中国盖洛普：提供盖洛普专业的商业和管理调查、研究、咨询和培训的全套产品。

2. 市场调研的含义

市场调研就是指在特定的市场环境和营销状况下，系统地设计、收集、分析和总结数据资料，为企业或市场提供解决问题的方法，并把握市场的变化规律，为企业营销决策提供依据的活动的总和。

3. 广告调研与市场调研的关系

市场调研是为了制订整体的市场营销策略开展的调查活动，而广告调研是在市场策略中为推广广告产品、传递信息等目标而展开的一系列调查工作，两者之间是从属关系，广告调研拥有市场调研的一般属性，但往往比市场调研更具体、更深入。

相同点：都为营销服务，有相同的研究对象，调研流程相同。

不同点：从调研的发展历史来看，市场调研早于广告调研，广告调研由市场调研发展而来，从调研的范围来看，广告调研从属于市场调研。

（二）广告调研的要求

1. 广告调研要有明确的目标

任何一项广告活动都是针对特定的企业和产品，因此，开展每一项广告调研都需要有一定的目的，调研活动是为实现调研目标而服务的。根据广告活动的要求，决定调研需要掌握的信息资料，也就明确提出了广告调研的目的。明确所需资料究竟是什么，是执行调查研究计划的第一步，也是调查研究成功的关键。

2. 广告调研要注意客观公正

在广告调研活动中，为了避免由于主观推测带来的偏差，广告调研必须做到客观公正。这就要求调研者必须具有专业水准，能够准确地把握调研目标、调研方法、调研内容，同时对广告调研的程序也要力求规范。只有做到客观公正，才能掌握真实的信息，为广告创意奠定基础，进而产生良好积极的广告效果。

3. 广告调研要注意保密

通过调研得到的资料只能为特定的对象服务，不能随意泄露。这既涉及市场竞争的机密问题，也是行业自律问题，同时还是每个调研人员应该遵守的一项职业道德。

4. 广告调研信息要注意积累

广告调研结束，一方面是为特定的目的服务，另一方面也是为将来的调查活动积累资料。这样既能节约开支，又能充分利用信息，同时也是加强科学管理的需要。企业可以通过建立资料档案或者资料库进行广告调研资料的累计和建设。

5. 广告调研要注意经济性

广告调研同企业其他的经济活动一样，要考虑节约成本和经济效益，要尽可能用最少的经费来完成预期的广告调研任务。因此，在广告调研活动中，要制订合理的调研计划，采取合理的调研形式，减少不必要的开支，做到节约资金。

知识拓展

广告市场调研的好处

1. 有利于准确地进行广告定位

进行广告定位，首先要充分了解和把握市场，分析研究消费者，如从本产品的功能、结构、品牌、价格、包装及使用对象，到竞争产品的市场占有率、知名度等的了解，挖掘出本产品独一无二的特点；从市场前景、销售曲线变动的调查了解，做出新的市场判断与定位。

2. 有利于经济有效地开展广告活动

摸清潜在的市场容量、范围、需求特点与消费类型，对拟定广告计划，确定广告目标市场，决定广告具体实施的战略战术有重要的指导作用；做好广告调查工作，选择恰当的广告代理和广告媒体，能够扩大广告的覆盖率，有利于提高企业、商品的知名度；做好广告调查工作，有助于根据广告计划编制的广告预算建立在科学的基础上，使企业支出的广告费获得实效，对实现企业营销目标进行有力的支援。

3. 有利于测定广告宣传效果

确切地了解市场上消费需求的特点，然后针对消费者的欲望和需求，向消费者说明产品或服务所能满足人们需求的特点，促使消费者接受说服购买产品，同时创造新的需要，从而推动消费者向更高水平发展。

（三）广告调研的意义

面对产品同质化、媒体分流化、消费者注意力分散化的市场变化因素，我们关注的是消费者究竟需要什么，如何才能满足他们更深层次的需要，如何让产品或服务在众多竞争者中立于不败之地。营销大师菲利浦·科特勒（Philip Kotler）认为："现代市场运作立足于信息和信息产业的管理之上。"即谁拥有了最佳的信息管理体系，走在信息的前面，谁就是市场的赢家，所以必须依赖相应的调查程序来取得科学的市场数据和结论。

1. 广告市场调查是广告策划的依据和参考，是整个广告活动的开端

现代广告是一个周密严谨的决策与科学合理的计划相结合的过程。广告调查的数据和资料为广告活动提供准确可靠的依据和参考。如果企业和广告代理公司对产品或服务在市场上的优势、劣势和市场竞争状况等不能完整、准确而迅速地掌握，就不能知己知彼；如果对消费者的人口特征、购买行为与动机和习惯等知之甚少，就不能确定目标市场，广告目标也是空中楼阁；如果对相关媒体的基本情况不够了解，就难以找到最适宜发布广告信息的媒体，而造成广告投入的浪费；没有充分有效的广告调查，广告策划也成了无源之水、无本之木，空有那些表面的口号和目标而没有实现的可能。

2. 广告市场调查是预测未来的基础

广告调查了解的重点虽然是目前的客观实际情况，但它最终的目的是立足现在、把握未来。调查人员将现有的市场情况和之前的历史资料搜集完备后，运用科学的分析方法，能对未来的情况做出一个相对准确的预测。

3. 广告市场调查有助于准确测定广告效果，评估广告活动

广告效果是广告主最关心的问题，在广告实施之前进行事前调查，可以帮助广告主和广告代理公司了解广告策划的适应性和精确性；在实施过程中进行调查，可以及时发现问题、纠正失误；在结束后进行调查，可以评估整个广告活动。

（四）广告调研的目的

广告调研的主要目的是通过调查用数据和事实为广告决策提供依据，广告调研的主要目标是要搞清楚广告的诉求点如何确定、广告预算大概是多少、广告媒体如何选择、广告效果评价如何开展等，后面会详细介绍。

案例阅读

东润枫景广告的成功源于优质的调研

获得 2000 年广州日报杯全国广告作品评选活动房地产广告类唯一金奖的东润枫景系列广告的成功离不开蓝色创意广告公司对楼盘所做的深入细致的广告调查。

东润枫景楼盘紧邻北京中央商务区，被一片数百顷的城市绿化带环绕，由加拿大设计公司担任设计，因此以国家健康社区为定位。蓝色创意公司将定位缩小为"一个适合生活的地方"。他们在调查分析社区环境、区位、规划、建筑风格与气质后，将目标消费者确定为北京中央商务区的中高级白领，即所谓的"高级灰"。

在为期半个月的访谈和调查取证后，创作人员收集到与目标消费者的生活形态、消费心理、思想状态、价值观等相关的许多资料后发现：他们有较高的教育文化背景、有审美鉴赏力、懂得享受生活、有生活情趣、有独立的思想和态度，休闲活动以看书、旅游、听音乐、看影碟、会友和健身为主，有优越的物质生活条件，但这是以长期超负荷的工作为代价的，多数人已经不是第一次置房产，而再次买房是为了提高生活质量。比较固定的媒体选择是《三联生活周刊》等。

在这个基础上，创作人员对楼盘的目标消费者有了较高的认识，为接下来寻找楼盘与消费者之间的沟通打下了基础。把"发现居住的真意"作为中心广告语后，创作人员进一步开展调查，以寻找这一理念的承载元素。于是全公司的人都来参与，调动各种人际关系与"高级灰"们进行更为深入的接触，这一调查的结果是咖啡、音乐、书、绘画四样东西成为东润枫景园的识别物，也就顺理成章地成为具体的广告作品的主角。在广告表现上，鉴于"高级灰"们的文化水平、思维方式和优越的地位，广告以智慧的生活观点与受众沟通；由于目标群有一定的审美能力和生活情趣，广告在视觉设计上为受众留下了足够的想象空间；广告着力以感性诉求表现社区的人文环境，并十分注意细节的雕琢，以营造幽雅、闲适的整体氛围。

广告活动实施后，在房展会上一鸣惊人，销量达到广告开始前三个月销量总和的三倍，展会期间七成的客户看过并记得广告。年度销售总结中，71%的住户是三资企业的中高层白领，16%的住户是自由职业者。实践证明，广告调查不仅对广告策划有依据和参考作用，还对广告创意和广告表现都有参考作用，广告调查也可以在媒体计划时成为媒体选择和组合的依据。

任务演练

各小组拟定一个企业品牌或者一个产品，制订合理的广告调研目标，每个小组选派代表阐述此次的调研目的和意义。

任务评价标准与记录如表 2-1 所示。

表 2-1　任务评价标准与记录

评价内容与标准	1组	2组	3组	4组	5组	6组
项目选择						
目标分析						
汇报内容						
汇报效果						
创新体现						
合计						

重点记录：

注：评价内容一般分为五项，评价标准一般分为优秀（A 记 2 分）、一般（B 记 1 分）、不合格（C 记 0.5 或 0 分）三个等级，每个任务满分为 10 分。此表可用于教师打分和学生互评。

学习情境 2　制订广告调研计划

情景导入

雀巢广告的成功源于完整周密的计划

2011 年 11 月，雀巢咖啡启用韩寒作为首个国内代言人，携手奥美广告公司，创作全新广告片，以"活出敢性"的广告语取代原来耳熟能详的"味道好极了"。这支广告片由香港导演关锦鹏执导，用韩寒最为人熟悉的两个角色诠释雀巢咖啡的新理念，激励年轻人活出自己的精彩人生。

首先是"印有雀巢咖啡 LOGO 杯子"的镜头，画面下方介绍韩寒：作家、车手、博主。接着韩寒喝口雀巢咖啡，继续写作，手轻轻一挥，稿纸顿时四散飞扬。旁白：写作最快乐的事，莫过于让作品成为阅读者心中的光芒。一串一闪而过的镜头之后，韩寒放开双手从摩托车上站起来，展开双臂，巧妙地表现出了"敢"的主题。

接着是韩寒边喝咖啡边回忆自己对"勇敢、梦想、希望"的理解，穿插着残疾人参加马拉松比赛的镜头、小女孩在观看追梦女孩的表演、自己去做希望工程志愿者奉献的画面。而雀巢咖啡总是陪伴左右，它已经成为自己生活不可分割的一部分。

最后韩寒说道："只要你敢，总会有光芒指引你。活出敢性，雀巢咖啡。"

雀巢集团在进行广告制作前，进行了大量的准备工作，和详尽的计划安排。

1. 广告创作背景 SWOT 分析

1）优势（strengths）：雀巢咖啡已成为世界知名的品牌，消费者忠诚度较高。在速溶咖啡消费程度相对较高的区域建立了速溶咖啡市场领导者地位。味道好、提神、缓解压力的功能性诉求已深入人心，红黄暖色的包装、充满人文情怀的广告宣传满足了消费者的感性诉求。

2）劣势（weaknesses）：品牌形象仍不够清晰，广告核心诉求于竞争对手没有明显的差异。广告宣传强调着重口味，但忽视了目标消费群的个性化特征。雀巢奶粉的负面新闻也为雀巢咖啡减分不少。

3）机会（opportunities）：经过多年的努力，雀巢咖啡转化了一部习惯喝茶的中国消费者，中国咖啡消费量以每年 15% 的速度增长，形成巨大的潜在消费市场。目前在宣传上没有很清晰的品牌特质区隔。广告中仍主要以咖啡的功能性需求为主，努力将其打造成品质生活的必备品。

4）威胁（threats）：竞争品牌加大宣传和促销力度。尤其是麦斯威尔咖啡，以我国经济发达城市为中心的全国扩张，紧跟雀巢咖啡的市场策略，影响了雀巢咖啡的发展，并削弱了雀巢咖啡特有的品牌特质。同时，不断有新咖啡品牌进入市场，咖啡品种及其替代品的增加使得整个行业的竞争越来越激烈。

面对此形势，沿用了 12 年的广告语"味道好极了"，在今天已显得不够时尚新颖。加上众多咖啡品牌都模仿雀巢咖啡的广告宣传语，使同质化越来越严重。雀巢将传播重点从"让产品说话"的"味道好极了"，转为"让品牌说话"的"活出敢性"，意欲通过推出全新广告语和迎合年轻消费者口味的品牌代言人，力挽狂澜，夺回市场份额。

2. 目标受众

据调查，国内喝咖啡的人以受教育程度较高有文艺情结的年轻人居多。雀巢咖啡的目标受众为 20～45 岁的中等收入、中等文化程度的人群，主要包括学生一族及都市白领。这类人群受教育程度较高，有一定的消费能力。置身于快节奏的生活导致学习或工作压力大。年轻、时尚、充满活力，敢于尝试新鲜事物，注重生活质量，懂得享受，品牌忠诚度高。

这则广告选用韩寒作为代言人，能够很好地引起目标受众的共鸣。韩寒对社会现象的评论解析犀利、锋芒，受到青年们的推崇。这正好迎合了他们求新、表达个性的心理。恰到好处的精神和情感的引领，往往很对当今年轻人的胃口。

3. 产品定位

从消费者需求角度看，年轻的消费者追求创新，重新产品定位是一个新的契机，让消费者更加了解雀巢的品质、口感，更加喜欢。从产品竞争角度看，市场上的咖啡大部分属于速溶类型，但产品单一，雀巢重新定义自己，给市场注入新的生机，增添活力，在竞争中占据更有利的地位。从营销效果角度看，重新定位有利于保持产品自身的年轻度，不断创新，有所进步。

（资料来源：http://wenku.baidu.com/link?url=YW1f0XP1VRcOq8YtwsIv-m0vMS3YuFwY7H617koFr9z
M6I86P-KpCRo1tDewI81e9jya9qGc7BK--gKrqSG-FJ_sC3WWbtmyXo_HivVuOP3）

思考：雀巢广告的成功源于其计划的哪几个方面？

知识储备

（一）广告调研计划阶段

1. 调研计划阶段的三个任务

1）明确调研问题、确定调研主题。根据调研的目标明确调研主要解决的问题，根据提出和解决问题的方式确定调研主题。

2）确定设计方案。讨论确定调研的设计方案。

3）方案审批。调研计划需要广告策划小组或广告主审批后执行。

2. 确定调研主题的程序

1）背景分析。分析调研的背景，主要依据广告主的目标，分析市场背景。

2）确定主题。通过与决策者讨论、与专家座谈、间接资料分析、探测性调查等方法研讨调研主题。

3）明确广告决策问题。经过研讨，明确广告要实现的目标和调研要解决的问题，实现决策主题。

4）确定调研主题。

（二）广告调研设计阶段

1. 方案设计的五大步骤

1）确定广告调研目标和内容。

2）确定研究方法。

3）确定调研的范围和对象。

4）拟定研究活动进度表。

5）调研费用预算。

2. 调研计划书的七个组成部分

1）调研概述：简要地说明该调研的背景、缘起，以及主要问题的来源。

2）调研的目的和内容：简单回答调研的目的和调研结果的用途范围，罗列预期要获得的各项信息，提出调研假设。

3）调研方法：

① 说明调研范围及选择这个范围的原因。

② 说明界定的调查对象。

③ 说明抽样人数、抽样方法及抽样的样本结构表。

④ 具体说明调研设计和资料采集方法。

⑤ 说明访者数量及资格、访问实施的操作过程、访者的管理监督办法和数据统计的方法。

4）提交结果的方式：以书面报告形式，说明报告的大致内容。

5）研究进度表：用表格的方式，把调研进度表现出来。

6）调研费用说明：可以列出总的费用，也可以列出较详细的费用预算。

7）附录：一般是问卷初稿或抽样说明。

（三）资料的采集和处理阶段

1. 资料采集阶段共包括三个部分的内容

资料采集的准备：工具、人员、材料准备和抽样实施。

预调研资料采集的实施：二手资料和原始资料的采集。

2. 资料的统计处理

1）问卷资料的统计处理（问卷的检查编码，数据录入和整理）。

2）数据分析（为撰写报告服务）。

3）报告撰写。

案例阅读

某家五金商城现招聘专业的市场营销人员，小徐是今年市场营销专业的应届毕业生，到该企业应聘。上班的第一天，经理找到小徐，让他制订一份广告调研计划，内容包括：①商场到了一周年庆典，需要做大型的广告宣传，要找到宣传的切入点；②了解一下该商城的顾客与到其他店购买东西的顾客有什么不同；③调研其他竞争者对他的店印象如何。经理为此项调研拨了不少经费，并要求在三周内得到结果。小徐这时犯了难。如果你是小徐，你会怎样做？

任务演练

以小组为单位拟定一份完整的调研计划，并汇报和评价其可行性。

任务评价标准与记录如表 2-2 所示。

表 2-2 任务评价标准与记录

评价内容与标准	1组	2组	3组	4组	5组	6组
研讨过程						
计划文本						
汇报内容						
汇报效果						
创新体现						
合计						

重点记录：

注：评价内容一般分为五项，评价标准一般分为优秀（A 记 2 分）、一般（B 记 1 分）、不合格（C 记 0.5 或 0 分）三个等级，每个任务满分为 10 分。此表可用于教师打分和学生互评。

任务二 实施广告调研

学习情境 1 确定广告调研方法

▶ 情景导入 ////

海尔洗衣机——无所不洗

创立于 1984 年的海尔集团，经过 30 多年的持续发展，现已成为享誉海内外的大型国际化企业集团。1984 年海尔只生产单一的电冰箱，而目前它拥有包括白色家电、黑色家电、米色家电在内的 96 大门类 15 100 多个规格的产品群。冰箱、空调、洗衣机等产品属于集团主打的白色家电。作为在白色家电领域极具核心竞争力的企业之一，海尔有许多令人感慨和感动的营销故事。

1996 年，四川成都的一位农民投诉海尔洗衣机排水管老是被堵，服务人员上门维修时发现，这位农民用洗衣机洗地瓜（南方又称红薯），泥土多，当然容易堵塞。服务人员并不推卸自己的责任，而是帮顾客加粗了排水管。顾客感激之余，埋怨自己给海尔人添了麻烦，还说如果能有洗红薯的洗衣机，就不用劳烦海尔人了。农民兄弟的一句话，被海尔人记在了心上。海尔营销人员调查四川农民使用洗衣机的状况时发现，在盛产红薯的成都平原，每当红薯大丰收的时节，许多农民除了卖掉一部分新鲜红薯，还要将大量的红薯洗净后加工成薯条。但红薯沾带的泥土洗起来费时费力，于是农民就动用了洗衣机。更深一步的调查发现，在四川农村有不少洗衣机用过一段时间后，电动机转速减弱，电动机壳体发烫。向农民一打听，才知道他们冬天用洗衣机洗红薯，夏天用它来洗衣服。这令张瑞敏萌生了一个大胆的想法：发明一种洗红薯的洗衣机。

此事件之后，海尔调集了大批的市场营销人员，对全国的海尔用户进行了区域性的调研。

1997年海尔为该洗衣机立项，成立以工程师李崇正为组长的四人课题组，1998年4月投入批量生产。洗衣机型号为 XPB40-DS，不仅具有一般双桶洗衣机的全部功能，还可以洗地瓜、水果甚至蛤蜊，价格仅为848元。首次生产了一万台投放农村，立刻被一抢而空。

在西藏，海尔洗衣机甚至可以合格地打酥油。2000年7月，海尔集团研制开发的一种既可洗衣又可打酥油的高原型"小小神童"洗衣机，在西藏市场一上市便受到消费者欢迎，从而开辟出自己独有的市场。这种洗衣机三个小时打制的酥油，相当于一名藏族妇女三天的工作量。藏族同胞购买这种洗衣机后，从此可以告别手工打酥油的繁重家务劳动。

在2002年举办的第一届合肥"龙虾节"上，海尔推出的一款"洗虾机"引发了难得一见的抢购热潮，上百台"洗虾机"不到一天就被当地消费者抢购一空，更有许多龙虾店经营者纷纷交定金预约购买。"听说你们的洗衣机能为牧民打酥油，还给合肥的饭店洗过龙虾，真是神了！能洗荞麦皮吗？"2003年的一天，一个来自北方某枕头厂的电话打进了海尔总部。海尔洗衣机公司在接到用户需求后，仅用了24小时，就在已有的洗衣机模块技术上，创新地推出了一款可洗荞麦皮枕头的洗衣机，受到用户的权力称赞，更成为继海尔洗地瓜机、打酥油机、洗龙虾机之后，在满足市场个性化需求上的又一经典之作。

（资料来源：http://wenku.baidu.com/link?url=GK2lQheU3Mzf-7nUqYm1UOjaiVfMpCPb19du
CXIVY3rhbctYiWiascjrxm-StLLE14G6X3fFAcqXJnOHR_bTT8F4KGeLz7L1AedfCXoKfcO）

思考：产品满足市场的过程是怎样的？

🔖知识储备

（一）广告调研的方法

广告调研的方法一般包括二手资料收集法和原始资料收集法。对于原始资料，根据资料的量化特征可以分为定性调研方法和定量调研方法，而根据资料的收集手段又可以分为观察法、实验法和调查法。

（二）二手资料的收集方法

1. 二手资料的定义

二手资料指既存的或者为其他目的已经收集好的信息资料和数据。

2. 二手资料获取的方法

以资料来源的标准可以分为两种：一是企业自身的内部数据库和资料库，如企业历年来的营运数据、消费者资料等；二是企业外部的数据和资料，如专业的调研公司和咨询公司在大量的数据研究的基础上建立的各种数据库，像大众媒体的收视率分析数据、某行业的基本消费者分析数据等。而以获得方式为标准也可以将二手资料分成两类：一是通过购买获得；二是通过查阅获得。

3. 二手资料的优缺点

（1）优点

1）有助于明确或者重新明确探究性研究中的研究主题。

2）可以切实提供一些解决问题的方法。

3）提供收集原始资料的备选方法。

4）提醒广告调研人员注意潜在的问题和困难。

5）提供必要的背景信息使调查报告更具有说服力。

（2）缺点

缺乏可得性、相关性、准确性，资料不充分。

判断准确性的条件：谁收集的信息，调研的目的是什么，收集的是什么信息，信息是什么时候收集的，信息是如何收集的，所得信息是否与其他信息一致。

（三）定性调研方法

1. 定性调研法的定义

定性调研（qualitative research）方法是广告调研中非常重要的原始数据收集方法之一。它主要是指这样一类研究方法：选择有限的样本代表，重点在于了解、探究被调研者关于对事物的深层次的看法、态度和意见。其调研结果表明对所研究问题的性质判定及认识深度，但不能像定量调研那样由样本推知总体情况。

2. 定性调研与定量调研的对比

定性调研与定量调研的对比如表 2-3 所示。

表 2-3　定性调研与定量调研的对比

比较维度	定性调研	定量调研
问题的类型	探测性	有限的探测性
样本规模	较小	较大
每一访谈对象的信息	大致相同	不同
执行人员	需要特殊的技巧	不需要太多特殊的技巧
分析类型	主观性，解释性的	统计性，总结性的
硬件条件	录影机，投影设备，录像机，照片，讨论指南	调研问卷，计算机，打印输出
可重复操作	较低	较高
调研者应具备的知识	心理学，社会学，社会心理学，消费行为学，营销学，市场调研	统计学，决策模型，决策支持统计，计算机程序设计，营销学，市场调研
研究的类型	试探性的	描述性的，了解性的

3. 定性调研的三种方法

定性调研方法主要有焦点小组访谈法、深度访谈法和投射法三种，尤其是前面两种，在广告调研中的运用十分广泛。其中投射法还可以分为语句联想法、句子和故事完成法、漫画测试法、照片归类法、消费者绘图法、叙述故事法等。

4. 定性调研三种方法的基本概念

焦点小组访谈法：8～12 人组成的访谈小组，在一名主持人的引导下对某一主题或者观念进行深入讨论。

深度访谈法：无结构的、直接的方式，通过个人的访问来收集原始资料的方法。

投射法：无结构的、间接的方式，使调研对象将感情"投射"到其他的情境中，从而探究调研对象隐藏在表面反应之下的真实原理，以获知其真实的情感、态度和动机。

（四）观察法

1. 观察法的定义

通过"看"的方式，对正在发生的人的行为及其结果进行真实记录的一种调研方法。

2. 观察法实施的基本步骤

1）明确观察的目的和意义（在观察中要了解什么，需要收集哪些方面的信息），确定观察对象、时间、地点、内容和方法。

2）收集有关观察对象的文献资料，对所要进行的观察工作有一个初步的认识。

3）编制观察提纲，对所要观察的内容进行明确分类，并确定观察的重点。

4）实施观察。要做到有计划、有步骤，全面、系统地进行观察。

5）记录并收集资料。

6）分析资料，得出结论。

3. 观察法的优缺点

优点：具有直观性和可靠性，可以避免很多因访问员问题而产生的误差因素，比其他调研方法简单易行，灵活性强，可以随时随地进行。

缺点：观察到外显的行为和现象，无法通过观察法了解被观察者的动机、态度和情感。

观察人员很难进入观察环境，接近观察对象。

被观察到的当前行为并不能代表未来的行为，消费者选择商品的随意性也使观察到的行为不一定具有代表性。

只有较少的观察指标可以用数字来表示，而大量的观察资料是难以量化的。

（五）实验法

1. 实验法的定义

实验法是指在人为控制的条件下，研究人员改变一些因素，然后观察这些因素的变化对其他因素有何影响的一种收集资料的方法。

2. 实验法的特点

实验法的主要特点是可以证明一个变量的变化能否引起另一个变量的变化。因此，实验法通常又称为因果性调研。

3. 实验法的种类

实验法分实验室实验和现场实验两种。

4. 实验法的优缺点

优点：能够确定有限变量之间的因果关系，指出解决问题的真正要害。

对自变量以外的变量做了比较严格的控制，因此误差来源比较清楚，而且能够加以统计，精确研究结果。

缺点：不能控制影响结果的要素，难以真正排除其他因素的影响来确定因果关系。

实验法的成本很高，是一种介入性的操作方法，受试验者和被试验者之间的意识变化影响。

（六）调查法

1. 调查法的定义

调查法是调研人员与调研对象之间直接通过语言或者文字的交流形式，来收集所需要的原始数据的一种调研方法。

2. 调查法的特点

调查法是一种典型的、通过语言和文字的交流来收集资料的方法。

通过语言文字来表达、交流双方的情感、态度、意见、动机和建议，语言和文字是探究调研对象内心世界的主要工具。

语言交流是面对面的、直接的人际交流，而文字交流则是间接的交流方式。

3. 调查法的种类及特点

入户访谈法：私下的面对面的调查方式。调研对象在熟悉的环境中接受调查，提高了所调查的信息的真实性，调查时间得到保证，可以收集更多更详细的资料。但是拒访率特别高，费用高，费时，调研人员可能会出现多种作弊行为。

街头拦截法：有效地解决入户访谈的困难，目标直接，效率高。但是样本的代表性比较差，拒访率比较高，环境影响调研对象，从而影响调查的质量。

电话访谈法：快捷，访谈费用比较低，有可能获得高质量的样本，匿名性强。但是调查过程难以控制，无法向调研对象展示一些视觉方面的资料，时间有限，访谈内容少，简单，信息丰富程度有限。

邮寄问卷法：高效，方便，节省时间和费用，调研对象可以在任何方便的时候完成问卷，标准化，避免调研人员的误差，匿名性强，不需要对调研人员进行挑选、培训和监督。但是缺乏访问员，现场不受控制，无法确定调研材料有无干扰，回答率低。

问卷留置法：可以部分地控制调研对象填答问卷的过程，送达问卷的时候方便与被调查者交流和电话了解，回收问卷时简单的交流提醒调研对象，但是缺乏人员控制且回收率低。

网络调研法:独一无二的高效率,节省费用,动态跟踪调查,调研内容丰富,综合文字、图像、声音方式展示,全球性调查。但是上网的人代表性不足,选择范围有限,样本无法按要求进行控制,网络调研资料真实性存在问题。

4. 调查法的优缺点

优点:提供比较丰富和全面的信息和资料,能够了解消费者的现状、过去的情况和将来的意愿,方法方式最多,适应能力强。

缺点:语言文字的传递和理解之间容易出现错误,调研对象存在有意说谎的问题。

任务演练

1)如果你是广告公司的调研人员,你会采取什么样的调研方法,选择广告调研方法的注意事项有什么?

2)针对你们小组的调研计划设计并制作一份调研问卷。

任务评价标准与记录如表 2-4 所示。

表 2-4 任务评价标准与记录

评价内容与标准	1组	2组	3组	4组	5组	6组
方法选择						
问卷设计						
汇报内容						
汇报效果						
创新体现						
合计						

重点记录:

注:评价内容一般分为五项,评价标准一般分为优秀(A 记 2 分)、一般(B 记 1 分)、不合格(C 记 0.5 或 0 分)三个等级,每个任务满分为 10 分。此表可用于教师打分和学生互评。

学习情境 2 实施广告调研

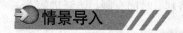 情景导入

北京市某服装品牌的广告调研

1. 调查背景

某服装品牌 A 在另一知名品牌 B 之后进入北京市场。经过多年的发展,品牌 A 在服装市场已经占有一定的市场份额,也获得了比较理想的销售业绩和社会声誉,但是与名牌 B 相比还有相当大的差距。于是,服装品牌 A 决定今后要加大广告投入,扩大广告宣传,进一步扩大知名度,以此来与 B 服装品牌进行市场竞争。

2. 调查目的

分析比较 A、B 两个服装品牌的广告宣传效果有何差距；了解两种服装品牌的消费市场特征和消费者的消费行为有何区别；为 A 品牌下一年度的广告计划提供客观依据和建设性的意见与建议。

3. 调查内容

1）调查两种品牌的知名度。

2）调查消费者获知这两种服装品牌的信息来源。

3）分析比较这两种服装品牌的广告宣传效果。

4）调查这两种服装品牌的消费者特征，包括他们的年龄、学历、职业、经济情况及消费理念等。

5）调查这两种服装品牌不同的品牌文化。

6）调查消费者对这两种服装品牌的不同态度。

4. 调查过程及方法

调查地点：限于北京本市。

调查对象：限于中青年消费者。

样本量：400 人。

采用配额抽样的方法进行抽样调查，确定样本量为 400 人，并按照不同的年龄结构进行不同的比例分配。性别比例分配情况为男：女=1：3，调查分布在北京的 15 个地点，并且要兼顾郊区和市区之间的平衡。在郊区设有五个调查地点，市区设有十个调查地点。

样本的结构如表 2-5 所示。

表 2-5 样本的结构

性别 \ 人数 \ 年龄	18~30	31~40	41~50	51~60	合计
男	30	40	15	15	100
女	90	120	45	45	300
合计	120	160	60	60	400

第一步：对所有抽查到的 400 份样本由调查员通过面访调查法来进行问卷调查，以此来了解两个服装品牌的知名度、信息来源、广告效果的对比，以及消费者的基本特征等方面的内容。

第二步：经过上述调查，调查员掌握了一系列对两种服装品牌有所接触的人群，这样就可以对部分有特征的人群进行深入的访问调查，进而了解各个服装的品牌文化和消费态度。

5. 调查进度安排

此方案的实施时间为一个月。具体进度安排如表 2-6 所示。

表2-6 调查进度表

时间	作业内容
第1~10天	问卷定稿
第11~20天	调查实施
第21~24天	资料统计分析
第25~28天	撰写研究报告
第29~30天	报告定稿

6. 调研结果分析

分析本次调研活动是否完成调研内容的相关要求，是否实现调研目的，是否实现预期的效果。分析调研过程是否有所调整，以此为据来指导下次的调研活动。

7. 调研预算

调研方案设计费和策划费、抽样设计费和实施费、调查实施费、数据录入和统计分析的费用、问卷设计费和印刷费、报告撰写费用、相关资料费、办公费用、管理费及相关税金。

（资料来源：http://wenku.baidu.com/link?url=PB0fpDGG1ZdYlXlx0QAdRwdZN715iHJujwZq7I7g_q7RQw
JzphksB9GVV7eXXlFDagwqT9DbuMC8eYTaRfTGOV7Ku-_tKzFu2TFrZMzxFIq）

思考：广告调研大概需要几个步骤？

📖 知识储备

广告调研主要有计划阶段、资料采集阶段、分析报告阶段。

1. 计划阶段

（1）计划阶段的基本任务

1）现实需要。

2）明确问题：了解广告主的目的、意图及信息需求，并进行探测性研究，收集并分析相关的二手资料，必要时进行小规模的定性研究以便明确要调查的问题。

3）设计方案：说明广告调研的背景、目的、研究方法、研究的时间安排、研究的费用。

4）方案审批：获得委托人的认可。

（2）研究方案的设计

1）确定广告调研的目的。确定广告调研的目的后才能进行相应研究内容的确定。研究内容的确定界定了问卷设计或访问提纲的范围，为问卷设计或访问提纲的编写提供了依据；研究目的能否达到，在计划阶段只有通过研究者界定的研究内容来判断。

2）确定研究方法。

① 抽样：随机抽样有系统抽样、分层抽样、整群抽样；非随机抽样有判断抽样、任意抽样、配额抽样、滚雪球抽样。

② 采集方法：调查法有电话访问、入户访问、日记记录、邮寄问卷；实验法。

③ 统计方法。

3）在确定研究方法时需要解决的具体问题主要包括研究领域、研究对象、样本量、抽样方法、资料采集方法、统计方法。

4）拟定研究活动进度表：

① 考虑到委托方的时间要求、信息的时效性。

② 考虑到作业的难度、完成作业的可能性。

5）商业用途主要包括问卷设计印刷，抽样实施，访问员的招聘与培训，预备性研究，问卷修正、印刷，调查实施，资料的编码、录入和统计，数据的分析，报告的撰写、修改和制作。

6）学术用途主要包括文献研究、研究设计、研究实施、撰写研究报告。

7）研究费用预算。

① 商业用途费用：印刷费，方案策划费，问卷设计费，抽样设计费，差旅费，邮寄费，访问员劳务费，受调查者礼品、礼金，统计处理费，报告撰写制作费，电话费，交通费，服务费，杂费，税收。

② 学术用途费用：设备费、会议费、著作出版补贴费、研究成果专家鉴定费用。

（3）研究方案的撰写

学术研究中的研究方案即课题申请书；商业研究中的研究方案就是研究计划书。主要包括以下几点。

1）引言：项目背景、缘由并阐明研究问题的由来。

2）研究目的和内容：研究目的和结果的使用范围，研究预期获得的各方面信息及研究的假设。

3）研究方法：研究地区即选择理由、研究对象、抽样方法、访问人员数量和资格、访问实施的操作过程等。

4）提交结果的方式：研究报告的形式、数量、大致内容及其他附件。

5）研究进度表。

6）研究费用（在费用表格后注明以下类似文字：本估价单有效期___天；交款____）。

2. 资料采集阶段

（1）资料采集准备

1）工具准备：问卷、量表、仪器、电脑、眼动仪、脑电记录仪等。量表是一种能够使事物的特征数量化的数字的连续体。

2）人员准备：访问员。

3）材料准备：广告作品、包装设计、产品品牌等。

4）抽样实施：建立抽样框、抽取受调查者。

（2）预备性研究

1）发现问卷设计中的问题。

2）检验抽样框方案的合理性。

（3）资料采集

1）通过访问、观察、记录等方法收集有关研究问题的第一手资料。

2）资料采集通常包括访问、问卷复核和回访三步工作。

3. 分析报告阶段

1）统计处理：数据编码、数据录入、统计运算、输出结果。

2）数据分析：发现数据中存在的规律和数据反映的问题，选择能够说明问题的数据。

4. 撰写报告

广告调研报告的内容主要包括以下几个方面：

1）题目：包括调查题目、报告日期、为谁制作、撰写人。

2）摘要：调查过程概述。

3）引言：调查目的，简要说明调查动机、要点和所要解答的问题。

4）正文：调查结果分析，包括调查方法、取样方法、关键图表和数据。

5）结论与建议：对调查目的和问题的解答和可行性建议。

6）附录：资料来源、使用的统计方法、附属图表、公式、附属资料及鸣谢等。

可以参照以下模板。

×××××广告调研报告

一、摘要
二、引言
   1. 研究背景及目的
   2. 研究内容
三、研究方法
四、结果与分析
   1. ×××的知名度
   2. ×××的市场规模
   3. ×××的市场销量
   4. 消费者关于×××的概念
   5. ×××与×××的广告效果比较
   6. 消费者的特征
   7. 消费者的消费心态
五、结论及建议
附录：访问提纲和消费者问卷

---

5. 结果汇报

举行研究结果汇报会或课题鉴定会，根据客户的意见补充修改研究报告。

任务演练

小组讨论，广告调研与传统的市场调研有什么区别？有哪些注意事项？

任务评价标准与记录如表 2-7 所示。

表 2-7 任务评价标准与记录

评价内容与标准	1组	2组	3组	4组	5组	6组
素材搜集						
研讨过程						
汇报内容						
汇报效果						
创新体现						
合计						

重点记录：

注：评价内容一般分为五项，评价标准一般分为优秀（A 记 2 分）、一般（B 记 1 分）、不合格（C 记 0.5 或 0 分）三个等级，每个任务满分为 10 分。此表可用于教师打分和学生互评。

任务三 撰写广告调研报告

情景导入

B酒的厦门市场调查方案

1. 调查背景和目的

A 品牌是一种知名进口酒，于 B 品牌之后的 1987 年打入厦门市场，经过多年来各种形式的广告宣传和促销活动，已占有一定的市场，获得较为理想的销售效果。但是与主要竞争对手 B 品牌相比较，在销售量上还有相当大的差距。于是 A 品牌拟定在下一年度里，加强广告促销活动，以期进一步扩大销售，缩小与 B 品牌的差距。

本项调查旨在分析比较 A、B 两品牌已有的广告宣传效果，了解进口酒的消费市场特征和进口酒消费行为，为 A 品牌做好下一年度的广告计划提供客观依据和建设性建议。

2. 调查内容

本项调查的具体内容包括以下几个方面：

1）A、B 两品牌的知名度。

2）消费者获知 A、B 两品牌的信息来源。

3）A、B 两品牌标志和广告宣传效果的比较。

4）进口酒消费者的特征（包括职业、年龄、文化程度和经济收入）。

3. 研究方法

本研究拟于厦门岛内进行，调查对象为 18 岁以上成人。由于该研究为描述性研究，因此决定采用配额抽样方法进行抽样。确定样本量为 500 人，按年龄层次和性别比例分配名额。样本的结构如表 2-8 所示。年龄阶层的比例为（18～30）：（31～40）：（41～50）：（51～60）：60 以上——6：6：3：3：2，性别比例为男：女——4：1（考虑到酒类消费者以男性为主）。调查实施分散在厦门岛内的 10 个地点进行。

表 2-8　样本的结构

年龄（岁） 人数 性别	18~30	31~40	41~50	51~60	60 以上	合计
男	120	120	60	60	40	400
女	30	30	15	15	10	100
合计	150	150	75	75	50	500

调查的实施过程分两步进行。第一步是对所有被抽到的 500 个样本均由访问员采用面对面的问卷访问，目的是获得调查内容前四个方面的资料。第二步是对经第一步调查确定的"进口酒消费者"做深入的访问调查，以期获得调查内容后三个方面的资料。所谓"进口酒的消费者"是指喝过并买过进口酒的消费者。执行访问的访问员为厦门大学新闻传播系广告专业三年级学生，他们均接受过广告调研和新闻采访训练。每一调查实施地点由两名访问员执行访问，共 20 名访问员。

资料的统计处理在计算机上进行。

4. 结果的形式

本调查的结果形式是调查书面报告，内容包括引言、摘要、调查目的、调查方法、调查结果、结论和建议及附录七个部分。交给客户书面报告材料两份。

思考：广告调查方案的制订从哪几个方面考虑？

知识储备

（一）广告调研报告的格式

一篇规范的广告调研报告应该包括序言、摘要、正文和附录四个部分。

1. 序言

序言主要包括封面、目录和索引三个部分。

2. 摘要

摘要可以概括性说明研究活动获得的主要结果。阅读调研报告的人往往对研究过程中的复杂细节没有兴趣，只想知道研究的主要结果的结论，了解如何根据研究结果行事。因此，摘要可以说是调研报告中极其重要的一环。

3. 正文

调研报告的正文必须包括研究的全部事实，必须详细阐述研究的背景、目的、方法、过程、结果及所得结论和建议。

4. 附录

附录部分主要是呈现与正文相关的各种资料，供读者参考；附录的资料可用来证明或进一步阐述已经包括在报告正文之内的资料。

知识拓展

随着印刷术的发明，印刷广告渐渐出现。世界上最早的印刷广告是 1944 年在成都望江楼唐代古墓中出土的一张《陀罗尼经》(咸通九年，公元 868 年)。它不仅刻有图画和中文，而且刻有外文。纸端还题有"成都府都县龙池坊汴宋马铺发售"字样，把生产单位、售货地址、售货办法都刻印出来。这比西方广告印刷早 600 多年，也是世界上第一部标年板印品。宋代出现了铜板和活字印刷广告。元代有把广告印在包装纸上的，湖南沅陵出土一纸元代广告，右边竖印："潭州升平坊内白塔街大尼寺相对住危家，自烧洗无比鲜红紫艳上等银朱、水花、二朱、雌黄，坚实匙筋，买者请将油漆试验，便见颜色与众不同。四远主顾，请认门首红字高碑为记。"左边竖印："主顾收买银朱，请认元旦祖铺内外图书印号为记。"到了明清，套色彩印广告、年画式广告也出现了。

(二) 调研报告的基本要求

一份调研报告的内容和质量是很关键的，写得细致规范的调研报告可以使调研结果锦上添花，而混乱无章的调研报告能把即使是控制最好的调研活动弄得黯然失色。

一份好的调研报告至少要符合以下要求：

1) 语言简洁。广告调研报告的目的是让读者在报告中快速地获得信息，而不是看小说。语言不用追求华丽，但要追求简明扼要，让读者一眼就能看得懂，减少主观性的表达，以免影响读者判断。

2) 结构严谨。在撰写报告时，要注重报告整体的逻辑性，各部分中心意思要突出，努力使读者看一遍就能明白整个研究的基本过程和结果，千万不能将一大堆资料简单地堆在一起。

3) 内容全面。调研报告要详细介绍一项研究的来龙去脉，让读者了解调研的全过程，对调研结果有一个清楚的认识，明确研究有什么用途，可以解决什么问题，即说明调研为什么进行，采用什么方法研究，验证了什么假设，得出了什么结论，有什么建议。

4) 资料真实。将研究过程中各个阶段收集到的全部有关资料组织在一起，不能遗漏任何重要信息，但也不能将那些无关的资料统统写进去。并且要仔细审查核对各项资料数据的准确性，务必使资料数据准确无误。

5) 结论明确。调研报告中要明确说明调研的结论。

6) 应用性的调研报告中词汇要尽量非专门化，因为读者可能并不懂得研究人员已经熟悉的技术资料，也不一定有耐心阅读完生涩难懂的报告。而学术性的调研报告则尽量用专业术语，用词科学准确，体现专业性。

7）利用图表。充分利用统计图、统计表来说明和显示资料，让读者更方便地从图表中获得信息。

案例阅读

可口可乐跌入调研陷阱，百事以口味取胜

20世纪70年代中期以前，可口可乐一直是美国饮料市场的霸主，市场占有率一度达到80%。然而，70年代中后期，它的老对手百事可乐迅速崛起，1975年，可口可乐的市场份额仅比百事可乐多7%；9年后，这个差距更缩小到3%，微乎其微。

百事可乐的营销策略有两条：

1）针对饮料市场的最大消费群体——年轻人，以"百事新一代"为主题推出一系列青春、时尚、激情的广告，让百事可乐成为"年轻人的可乐"。

2）进行口味对比。请毫不知情的消费者分别品尝没有贴任何标志的可口可乐与百事可乐，同时百事可乐公司将这一对比实况进行现场直播。结果是，有八成的消费者回答百事可乐的口感优于可口可乐，此举马上使百事的销量激增。

对手的步步紧逼让可口可乐感到了极大的威胁，它试图尽快摆脱这种尴尬的境地。1982年，为找出可口可乐衰退的真正原因，可口可乐决定在全国10个主要城市进行一次深入的消费者调查。可口可乐设计了"你认为可口可乐的口味如何？""你想试一试新饮料吗？""可口可乐的口味变得更柔和一些，您是否满意？"等问题，希望了解消费者对可口可乐口味的评价并征询对新可乐口味的意见。

调查结果显示，大多数消费者愿意尝试新口味可乐。可口可乐的决策层以此为依据，决定结束可口可乐传统配方的历史使命，同时开发新口味可乐。没过多久，比老可乐口感更柔和、口味更甜的新可口可乐样品便出现在世人面前。为确保万无一失，在新可口可乐正式推向市场之前，可口可乐公司又花费数百万美元在13个城市进行了口味测试，邀请了近20万人品尝无标签的新/老可口可乐。结果让决策者们更加放心，六成的消费者回答说新可口可乐味道比老可口可乐要好，认为新可口可乐味道胜过百事可乐的也超过半数。至此，推出新可乐似乎是顺理成章的事了。

背叛美国精神：可口可乐不惜血本协助瓶装商改造了生产线，而且，为配合新可乐上市，可口可乐还进行了大量的广告宣传。1985年4月，可口可乐在纽约举办了一次盛大的新闻发布会，邀请200多家新闻媒体参加，依靠传媒的巨大影响力，新可乐一举成名。看起来一切顺利，刚上市一段时间，有一半以上的美国人品尝了新可口可乐。但让可口可乐的决策者们始料未及的是，噩梦正向他们逼近。很快，越来越多的老可口可乐的忠实消费者开始抵制新可乐。对于这些消费者来说，传统配方的可口可乐意味着一种传统的美国精神，放弃传统配方就等于背叛美国精神，"只有老可口可乐才是真正的可乐"。有的顾客甚至扬言将再也不买可口可乐。每天，可口可乐公司都会收到来自愤怒的消费者的成袋信件和上千个批评电话。尽管可口可乐竭尽全力平息消费者的不满，但他们的愤怒情绪犹如火山爆发般难以控制。迫于巨大的压力，决策者们不得不做出让步，在保留新可乐生产线的同时，再次启用近100年历史的传统配方，生产让美国人视为骄傲的"老可口可乐"。

（三）调研报告各部分要求

1. 序言

（1）封面（可视研究公司或研究者的要求而定）

封面一般要求严谨、精致、规范。其内容包括以下几个方面。

1）调研报告的题目或标题。题目是由研究内容概括而成的，一般只有一句话，有时可以加上一个小标题。

2）研究机构的名称。如果是单一机构，写上机构名称即可。但若是多个机构合作进行，则应该把所有机构名称写上并附上研究机构的联系方式。

3）研究项目负责人姓名及所属机构。

4）日期，即报告完稿日期。

调研报告的封面由以上内容组成，可参考下例。

×××市场研究有限公司

　　ADD：中国广东省广州市　　　　Tel：×××××××××

　　Post：×××××××　　　　　　Fax：×××××××××

· ·

×××饮料消费者调研报告

项目经理：×××

执笔：×××

2016.3.16

（2）目录

目录是关于报告中各项内容的完整一览表。报告的目录和书的目录一样，一般只列出各部分的标题名称及页码。由于结果部分的内容通常较多，因此可以将细目也列进去，可参考下例。

目　录

（3）索引

如果图表较多，为了方便阅读，可列出一张图表索引，也可以分别列出图表的资料索引。索引的内容与目录相似，列出图表号、名称及所在报告中的页码。

2. 摘要

摘要应该使用简洁扼要的概括手法，说明研究的主要结果，详细的论证资料只要在正文中加以阐述即可。

研究结果摘要简短，一般最多不要超过报告内容的五分之一。例如，可以概括以下内容：

1）消费者对本产品优势和劣势的认识。

2）当前市场的发展情况及竞争情况。

3）本产品广告策略的成败及其原因。

4）影响产品销售的因素。

5）根据调研结果应采用的行动或措施等。

在研究结论性资料的阐述时，必要的话还需加上简短的解释。

3. 正文

（1）研究背景

在这份报告内容里，研究者需说明研究的由来或受委托进行该项研究的原因。说明时可引用有关的背景资料，分析企业经营、产品销售、广告活动等方面存在的问题。一般而言，背景资料会包括以下几个方面：

1）产品在一定时间内的销售变化情况。

2）与竞争对手的市场占比相比较的资料。

3）已有的广告策略和实施效果状况。

4）消费者对产品、企业、广告的反应资料。

5）价格、包装策略的运用情况。

6）产品的销售渠道和分销方法。

（2）研究目的

研究目的通常是针对研究背景分析存在的问题。它一般是为了获得某些方面存在的问题，不论研究目的是什么，研究者都必须对本研究获得的结果列出一份清单。

（3）研究方法

在这一方面需要体现以下方面：

1）研究地区：说明研究活动在什么地区或区域进行。

2）研究对象：说明从什么样的对象中抽取样本进行研究。

3）访问完成情况：原来拟定研究多少人，实际上收回的有效问卷是多少，有效问卷回收率是百分之多少，问卷丢失或无效的原因，是否采取补救措施等。

4）样本结构：根据什么样的抽样方法抽取样本，与原来拟定的计划是否一致。

5）资料采集：是入户访问，还是电话访问；是观察法，还是实验法等。研究如何实施，遇到什么问题，如何处理。

6）访问员介绍：访问员的能力、素质、经验对研究结果会产生影响。

7）资料处理方法及工具：指出用什么工具、什么方法简化和统计分析资料研究结果的可靠性，但在描述时要尽量简洁，说清方法及采用原因即可。

介绍研究方法有助于使读者确信研究结果。

4. 研究结果

研究结果部分是将研究所得资料报告出来，包括数据图表资料及相关的文字说明。在一份调研报告中，常常要用若干统计图和统计表来呈现数据资料。如何用统计图和统计表来描述数据资料，前一章已有详细介绍，这里不再赘述。但是仅用图表展示研究所得的数据资料远远不够，研究人员还必须客观地描述和分析图表中数据资料隐含的趋势、关系或规律，也就是说，要解释研究的结果。

研究结果是找出数据资料中存在的趋势和关系，识别资料中隐含的意义并用适当的语言来描述。原始资料经过简化和统计处理并制成图表资料后可以看出其中隐含的趋势和关系，但这要求经过一定的训练，这样才能准确领会图表的全部内涵，因此研究者解释图表资料是必要的。

对研究结果的解释包括三个层次，即说明、推论和讨论。

（1）说明

说明是根据研究所得统计结果来描述事物的状况、现象的情形、事物发展的趋势、变量之间的关系等。说明不是对数据结果的简单描述，而是利用已有的资料或逻辑关系来深入分析数据。下面举一个例子来说明。

假设经研究，各种收入家庭的彩色电视机拥有情况如表 2-9 所示。

表 2-9 各种收入家庭的彩色电视机拥有情况

彩色电视机	每月平均家庭收入/元			
	600 以下	600~1000	1000 以上	总计
有	80	70	50	200
无	20	30	50	100
总计	100	100	100	300

根据表 2-9，可说明如下。

第一，研究对象中大约一半的家庭拥有彩色电视机（事实的叙述）。

第二，随着家庭收入的增多，彩色电视机的拥有率也随之提高（趋势描述）。

第三，家庭收入的高低对电视机的购买有一定的影响（因果关系的说明）。

在第三点说明中，数据资料并没有直接揭示这种因果关系，它是研究者依据收入和拥有彩色电视机的先后逻辑关系做出的推断。

（2）推论

大多数市场研究得到的数据结果都是关于部分研究对象的资料，而研究的目的往往是要了解总体的情形。因此，研究者必须根据研究的数据结果来估计总体的情况，这就是推论。

推论不是简单地用样本的研究结果来代替总体，还必须考虑到样本的代表性。样本的代表性强，由样本结果直接估计总体结果的误差就小；当样本代表性差时，必须十分谨慎，否则就容易出现错误。

在问卷研究结果的推论中，如果研究中估计了抽样误差，那么就可以根据抽样误差估计总体。以表 2-9 中的数据为例，假定抽样统计资料显示，在置信度为 95%时最大允许误差不超 3%，那么就可以推论如下：研究对象总体中拥有彩色电视机的家庭占 50%～56%。做出这一结论出现错误的概率不超过 5%。如果研究中无法估计抽样误差，推论时就必须十分小心。

（3）讨论

讨论主要是分析研究结果产生的原因。例如，针对上述"上海地区 A 包装比 B 和 C 包装更有利于销售"这一结论，讨论应该的问题是：为什么 A 包装比 B 和 C 包装更有利于销售？

讨论可以根据理论原理或事实材料解释结论，也可以引用其他研究资料做解释。例如，有一项抽样研究得出如下结论：能清楚描述 A 品牌商标图案的消费者远比能清楚描述 B 品牌商标图案的消费者多。对于这一结论，研究者可以解释如下：

1）A 品牌商标图案比较简洁（事实）。

2）A 品牌商标图案比较具体，B 品牌的商标图案比较抽象（事实）。

3）A 品牌商标图案的广告重复次数多，消费者见过该商标图案的次数也比较多（事实或假设）。

研究结果的内容通常比较多，篇幅比较大，为了便于阅读报告，研究结果报告一般要将所有内容分成若干小部分，每一个小部分分别给一个标题，它们分别与研究目的相对应，分别回答研究索要解决的问题。

5. 结论和建议

在此部分，研究人员要说明研究获得了哪些重要结论，根据研究的结论应该采取什么措施。结论可用简洁而明晰的语言明确回答研究前提出的问题，同时简要地引用有关背景资料和研究结果来解释、论证。

结论有时可与研究结果合并在一起，但要视研究课题的大小而定。一般而言，如果研究课题小、结果简单，可以直接与研究结果合并成一部分来写。如果课题比较大、内容多，则应分开为宜。

建议是指针对结论提出可以采取哪些措施、方案或具体行动步骤，如下所示：

1）媒体策略应如何改变。

2）广告主题应如何设计。

3）如何与竞争者抗衡。

4）广告诉求应以什么为主。

5）采用何种包装、促销战略更佳等。

大多数的建议应当是积极的，要说明应采取哪些具体的措施，或者要处理哪些已经存在的问题，如"应加大广告的投放量""将原来的理性诉求为重点变为感性诉求为主"等。有时也可以用否定的建议，如"应立即停止某一广告的刊播"。因为否定的建议是消极的，只叫人不做什么，没有叫人做什么，所以最好尽量采用积极的建议。

案例阅读

桂纶镁益达口香糖广告效果调研报告

（一）题目

广告调研报告的标题：益达口香糖广告效果调研

报告日期：2012/3/30

承办人：

撰写人：×××、×××等。

（二）摘要

随着社会的发展，人们对生活质量有了更高的要求。社会也为人们提供了各种满足不同需求的产品，选择范围扩大了，对产品的要求也不断提高。市场的竞争也越来越激烈，企业面对的外部环境也越来越复杂，企业只有通过提高自身的核心竞争能力，为自己的目标市场提供差异化的产品，才能在同行竞争中占有优势地位，扩大市场占有率，提高产品的知名度，打造更好的企业品牌效应。企业要想实现其企业愿景，需要通过不同的方式去宣传其产品或服务，这样才能提高其知名度，从而吸引其目标顾客，提高产品的销售量，扩大市场占有率。本调研题目主要研究的是广告对产品销量以及对其品牌效应的影响，通过对此口香糖效果的调研，更好阐述广告对企业产品销量的影响，从而更好地证明广告好坏对企业发展的重要性。

（三）序言

广告调研动机：分析此益达口香糖广告对其销量的影响及其品牌效应的影响。

广告调研背景：在老师的要求下，为了完成其任务；运用所学的理论知识进行实践活动，提高自己的实际操作能力；由自己的兴趣引发，想要更深入了解此广告的评价及其是否达到了预期效果，这个广告——益达口香糖，是我觉得比较喜欢且有创意的一个广告，喜欢里面的沙漠背景，没有很炫的画面，看起来很舒服。虽然只有简单的故事情节，但是表达的含义却不浅：益达口香糖，关心牙齿，更关心你！

广告调研过程如下。

1）我先看了益达口香糖的所有广告，并仔细分析其每一广告所要表达的主题和其创意性，并从中选出自己觉得最有意义且影响最深刻的广告，用广告心理的理论知识对其进行分析。

2）我再重复看所选的口香糖的广告，从更细微的角度去分析此广告；此广告信息激发了消费者对关爱牙齿的需求，此信息反映了产品的外观及其作用；此广告还给消费者带来了情感体验，深深触动了消费者；此广告营造了一种很好的情景，并把此与一部电影的情节联系起来，能给消费者深刻的印象。

3）做一个关于该广告的调研活动的策划，对各方面的工作做一个系统的安排，并把相应的资料准备好，并合理进行人员配置；确定调研的方式，确定调研的对象，确定调研的地点，做好前期的准备工作。

4）调研实施阶段，需要确保收集资料的准确性和代表性，从而能更好地对其结果进行分析，做出正确的广告效果评估，为企业做出正确的广告宣传方式及形式提供可信赖的依据。

5）整理和分析调研所获得的资料，并写出对此广告效果调研的结论。

6）广告调研要点。

7）自己先分析此广告，用广告理论知识对其进行评价。

8）写一份调研策划书，做好调研各方面准备工作，并要写出需要注意的细节问题；最重要的工作是设计问卷，我想采用访问调查的方式进行调研，所以问卷的合理性及其针对性很重要，并且要考虑接受问卷调查的人回答的简单性，这样有利于问卷调查更好地进行。

广告调研解答的问题：了解此广告效果是否明显；了解大家对广告的感受，来判断此广告是否达到预期的效果；此广告是否影响了口香糖的销量。

（四）正文

此广告效果的调研对象我主要针对年轻人，因为他们是此产品的主要消费者，调查他们能得到更多有效的信息。调研的地点是达州大型超市外，摆摊设点进行问卷调查，共设了三个点，分别是沃尔玛、北山、新世纪；调研时间 2012/3/29，为期一天，晚上对其问卷进行整理分析并总结；最后撰写一份此广告效果的调研报告。

我设计的问卷如下：

益达口香糖广告效果调查问卷

您好，我是管理系的学生，为了解消费者对益达口香糖的态度评价，设计了本次问卷。您的意见对此次调查非常宝贵，请您根据实际情况放心填写。谢谢您的合作！

1. 您刚才看到的广告品牌是？（单选）
   A. 绿箭　　　　B. 好丽友　　　　C. 乐天　　　　D. 益达
   E. 劲浪　　　　F. 朗怡　　　　　G. 雅客
2. 您认为这则广告的创意如何？（单选）
   A. 很好　　　　B. 一般　　　　　C. 不怎么样
3. 请问这则广告的哪个地方让您印象最深？（单选）
   A. 代言人　　　B. 故事情节　　　C. 广告语
   D. 音乐　　　　E. 没印象　　　　F. 其他
4. 请问您经常在哪里看到这则广告？（单选）
   A. 电视　　　　B. 网络　　　　　C. 公交车　　　　D. 其他
5. 您认为刚刚这则广告体现了口香糖的哪些功能？（多选）
   A. 清新口气　　B. 防治蛀牙　　　C. 保护牙齿
   D. 提神醒脑　　E. 休闲零食　　　F. 跟朋友分享，拉近距离
   G. 表达关心的一种方式　　　　　　H. 其他（请注明）

6. 您对这则口香糖广告的评价如何？（单选）

　　A. 喜欢　　　　　B. 跟其他口香糖广告没什么差别　　　　C. 不喜欢

7. 您记住这则广告"关护牙齿，更关心你"的口号了吗？（单选）

　　A. 是　　　　　B. 否

8. 在您理解这个口号之后，会增加您对益达的好感度吗？（单选）

　　A. 会　　　　　B. 几乎没什么差别　　C. 不会，反而有反感

9. 看完这则广告后，对您购买口香糖产生了影响吗？（单选）

　　A. 可能会增加购买次数　　　　　　B. 几乎没有影响

　　C. 可能会降低购买次数

10. 如果"益达"要制作新的广告，您最希望看到什么？（单选）

　　A. 大牌明星　　　　　　　　　　　B. 名胜取景

　　C. 感人故事　　D. 创意情节　　　E. 其他（请注明）

11. 您的性别：A. 男　B. 女

12. 您的年龄段：

　　A. 13 岁及 13 岁以下　　　　　　　B. 14～24 岁

　　C. 25～34 岁　　　　　　　　　　D. 35 岁及 35 岁以上

广告效果评估：

1）从广告宣传方式分析：先撇开电视等媒体宣传来说，其影响力那是不必言说的。再者就是产品的实际效果也不错，美白我们的牙齿。广告主要演员的人气之高及故事情节也是非常美好的，能吸引一群年轻人的关注。电影的播放也为此广告做了一次宣传，不仅是益达口香糖的受众，更有影迷的关注！

2）从广告所传达的主题分析：此广告为 BBDO①为益达品牌制作的最新广告片，故事情节是由桂纶镁和彭于晏分别饰演的敦煌沙漠加油站女工和机车骑士之间发生的爱情故事。用的是电影宣传的形式，吸引眼球。此广告既为电影《爱情可不可以被加满》宣传，也表达了广告的主题：益达口香糖，关心你的牙齿，更关心你。这是此广告最有创意的地方，达到了双重宣传的效果，看到广告可以想起电影情节，让消费者能对此广告有更高的兴趣；看到电影的那个情节时可以联想到益达口香糖，这样会让看的人印象更深刻。

3）从广告内容分析：广告主要描述了一个加油站的女工给机车骑士加油的场景。机车骑士的车油不够，当他去加油的时候，因为一直在吃益达口香糖，没有注意到那个加油的女工，所以误以为她是男的。当他抬起头来的时候，发现是一个女的，心里有一丝的愧疚。但是女工却说，"没事，你在看你的牙齿嘛！"这里能突出益达的主要功能之一：益达口香糖，能美白你的牙齿。随后，在油加满后，准备离去时，女工把机车骑士的益达也装满了，虽然他们的对话并不多，但是从他们的表情和眼神可以看出，这是一段美丽的爱情。此广告内容大多数人很喜欢，因为这样的方式是大多数人可以接受的方式，其广告内容丰富，让看的人能很容易记住，并且留下深刻印象。

---

① BBDO：BBDO 是全球创意表现最佳的国际广告代理商。

4）从广告对其销量影响来分析：此广告大大增加了其销量，比国内产品在同一时期的销量好很多，这体现了此广告对其销量的影响，因此此广告达到了预期的效果，说明此广告是成功的。

（五）附录

资料来源：广告策划与管理（高等教育出版社）、网上相关资料、市场调查与预测（闫秀荣）。

使用的统计方法：抽样调查法、访问调查法。

任务演练

以小组为单位根据广告调研格式和实际情况撰写广告调研报告。

任务评价标准与记录如表 2-10 所示。

表 2-10　任务评价标准与记录

评价内容与标准	1组	2组	3组	4组	5组	6组
调研实施						
调研分析						
调研报告						
汇报效果						
创新体现						
合计						

重点记录：

注：评价内容一般分为五项，评价标准一般分为优秀（A 记 2 分）、一般（B 记 1 分）、不合格（C 记 0.5 或 0 分）三个等级，每个任务满分为 10 分。此表可用于教师打分和学生互评。

项 目 总 结

本项目介绍的主要是广告业务具体发生之前的两项重要工作，一项是广告调研，一项是广告预算。广告调研也是为符合广告主需求而开展的广告前期市场调研，通过市场调研了解广告市场的竞争情况，为后期广告设计与制作打好基础；广告预算则主要是做好广告费用的预估和整体规划，与广告调研一同作为广告计划的主要参考依据。

检 测 练 习

一、单项选择题

1. 我国南方地区和北方地区由于气候条件不同，对空调、冰箱等产品的需求差异很大。此类产品的广告调研属于（　　）调研。

  A．地理环境   B．经济环境

  C．政法环境   D．社会文化环境

  2．在广告创作之前，对所宣传的产品进行详细的调研，如对产品的类别、规格、色彩、风格、技术等的调研，属于（　　）调研。

  A．广告主体 B．产品情况 C．竞争对手 D．广告对象

  3．（　　）调查法适用于因果关系研究。

  A．访谈   B．座谈   C．实验   D．问卷

  4．下列不属于实际调查法的是（　　）。

  A．访谈法   B．观察法   C．实验法   D．文献法

  5．实验调查的主要方法是（　　）。

  A．事前事后实验调查   B．有控制组的事后实验

  C．有控制组的事前事后实验   D．以上皆对

  6．（　　）是广告调研的最后步骤。

  A．设计广告调研方案   B．实施广告调研

  C．撰写广告调查报告   D．抽样方案设计

  7．（　　）不是广告调查的原则。

  A．全面性   B．主观性   C．客观性   D．定量性

  8．广告调研的第一阶段是（　　）。

  A．调研准备   B．调研实施

  C．调研分析   D．制订调研方案

  9．广播电视媒体的调研内容不包括（　　）。

  A．读者层次   B．收视（听）率

  C．传播范围   D．节目编排

  10．以下属于广告主体调研内容的是（　　）。

  A．消费习惯   B．经营状况和管理水平

  C．购买动机   D．产品包装

二、多项选择题

  1．广告效果调研常用的模式有（　　）。

  A．费罗德模式   B．白德尔三要素模式

  C．AIDAS 模式   D．DAGMAR 模式

  2．广告调研的要求有（　　）。

  A．必须有目的地进行   B．必须遵循精确原则

  C．必须经常开展   D．必须有充足的资金

  3．广告调研报告的格式包括（　　）。

  A．封面   B．目录   C．导言   D．索引

  4．广告费用主要包括（　　）。

A．广告调研费用　　　　　　　　B．广告设计费用

C．广告管理费用　　　　　　　　D．广告机动费用

5．企业常用的确定广告费用的方法有（　　　）。

A．计划销售增加百分比法　　　　B．上年度销售量（额）百分比法

C．利润比例法　　　　　　　　　C．目标达成法

三、判断题

1．广告调研的内容包罗万象，主要涵盖广告环境调研、广告主体调研、竞争对手调研、广告信息调研、广告对象调研、广告媒体调研和广告效果调研七个方面。

（　　　）

2．广告企业可以忽略少数民族禁忌和宗教信仰。（　　　）

3．广告对象调研主要包括消费者一般情况调查、购买行为调查、传播行为调查。

（　　　）

4．调查报纸是日报还是晚报，是机关报还是行业报，是专业报纸还是知识性、趣味性报纸等，这是报刊媒体的媒体性质调查。（　　　）

5．广告信息调研是对广告主题、广告文案、广告表现方式等信息内容的调查。

（　　　）

实 训 项 目

【实训名称】广告调研的设计和实施。

【实训目的】通过实际操作掌握广告调研的基本方法和原理，并会自行设计调研问卷和方法及撰写调研报告。

【实训材料】笔、本、电脑等办公用品。

【实训要求】

1）将全班分为多个广告调研公司，尽量不超过六人一组。

2）各公司通过网络信息搜集和查询选定一个企业或产品。

3）为该企业或产品制订调研计划。

4）为该企业或产品设计调查问卷。

5）为该企业或产品撰写调研报告。

项目三 组合广告媒体

项目内容

1. 知识目标

1）能说出广告媒体的含义、主要类型及其特征。
2）能说出广告媒体评估的主要指标。
3）熟悉媒体组合的原则。

2. 技能目标

1）能分析广告媒体的主要类型。
2）能够按照程序进行媒体评估。
3）能针对广告主不同需求进行媒体选择。
4）能结合具体情况制订媒体组合策略。

3. 过程与方法

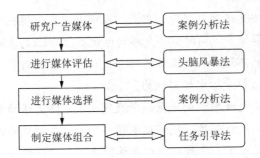

研究广告媒体	⟺	案例分析法
进行媒体评估	⟺	头脑风暴法
进行媒体选择	⟺	案例分析法
制定媒体组合	⟺	任务引导法

4. 职业素养目标

诚信、合作。

任务一 媒体分析

学习情境 1 认识广告媒体

情景导入

米老头的广告媒体

米老头集团在全国拥有一级经销客户 800 余家，遍布全国所有省会城市、地级城市。

为适应产品目标消费人群年轻化、娱乐化、时尚化的特点，米老头在众多卫视媒体中选择了湖南卫视、浙江卫视、江苏卫视作为品牌传播的渠道。从卫视频道的收视率来看，湖南卫视、浙江卫视和江苏卫视在卫视频道收视率排名中位居前列，在全国拥有较高的观众规模，是快速提升产品知名度和影响力的优质平台。

1. 优质电视媒体提升米老头品牌知名度和影响力

从受众结构上来看，三频道旗下的《快乐大本营》《天天向上》《中国好声音》《非诚勿扰》等精品节目深得城市白领、年轻人群的喜爱，观众结构与米老头的目标消费人群也十分匹配。数据显示：休闲食品消费人群以 25～44 岁为主力，这个人群比例占到了人口总数的近 49%，而这一比例在湖南卫视为 43%，浙江卫视为 41%，江苏卫视为 42%。这表明频道观众结构与产品目标人群得到了较好的呼应，频道的优选帮助米老头实现了品牌的精确传播。

2. 科学借助新媒体，创造丰厚经济效益

随着品牌建设的推进及销售规模的扩大，单一电视媒体已不能完全满足米老头品牌纵深推进及区域精耕运作的需求。自 2011 年，米老头开始寻求第二媒体以支撑发展需要。经过尝试投放，最终确定以城市生活圈中与目标人群接触最为普遍、沟通时间最长的媒体——公交与地铁移动电视作为新的品牌传播渠道，在时间段、观众结构上与电视实现互补，提高传播深度。

调查数据表明，公交移动电视受众广泛，在城市中受众规模接近电视，受众以城市上班族为主，年轻人群较多。同时，公交移动电视在上下班高峰时段的传播恰好弥补了电视在白天时段传播的不足，两种媒体的组合投放实现了针对目标人群的高频推送，进而有效提高了品牌在消费者心中的影响力。

从米老头应用公交电视投放的地区销量表现来看，公交移动电视的传播效果得到了印证。无论是公交移动电视还是地铁移动电视，累计广告投放频次越高，带来的经济效益就越大。米老头集团董事、总裁杨林广在总结米老头取得的成绩时表示"大力推进营销转型，强化区域精细化运作"，改变"原有的单一电视媒体"为电视和公交地铁媒体联动的模式是其销量快速提升的重要原因之一。从营销战略上，杨林广总裁表示"合作初期，我们选择成都为试点区域，采取高频次的硬广投入，有效呼应卫视广告，强化了与区域 KA 活动的联动，到 2012 年 3 月进行评测，产品销量增幅、市场份额占有率提升、品牌知名度提升远超预期。因此，自 2012 年 3 月开始，集团公司追加近千万元的费用，逐步增加了重庆、郑州、武汉、深圳等十余个重点城市，除采取高频次硬广投入以外，又新增了公益广告植入形式强化品牌美誉度。公司半年度经营报告数据显示，2012 年1～6 月，集团公司实现销售同比增长 27%，其中公交地铁广告投放城市实现销售同比增长约 50%。这应该是在 2012 年国家经济增速大幅下滑的宏观环境下，休闲食品行业最亮丽的一份业绩报表了"。

总结米老头近年来的快速发展，在经济环境多变的激烈竞争中能够保持30%以上的复合增长率的骄人业绩，选择华视传媒旗下的公交地铁资源作为其销售下沉的支撑是一个亮点。

（资料来源：http://wenku.baidu.com/link?url=4elChUJPCyRjuG6aYfQxHInpugyOkBUirs46fb0X8ew
Q8euNInweLZrREHKiHek1xG8cm-tDOtEQfXZNB7bLNDojtcgrEl3D7vLDIzTTwCi）

　　思考：新媒体投放是近年来营销发展的一个趋势。传统媒体是营销推广的基础，而日趋成熟的新媒体则是一股新生力量，新媒体和传统媒体各自的优势在什么地方？

知识储备

（一）广告媒体

1. 广告媒体的含义

媒体是把信息传输给社会大众的工具，凡能刊载、播映、播放广告作品，在广告宣传中起传播信息作用的物质和工具都可以称为广告媒体。例如，电视、广播、报刊、互联网等大众性传播媒体，路牌、灯箱、交通工具等流动性传播媒体，以及售卖点（POP）、包装、工商名录等其他媒体，都是广告媒体。

广告媒体是指所有能够传播广告的信息介质，它是广告要素中一个重要的组成部分，是广告的载体。广告媒体能够适应广告主的选择，满足对信息传播的各种需求，及时、准确地把广告主的商品和观念等相关信息传递给目标消费者，刺激他们的需求，引导消费。在现代广告运动中，媒体一直处于极为重要的地位。一则成功的广告，从它的制作开始就考虑了媒体的因素，广告的创意、文案和传播也总是受制于它所选择的媒体。因此，广告作品只有配合各种不同媒体的特征，进行恰当的选择，才能适应各类媒体的不同优势，准确、巧妙地把有关信息传递给目标消费者。广告与广告媒体之间有着十分密切的关系。首先，广告与广告媒体是相互储存的关系。其次，广告媒体与广告是表现与被表现的关系。

2. 广告媒体的特性

（1）物质性
广告媒体具有鲜明的物质性，如报纸媒体、电视媒体、户外媒体等都是客观存在的物质。

（2）信息性
广告媒体具有承载信息的功能，能够以文字、图片、声音等多种精彩的方式传递信息。

（3）时间性
不同的广告媒体传播信息具有时间长短、速度快慢的时间性问题，需要区分对待和选择。

（4）空间性
广播媒体传播信息的范围、所在的空间都具有局限性，因为空间的限制，广告信息对受众的影响也会不一样。

（5）适应性

不同广告媒体因为其物质性不同，对不同的受众也具有不同的适应性。

（二）广告媒体的功能

1. 广告媒体的商务功能

（1）传输广告内容

广告媒体的主要商务功能就是传递企业信息、品牌信息和产品信息，来达到商业目的的实现。

（2）引发消费意识

广告媒体能利用自身的条件，吸引受众的目光、视觉或听觉，使其关注广告内容，引发受众对所宣传商品的消费欲望。

2. 广告媒体的文化功能

1）广告媒体能实现对广告的艺术创造，将文化变为生动可感的艺术。例如，英国人发明的鸡蛋广告，将广告内容制作在鸡蛋上，即鸡蛋的艺术广告。

2）广告媒体能体现不同的文化色彩。例如，中国古代最盛行的广告媒体——旗帜中的酒旗，多用青布制成，上绣斗大的"酒"字，高悬酒店外，特别引人注目。而电视、互联网络等媒体，则具有浓重的现代气息，凝聚着现代文化的色彩。

3）广告媒体能丰富社会文化生活。

（三）广告媒体的类型与特点

（1）按表现形式分类

按表现形式可分为印刷媒体、电子媒体等。印刷媒体包括报纸、杂志、说明书、挂历等。电子媒体包括电视、广播、电动广告牌、电话等。

（2）按功能分类

按功能可分为视觉媒体、听觉媒体和视听两用媒体。视觉媒体包括报纸、杂志、邮递、海报、传单、招贴、日历、户外广告、橱窗布置、实物和交通等媒体形式。听觉媒体包括无线电广播、有线广播、宣传车、录音和电话等媒体形式。视听两用媒体主要包括电视、电影、戏剧、电视剧、小品及其他表演形式。

（3）按影响范围分类

按广告媒体影响范围的大小可分为国际性广告媒体、全国性广告媒体和地方性广告媒体。世界性媒体如卫星电路传播、面向全球的刊物等。全国性媒体如国家电视台、全国性报刊等，地方性媒体如省市电视台、少数民族语言和文字的电台及电视台、报纸、杂志等。

（4）按接受类型分类

按广告媒体所接触的视、听、读者的不同，分为大众化媒体和专业性媒体。大众化媒体包括报纸、杂志、广播、电视。专业性媒体包括专业报纸、杂志、专业性说明书等。

（5）按可统计程序分类

按媒体传播信息的长短可分为瞬时性媒体、短期性媒体和长期性媒体。瞬时性媒体如广播、电视、幻灯、电影等。短期性媒体如海报、橱窗、广告牌、报纸等。长期性媒体如产品说明书、产品包装、厂牌、商标、挂历等。

（6）按传播内容分类

按对广告发布数量和广告收费标准的统计程度来划分，可分为计量媒体和非计量媒体。计量媒体如报纸、杂志、广播、电视等。非计量媒体如路牌、橱窗等。

（四）广告媒体的重要性

1. 广告媒介策略是企业行销策略能否成功的关键因素之一

广告媒介策略是现代广告的主要策略之一，它与定位分析策略、创意策略、文案策略一起，构成了广告活动的主体。

2. 广告媒介的择用直接决定广告目标能否实现

企业广告目标是塑造企业与商品形象，促进并扩大商品销售。在广告媒介的选择和组合上，版面大小、时段长短、刊播的次数、媒介传播时机等，都对广播有一定的影响。

延长广告时间，包括广告时间的绝对延长和相对延长。一般而言，时间长比时间短更易引人注意，但是绝对延长时间即时间延长而内容枯燥乏味，反而会降低注意力。相对延长时间即广告反复重现，增加广告的频率也易引人注意。但是，反复出现广告也有一定界限，过分长久的反复，会使受众感到厌烦甚至产生对抗心理。因此，在广告媒介的择用上，采用媒介空间大小和时间的长短，会直接影响到广告目标的实现。

3. 广告媒介决定广告是否能够有的放矢

任何一则广告其目标对象只能是一定数量或一定范围内的社会公众。广告目标对象是广告信息传播的"终端"，也是信息的"接受端"，社会公众或消费者又称为"受者""受众"。撇开"受者"也就无所谓传播，广告也就无效。如果在广告活动中对广告目标对象把握住了，但是媒介把握不当，那么整个广告活动也就前功尽弃了。

4. 广播媒介决定广告内容与采用的形式

在任何广告中都包含"说什么"的问题，在不同的传播媒介上，"说的内容"和"说的形式"有着很大不同，这是由不同的广告媒介的特点所决定的。对于某些广告活动，在其广告内容上要注意分析和把握其不同传媒的价值功效，以相适应的传播媒介去完成特定广告信息的传播。

5. 广告媒介决定广告效果

任何一个企业做广告都希望以尽可能少的广告费用取得较好的效果，或者以同样的广告费用取得最好的效果。由于广告费用中的绝大部分用于媒介，从这个角度来分析，与其说是广告效果的大小，倒不如说媒介费用决定广告效果的大小。按照国际惯例，在一种正常的经济运行状态中，用于广告媒介的费用占企业广告费用的80%以上。

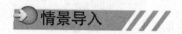 任务演练

每个学生尽可能具体地列举广告媒体的种类，针对列举的每一个媒体种类讲讲它的重要作用并举例说明。

任务评价标准与记录如表3-1所示。

表3-1 任务评价标准与记录

评价内容与标准	1组	2组	3组	4组	5组	6组
举例列举						
分析过程						
汇报内容						
汇报效果						
创新体现						
合计						

重点记录：

注：评价内容一般分为五项，评价标准一般分为优秀（A记2分）、一般（B记1分）、不合格（C记0.5或0分）三个等级，每个任务满分为10分。此表可用于教师打分和学生互评。

学习情境2 分析广告媒体的类型与特征

情景导入

开广告公司是个好的想法

广告业是创意工业中最为核心的行业，近年来外资公司对国内广告市场逐步深入，国内企业趋向国际化，网络等新媒介在广告方面运用广泛。曾经是广告公司整体运作的灵魂，创意部门正面临着全新变革的考验。为了解中国广告行业创意活动的基本状况，本刊特别面向国内150家较大广告公司的创意部门，组织了此次全国问卷调查。

1. 外资助推本土创意

外资公司对提升整体创意水平作用显著。本次调查发现，认为本土公司在创意水平上高于或等于外资公司的被访者合计约占48.1%，认为外资水平更高的约占51.9%。问卷要求被访者分别列举创意水平最高的中、外资广告公司各一家。中资公司中，广东省广告公司、叶茂中策划和梅高广告公司创意水平较高，填答率皆为10.9%。被访者认为奥美在外资公司中创意水平最高，填答率为33.8%；智威汤逊和盛世长城两家外资公司，

填答率分别为 18.2%和 14.3%。近年来，任职外资公司的本土创意人才纷纷自创事业，如奥美员工创办的上海同盟广告；或回流本土公司，叶茂中表示目前广告业的人才互通已完成。很多本土公司大量从规模较大的综合性跨国广告代理公司引进人才，带来先进的理念和操作手法，逐步缩小了本土与跨国公司之间的差距。在普及创意观念、培养创意人才、促进行业认可创意的价值和引入创意理论四个方面，外资公司对国内广告行业做出的历史贡献，都得到了四分之三以上被访者的认可，其中前两项的中选率都达到了82.3%。全球化创意当与本土需求相结合，一方面，超过六成的创意部门负责人认同外资在与国际潮流同步、创意人才多、经费充足等方面具有优势，选择此三项的被访者分别约占 65.4%、64.1%和 62.8%，奥美最近获得新联想的全球推广大单，就是这一优势的体现。另一方面，跨国运作特性不可避免存在与中国国情不相适应的地方，正如戛纳 2004年评审团主席 Piyush Pandey 所言，全球化创意就是对创意最大的威胁。超过半数的被访者认为，外资创意的两项最突出劣势分别是创意者不考虑国内广告受众的接受状况，创意不适合国内客户的文化品位，分别约有 55.4%和 52.7%的被访者选择；同时外资创意也存在过于理想化、不了解客户真正需求等弊端。即将全面放开的内地市场上，外资广告公司正加大对本土客户的争夺力度，电通公司是这方面的先行者。目前北京电通经营总额中，中国客户比例已超过 50%，主要客户包括联想、海尔等。

2. 告别创意主义

高达 80.3%的被访者认为成功的广告公司应该首先具备一流的创意水平，但是领先的经营业绩、拥有行业内最主要客户和作品广为传播三项商业化指标也受到极大的关注，其中选率分别约占 75.0%、64.5%和 50.0%；良好的业内口碑约占 67.1%，但仅有约36.8%的被访者认为获得过国外的广告大奖是成功的广告公司的主要标志。创意水准仍被视为定义成功广告公司的最主要指标，但广告经营的硬性指标更受到被访者看重。考虑到被访者都是创意主管，这表明国内广告界对广告的产业属性具有相当清晰的认知。

调查发现，参与调查的广告公司的主营业务中，广告策划和广告创意居于前两位，分别约占 55.1%和 47.4%，媒介广告代理及销售约占 42.3%，设计制作约占 34.6%。被访广告公司中，创意部门规模相对较小，半数公司的创意员工不足 10 人，约占 49.4%；拥有 11～30 人的公司约占 43.0%，而 30 人以上的公司合计仅占 7.6%。占用经费方面，创意部门经费超过五成以上的约占 16.4%，经费占三至五成的合计约为 39.7%。一至三成经费的公司合计约为 37.0%。约 6.8%的被访公司创意部的经费不足一成；经加权计算，创意部门平均占用公司经费总额近三分之一，约占 32.5%。创意部门能创造公司五成以上收入的被访公司约占 27.5%，三至五成来自创意部门的公司约占 30.4%，一至三成的约为 30.4%，约有 11.5%的被访公司创意部门的收入不足一成；经加权计算，平均而言，公司总收入的三分之一来自创意部门，约占 36.8%。创意部门的产出－投入比约为 1.13，对公司总体盈利而言，创意部门已经不能提供超越一般部门的业绩支撑。

创意部门在公司内部的地位与影响趋于弱化，约 79.7%的被访者表示，其所领导的部门不再是公司唯一的核心竞争力；约 12.7%的公司中创意部门已不是核心竞争力，仍然认为该部门是核心竞争力的被访者仅占 7.6%。随之而来的，近半数创意负责人认为本公司创意部门在未来的 2～3 年存在被削弱的可能性，其中可能性较大和很大的合计约占 11.6%，有一定可能性的约占 32.1%，认为不可能被削弱的被访者仅占 56.4%。创意部门在内部的价值定位，其业务属性越来越被文化属性掩盖，成为业界竞争的某种软力量。约 83.1% 的被访者表示创意部门的主要价值在于提升公司整体声誉和促进公司品牌塑造，而视为公司收入主要来源的仅占 24.7%。

3. 国内创意的新机遇

创意人士普遍对国内目前的创意水平评价不高。半数以上被访者认为，目前国内广告产品中，整体创意水平较高的作品所占比例不超过一成，约 31.6% 认为所占比例能达到一至三成，认为所占比例能达到三至五成的被访者约占 10.5%，认为水平较高作品的比例达到五成以上的被访者合计约占 7.9%。被访者印象最深刻的广告创意作品相对比较分散，填写耐克的"恐惧斗室"的创意人士最多，约占被访者总数的 12.9%；其次是阿迪达斯，填答率约占 8.1%；脑白金和 MOTO 的填答率均约占 6.5%。数据显示，广告客户的认可和创意者的创造才能被视为影响广告创意成败的主要因素，分别约有 52.0% 和 29.3% 的被访者选择；业界的整体创意水平、公司内的重视程度和经费投入的中选率也都超过了 10%；特别值得注意的是，同行的创意水准被约 17.3% 的被访者认为对本公司的创意水平产生影响。

创意人士的最大苦恼莫过于在反复的广告比稿中，与客户进行艰难的沟通。多数企业对广告创意的价值认知水平尚待提高，约 59.7% 的被访者表示他们的客户认为创意成本过高，而表示多数企业不重视广告创意、认为创意的价值不大和认为受众接受水平低分别约占 39.0%、37.7% 和 32.5%。处于买方市场的国内企业对广告创意的消极态度，加之往往比照竞争对手的广告作品来制作广告，导致广告同行间较低创意水平的负循环效应，从而部分降低了创意人士的创意质量。

但是，超过三分之一的被访者认为他们所接触的多数客户开始希望创意与国际接轨，并具有本土特色。被访者认为李宁、中国移动和联想三家国内公司推出的广告在创意水平上高于其他企业，填答率分别为 13.6%、13.6% 和 11.9%。这三家公司是目前部分认识到广告创意价值的优秀中国公司的缩影，他们或因在国内市场直接参与全球竞争，或因目标受众的特点，或已经实现跨国经营等。

被访者认识到，以网络、手机等为主导的新技术、新媒体正促进广告创意活动产生一系列新变化。表示创意手法要创新的被访者最多，约占 81.7%；超过四分之三的创意人士认为将有更大创意空间，创意新颖性要求将更高、创意理念需要更新、创意对象发生变化三项都得到半数以上被访者的认可。需要新型创意人才和创意流程将发生变化两项的中选率分别约为 40.8% 和 38.0%。

（资料来源：http://3y.uu456.com/bp_1ouat01j3w4ddq343gx7_1.html）

思考：媒体变化在创意上起到了哪些推动作用？

📖 知识储备

（一）传统广告媒体的类型与特征

传统的广告媒体是指报纸、杂志、广播、电视等沿用了很久，受众面比较广且具有一定传统意义的媒体。

1. 报纸

报纸运用文字、图像等印刷符号，定期、连续地主要向公众传递新闻、时事评论等信息，同时传播知识、提供娱乐或生活服务，一般以散页的形式发行。

（1）报纸广告的主要优点

1）报纸有较大的发行量，读者定期购阅的比例较大，传播范围大，读者面广，还可以相互传阅。

2）传播速度快，反应及时。

3）可以凭借报纸的信誉加深广告效果。

4）报纸拥有特殊的版面空间和语言，对广告信息有较强的表现力，能比较详尽地对广告信息做描述和介绍。可以组织广告特辑和夹页广告。

5）便于保存和查找。

6）报纸广告制作比较简便，广告价格相对较低。

（2）报纸广告的主要缺点

1）报纸的读者需要一定的阅读能力，报纸的大众化又使读者阶层范围比较广泛，缺少一定的针对性。

2）报纸的时效性较短，隔日报纸便成历史，因而广告内容被反复阅读的可能性很小。

3）报纸每天的版面较多，广告分散其间，读者注意力常为数量多而又毫无联系的广告所影响，还容易出现"跳读"的现象，越过刊载广告的版面，从而影响广告的阅读率。

4）单调呆板，不能传播商品的动态与声音，也不能自由地运用彩色印刷，生活气息、趣味性等方面的信息服务不如广播电视，读者往往会有流失。

5）常因登载条件等原因影响，自由程度较小，预定的广告日程计划往往易发生变动。

2. 杂志

杂志和报纸一样，也是一种以印刷符号传递信息的连续出版物，但出版周期较长，出版速度较慢。杂志的主要特点是针对性强，保存期长，记录性好。读者层次和类别较为明确，尤其是专业性杂志，读者群大多比较稳定，对所订阅的杂志认同感较强，由此对刊登的广告也显现出较高的关心度和信赖度。杂志的读者生活水准一般较高，对于新产品或服务的反应比较敏锐，消费能力也较强。

（1）杂志广告的主要优点

1）杂志的自动阅读率比较高，常常被广泛传阅，还有被反复阅读的情况。

2）杂志广告可承载的信息较多，可以比较自由地运用文字、图片、色彩等手段表现广告内容。杂志还可以做连页或折页来延展版面空间，运用一些特殊形式来表现广告商品，造成画面的震撼效果。

3）杂志印刷精美，能提高表现对象的美观程度与价值感，制作起来也比较容易。

4）杂志具有较强的保存性，重读机会多，能长时间反复看，能延续广告的传播效果。

5）广告效果较易测定。

（2）杂志广告的主要缺点

1）周期长，时效性差，发行间隔时间较长。

2）杂志一般发行范围有限，读者层面较狭窄，接触对象不广泛，市场覆盖率低。

3）制作复杂，成本较高。

3. 广播

广播是比电视更早一些的电波媒体，通过无线电波或金属导线，用电信号向听众提供信息服务。广播有无线广播和有线广播两种。

（1）广播广告媒体的主要优点

1）广播传播速度快，时效性强。

2）收听不受时间、地点限制，收听自由，灵活方便。

3）广播广告语言口语化程度高，听众不受文化水平的影响，比较通俗、感性，诉求力强。

4）广播媒体能进行全天候服务，可及时调整广告内容，随时播放新的信息。也易于选择在不同节目前后播放，能较为主动地选择广告对象。

5）制作过程较简单，播出费用不高。

6）具有无限想象空间，即发展听众的丰富想象力。正如人们所说的："描述天下第一美女，最好用广播。"

7）广播可以拥有众多节目主持人，每个节目能够形成个性特色，通过热线服务等，易于进行双向交流，引发想象力，产生亲近感，构成相对固定的听众群。

8）针对性强，可收听对象特性明显，地区性电台能够有效地广播地方性广告，促销效果明显。

（2）广播广告媒体的主要缺点

1）有声无形，只能用声音诉诸听众，缺少视觉形象，看不到商品的外观，印象比较浅薄。

2）声音稍纵即逝，无法存查。

3）广告的遗忘度大，而且广播时间短暂，保留性差，难以吸引听众并留下深刻印象。

4）收听效果难以准确把握和测定。

4. 电视

电视是运用电波把声音、图像（包括文字符号）同时传送和接收的视听结合的传播工具，是一种具有多种功能的大众传播媒体。自20世纪30年代问世以来，电视不断以新的面貌面向广大观众，已经深入千家万户，在传播领域中产生了越来越大的影响。

（1）电视广告媒体的主要优点

1）电视集声音、图像、色彩、活动四种功能于一体，可以直观、真实、生动地反映商品的特性，不必更多说明也能使消费者了解商品，能给观众留下深刻印象。

2）电视普及率高，收视对象层次广泛，能在极广的地域范围迅速传递信息，极易配合新产品上市、销售等促销活动。

3）能够有效地利用演员和名人推销。

4）容易成为人们的议论话题，有意或无意地对广告商品进行比较和评论。

5）观众一般都在较为休闲的状态下收看电视，易于引起无意注意，对不打算看广告的人也能传播到。

（2）电视广告媒体的主要缺点

1）视听者阶层不稳定，对不同商品的不同视听对象难以控制。

2）广告内容与形象转瞬即逝，无法保存，只有大量购买电视的广告播放时间，反复播出，才可能实现预期的传播目标。如果播出次数少，则传播效果会不明显。

3）由于消遣型观众居多，观众收看电视的状况往往也对传播效果产生负面的影响。电视只能按编排顺序而不能随意选择节目，同时电视频道遥控装置的应用使得观众收视节目时注意力不是很集中，特别是在收看广告节目时更加心不在焉，往往因随意换台或离开而影响实际的收视率。

4）编导复杂，电视广告的制作费用也较昂贵，拍摄成片后难以临时修改。因此，一旦决定投放电视广告，就要支出不菲的媒体购买费用，这特别不利于中小企业的市场开拓。

5）广告播出时因不同类型的广告交叉播出，相互干扰，减弱了广告传播的效力。

6）广告效果难以测定。

（二）小众广告媒体的类型与特征

小众媒体是一些受众范围比较有限，不能够向更广阔受众范围延伸的媒体类型。

1. 户外广告

户外广告指设置在室外的广告，如霓虹灯、路牌、灯箱等。户外广告的英文为"Out Door"，简称 OD 广告。户外广告种类很多，特点也不一样。总体上看，户外广告一般传播主旨比较鲜明，形象突出，主题集中，引人注目。能够不受时间的限制，随时随地发挥作用，对过往行人进行反复诉求，容易达到印象积累的效果。

（1）户外广告的优势

1）广泛覆盖地方市场。安置合理的户外广告能够在地方市场昼夜不停地广泛展露，一个 100GRP（Gross Rating Point，总收视点）的展露度（一个户外招贴每天产生的累积展露人次所占的百分比）意味着每天能够产生的展露次数相当于整个市场，一个月下来就是 3000 个 GRP。如此高的覆盖率可以产生很高的到达率。

2）接触频度高。由于购买周期通常为 30 天，消费者常常多次接触户外广告，因此它可以达到较高的接触频度。

3）位置灵活性大。户外广告可以放置在公路两旁、商店附近，或者采取活动的广告牌的形式。只要是法律未禁止的场所，户外广告均可放置。这样就可以覆盖地方市场、地区市场甚至全国市场。

4）创意新颖。户外广告可以采用大幅印刷、多种色彩及其他很多方式来吸引受众的注意力。

5）能够创立知名度。因为户外广告具有很强的冲击力（而且要求信息十分简洁），所以可以建立高水平的知名度。

6）成本效率很高。与其他媒体相比，户外媒体的千人成本通常非常具有竞争力。

7）收效良好。户外广告通常能够直接影响销售业绩。

8）制作能力强。户外广告可以经常替换，因为现代科技缩减了制作的时间。

（2）户外广告的劣势

1）到达率的浪费。虽然户外广告可以将信息传达给特殊受众，但大多数情况下购买这一媒体会导致很高的到达率浪费。因为并不是每个经过广告牌的人都是目标受众。

2）可传递的信息有限。由于大多数经过户外广告的受众行走速度较快，展露时间较短，因此广告信息必须是几个字或一个简短概括。太长的诉求通常对受众无效。

3）厌倦感。由于展露频度高，人们对户外广告的厌倦度也高，因此人们可能会因为每天看到同样的广告而感到厌烦。

4）成本高。由于制作招牌数目的减少，以及充气广告的制作成本增加，因此从各个方面而言，户外广告的费用都是昂贵的。

5）广告效果评估困难。对户外广告的到达率、到达频度及其他效果的评估的精确性是营销商面临的难题之一。

6）形象问题。户外广告不仅存在形象问题，而且消费者还可能忽视其存在。

2. 销售点广告

所有在商店、建筑物内外的，能够促进销售的广告物，或其他提供有关商品信息、服务、指示、引导的标志，如店内悬挂物，橱窗和柜台的设计、陈列，在店内外设立能标示产品特征的立体物，或散发单张的海报等，都称为销售点广告或销售现场广告（Point of Purchase Advertise），简称 POP 广告。由于它和店内广告相似，从销售者的角度看，它是销售点广告；从购物者的角度看，则是店内广告。POP 广告可在销售现场为消费者起到引导指示的作用，促成和便利其购买；还能营造销售气氛，激发顾客的购买热情，促使消费者产生冲动购买行为，直接提高购买率。

（1）销售点广告的优势

1）提醒消费者认牌购买。

2）没有时间限制，长期重复出现。

3）简单易懂，适合不同阶层的消费者。

4）美化环境，增加零售点对消费者的吸引力，并烘托销售气氛。

（2）销售点广告的劣势

1）受众范围小，局限于本商场。

2）被动性强，需要走进商场才知道。

3）灵活性较弱，想要更改广告较难。

4）干扰性强，很多商场都搞各种各样的销售点广告。

3. 店内广告

常见的店内广告形式有橱窗广告、吊牌广告、店内影视广告，用直观而精美的布置，店内播放的具有观赏性的品牌影视广告，轻而易举地吸引了路人的注意力。

商家常常会通过现场制作的方式来表达自己食品新鲜的诉求，并可以引起消费者对食品制作的兴趣，从而吸引消费者的注意，以达到广告目的。例如，卖棉花糖的人现场制作棉花糖，将云一般的糖丝卷成一大捧松软的棉花糖，非常有趣。

4. 直邮广告

直邮广告英文为 direct mail advertising，简称 DM，也称邮政广告和函件广告。美国广告函件协会对 DM 下的定义是："对广告主所选择之对象，将印就的印刷品，用邮寄方法，传递广告主所要传达的信息的一种手段。"

（1）直邮广告的主要种类

销售信函是最常见的直邮形式，通常随手册、价目表或回执卡、回邮信封一同邮寄给收件人。直邮广告还可分不同的形式。

1）明信片。多用于公布减价信息、折扣信息或用于增加客流量。有些广告主采用两折式明信片，既可以传递广告信息，也可以让收件人自由做出反应，当作回执卡使用。如果收件人希望得到产品或服务，只需撕下回执部分寄回广告主便可。为了促使收件人做出反应，有些广告主还采用商业回邮件，以便收件人在不付邮资的情况下做出反应，此时，广告主必须得到专门的邮政许可，在收到回件时，广告主支付邮资和手续费。这种邮资减免邮件一般都能提高潜在对象的反应率。

2）折页和手册。一般都采用多色印刷，带照片或插图，纸张比较高级，图片或其他插图的还原效果较好。手册比折页更大，有时可当作商店的橱窗陈列或招贴，手册一般用邮袋寄送。

3）内部刊物。由某家协会或商业机构出版的内部出版物，如利益相关者报告、消费者杂志和经销商出版物等。

4）目录。一般登录或描述某生产厂家、批发商、零售商所售的产品，往往还配有相应的照片。高收入家庭在家购物机会逐渐增多，在中国较常见的有《小康之家》等。

DM 广告要使受众浏览、保存，重要的是有突出的表现。

商品目录可以利用邮寄的方式到达消费者的手中，信任是这一类型广告的基础。

（2）直邮广告的特点

1）以特定个人为诉求对象。

2）活动效率高，信息反馈快。

3）对受信者的反应调查及其成交情况较易掌握。

（3）直邮广告的局限性

如按每个读者的邮寄广告费计算，成本费较高，推销产品的功利性明显，往往使读者产生戒备心理。

直邮广告的形式不仅是邮寄方式，还可以借助于其他广告媒介，如电视、报纸、广播、杂志、电话、传真等直销网络体系，直接邮递是直邮广告的主体。直邮广告在西方国家十分盛行，发展十分迅速，其增长率居各类广告媒体的榜首。

5. 交通广告

在日常生活中，交通是不可缺少的。利用公交车、地铁、航空、船舶等交通工具及其周围的场所等媒体做广告，这就是交通广告。交通广告因其价格比较低廉，且有着较好的传播效果，对企业来说有很大的吸引力。

（1）交通广告的形式

交通广告有三种形式：车厢广告，车身广告，车站、月台或站台海报。

1）车厢广告。公共汽车的座位上、行李架上有各种有关餐馆、电视或广播台及其他各种产品和服务的车厢广告。一种较新颖的车厢广告形式是电子信息版，它可以播出流动的广告信息。这种信息以可变动的方式更容易吸引受众的注意力。

2）车身广告。广告主采取各种户外交通招贴来促销产品和服务。这些车身广告出现在公共汽车的车厢两侧、后面和车顶，出租车、火车、地铁和电车的车身上也有。

3）车站、月台和站台海报。在火车或地铁站、飞机场等站点的其他广告展示形式，如地面展示、电子信号牌。

（2）交通广告的优点

1）展露率高。市内形式的交通广告的主要优势在于广告可有较长的展露时间。对于一般交通工具而言，人们平均乘坐的时间为 30～40 分钟，因此交通广告有充足的时间来接触受众。而乘坐飞机的旅客在等候航班时通常无处可去，无事可做，购买飞机票后，可能多次阅读上面的广告。而且，因为交通广告可接触受众的数目是确定的，所以该广告形式的展露人数也就可以确定。每年有数以万计的人使用大众交通工具，从而为交通广告提供了大量的潜在受众。

2）到达频度高。由于人们每天的日程安排是固定的，因此经常乘坐公共汽车、地铁之类的交通工具的人会重复接触到交通广告。例如，如果你每天坐同一路公车往返工作，一个月内你有可能看到同一广告 20～40 次之多。而且车站和广告牌的位置也会带来较高的展露到达率。

3）及时性。因为许多消费者都会乘坐公共交通工具前去商店购物，所以某个特殊购物区的交通工具促销广告能够将产品信息非常及时地传播给受众。

4）地区可选性。特别是对地方广告主而言，交通广告的一个优势在于它能够将信息传递给某个地区的受众。具有某种伦理背景、人口特点等特性的消费者就会受到某地区卖点交通广告的影响。

5）成本低。无论从绝对还是相对角度而言，交通广告均是成本最低的广告形式。在公共汽车车厢两侧进行广告宣传的千人成本非常合理。

（3）交通广告的缺点

1）形象因素。对于大多数广告主来说，交通广告并不能十分理想地向受众表达产品或展示服务所要表达的形象。有的广告主认为，在公共汽车的车身或公共汽车站进行广告宣传，会不合理地反映公司形象。

2）到达率低。虽然交通广告可以覆盖广大的受众，但从总体来说，具有某些生活方式或行为特点的受众就可能不被包含在这种媒体的目标市场中。例如，在乡村或郊区，大众交通工具很少见或者根本没有，那么交通广告对于这些地区的人来说是无效的。

3）覆盖率存在浪费。虽然交通广告具有地区可选性的优点，但并不是所有乘坐交通工具或者看到交通广告的人都是潜在顾客。如果某种产品并不具有十分特殊的地理细分特点，这种交通广告形式会带来很大的覆盖率的浪费；交通广告还存在一个问题，同一辆车不可能每天行驶不同的路线，为了减少交通工具的磨损和毁坏，有的公司将城市线路改为更长的城区路线。因此，一辆公共汽车可能头一天到市中心区域并到达目标受众群体，第二天却在郊区行驶，那里就没有多少市场潜力可言。

4）文案制作和广告创意的局限。在车厢上或座位上画上色彩绚丽、具有吸引力的广告似乎是不可能的。车内广告牌固然可以展示更多的文案信息，但车身广告上的文案信息总是一闪而过，所以文案诉求点必须简洁明了、短小精悍。

5）受众的心情。当人们站在或坐在拥挤的地铁站候车时，可能很难被引导去阅读地铁广告，更别说产生广告主所期望他们产生的心情。同时，当乘客匆匆忙忙地穿过飞机场，在这种焦急的心情之下很少会注意到飞机票上的广告或飞机场内放置的广告，这也会限制该广告的有效性。

（三）新媒体的类型和特征

所谓新媒体是相对于传统媒体而言的，新媒体是一个不断变化的概念。只有媒体构成的基本要素有别于传统媒体，才能称得上是新媒体。否则，最多也就是在原来的基础上的变形或改进提高。新媒体的广告投放是专指在新媒体上所进行的广告投放，广告主在新媒体进行广告投放的比例一般在20%左右。新媒体一般有以下几个特点：

1）迎合人们休闲娱乐时间碎片化的需求。由于工作与生活节奏的加快，人们的休闲时间呈现出碎片化倾向，新媒体正是迎合了这种需求而产生的。

2）满足随时随地的互动性表达、娱乐与信息的需要。以互联网为标志的第三代媒体在传播的诉求方面走向个性表达与交流阶段。对于网络电视和手机电视而言，消费者同时也是生产者。

3）人们使用新媒体的目的性与选择的主动性更强。

4）媒体使用与内容选择更具个性化，导致市场细分更加充分。

特点总结：交互性与即时性，海量性与共享性，多媒体与超文本个性化与社群化。

其主要优势：传播与更新速度快，成本低；信息量大，内容丰富；低成本全球传播；检索便捷；多媒体传播；超文本；互动性。

1. 手机媒体

手机媒体开创了媒体新时代。

如今的手机已不再单单是通信工具，它还担当起了四大传统媒体和网络媒体之外的"第六媒体"的重任。

对手机媒体的研究不外乎"政策支持"和"运营模式"的探索，有学者就此分析了其典型的运行模式，并且提出在手机媒体产业链中，"内容提供商、移动网络运营商和终端设备制造商之间，如何相互合作发展是非常关键的"。

还有研究者则着重在手机媒体与传统媒体之间的广告互动上进行了一些探讨，认为无论从技术上还是政策上来看，手机媒体成为新广告媒介具有一定的可能性，并分析了手机媒体与传统媒体广告之间的互动形式和广告互动中存在的不足。

对于手机电视的发展趋势，有学者却认为，尽管新技术的狂热崇拜者及追随者坚信手机电视是新技术催生下的又一颗金蛋，但手机电视受到受众心理、内容和媒介繁荣的制约，因此"手机电视是辅助媒介的主流想象""技术的指挥棒为人类指向的下一站，有可能是'技术的高地'，也有可能是'技术的漩涡'"。

有学者认为："现在也许还没有人认为手机报纸的用户会赶上或超过报纸网络版或印刷版的读者数量。但是，手机报纸确实是用一种 21 世纪的方式向渴望得到新闻又忙于行路的公众提供了一种快乐阅读的享受。"

2. IPTV

IPTV 即交互网络电视，一般是指通过互联网络，特别是宽带互联网络传播视频节目的服务形式。

互动性是 IPTV 的重要特征之一。有人指出："IPTV 用户不再是被动的信息接受者，可以根据需要有选择地收视节目内容。"

网络电视迅速发展的同时也暴露出了一些制度上的弊端。业界人士提出："网络电视不仅是电信运营商的一场盛宴，对节目制作商而言，也是一个巨大的市场机会。"然而，"在新媒体产业领域，广播电视已不再享有原先的政策保护和市场垄断优势，与市场接轨的企业制度安排至关重要"。

数字交互电视是集合了电视传输影视节目的传统优势和网络交互传播优势的新型电视媒体，它的发展给电视传播方式带来了革新。有学者指出，数字交互电视"颠覆了电视观众的'受众'定位与电视传媒的'传者'定位""数字交互电视的互动传播，使传播者与接收者之间的位置不再是固定的或先规定的，而是不断在互相共享的、移动的"。数字交互电视的发展还使得"大众传播研究的重心"转移到了"信息使用者"身上。

3. 数字电视

数字电视又称为数位电视或数码电视，是指从演播室到发射、传输、接收的所有环节都是使用数字电视信号或对该系统所有的信号传播都是通过由 0、1 数字串所构成的二进制数字流来传播的电视类型，与模拟电视相对。其信号损失小，接收效果好。

伴随国标的建立和推广，我国地面数字电视相关产业也逐步完善，为地面数字电视的普及奠定基础。而随着 2012 年我国《地面数字电视广播覆盖网发展规划》的出台，地面数字电视的推广和应用被提到战略高度，这也标志着我国地面数字电视将进入加速普及阶段。

数字电视提供的最重要的服务就是视频点播（VOD）。VOD 是一种全新的电视收视方式，它不像传统电视那样，用户只能被动地收看电视台播放的节目，它提供了更大的自由度，更多的选择权，更强的交互能力，传用户之所需，看用户之所点，有效地提高了节目的参与性、互动性和针对性。因此，可以预见，未来电视就是朝着点播模式的方向发展。数字电视还提供了其他服务，包括数据传送、图文广播和上网服务等。用户能够使用电视实现股票交易、信息查询、网上冲浪等，使电视被赋予了新的用途，扩展了电视的功能，把电视从封闭的窗户变成了交流的窗口，这也为广告宣传起到了至关重要的作用。

4. 移动电视

作为一种新兴媒体，移动电视的发展迅速是人们所始料未及的，它具有覆盖广、反应迅速、移动性强的特点，除了传统媒体的宣传和欣赏功能外，还具备城市应急信息发布的功能。

对于公交移动电视来说，"强迫收视"是其最大的特点。有学者认为："公交移动电视的强制性传播使得受众身在公交车上，没有选择电视频道的余地。这种受众处于被动接收状态，无疑会降低公交移动电视的收视率，然而目前尚无良策改变这种状态。"

但也有人持相反的看法，他们提出："传播内容的强制性有利于拓展'无聊经济'的巨大利润空间""移动电视正是抓住了受众在乘车、等候电梯等短暂的无聊空间进行强制性传播，使得消费者在别无选择时被它俘获，这对于某些预设好的内容（如广告）来说，传播效果更佳"。

还有学者从另一个角度提出了这种强制收视的缺陷："公交移动电视虽然为乘客提供了电视节目，但也必须保护乘客的公共利益"。

5. 博客

博客仅为音译，英文名为 Blogger，为 Web Log 的混成词。它的正式名称为网络日志；又音译为部落格或部落阁等，是一种由个人管理、不定期张贴新文章的网站。博客上的文章通常根据张贴时间，以倒序方式由新到旧排列。许多博客专注在特定的课题上提供评论或新闻，其他则被作为比较个人的日记。一个典型的博客结合了文字、图像、其他博客或网站的链接，以及其他与主题相关的媒体，能够让读者以互动的方式留下意见，是许多博客的要素。大部分的博客内容以文字为主，仍有一些博客专注于艺术、摄影、视频、音乐、播客等各种主题。博客是社会媒体网络的一部分，比较著名的有新浪博客。

博客具有很好的商业价值，往往用来开展博客营销。博客营销的概念可以说并没有严格的定义，简单来说，就是利用博客这种网络应用形式开展网络营销。一般情况下有以下几种目的。

（1）以营销自己为目的

这类博客主的目标是通过博客的写作给自己带来人气和名气，最终能为自己带来名利。当然，这类人刚开始写博客的时候并没有目的性，只是随着时间的推移，发现了博客有这样营销自己的功能，也就有心为之了。

（2）以为公司管理销售服务为目的

这类博客主都是公司的老板或者高层管理人员，主要看好博客这种营销手段。这类博客营销要做好，最关键的不是博客文章，而是整体的管理策划和引导。

（3）以营销产品为目的

这类博客的目的很简单，通过博客文章的写作，达到销售产品和拿到订单的目的。

这类博客主一般都是小型企业的老板或者销售主管，就是想通过博客营销为自己公司的电子商务服务。由于这类博客主的目的简单明了，博客文章的写作对他们才是最实用的。因此，在这里只讨论博客营销目的的第三种情况。也就是掌握博客营销文章的写作技巧，以达到打动客户、感化客户，提高产品销量的目的。

6. 微信

微信（WeChat）是腾讯公司于 2011 年 1 月 21 日推出的一个为智能终端提供即时通信服务的免费应用程序，微信支持跨通信运营商、跨操作系统平台，通过网络快速发送免费（需消耗少量网络流量）语音短信、视频、图片和文字，同时，也可以使用通过共享流媒体内容的资料和基于位置的社交插件"摇一摇""漂流瓶""朋友圈""公众平台""语音记事本"等服务插件。

截至 2015 年第一季度，微信已经覆盖中国 90%以上的智能手机，月活跃用户达到 5.49 亿人次，用户覆盖 200 多个国家，超过 20 种语言。此外，各品牌的微信公众账号总数已经超过 800 万个，移动应用对接数量超过 85 000 个，微信支付用户人数则达到了 4 亿左右。

微信提供公众平台、朋友圈、消息推送等功能，用户可以通过"摇一摇""搜索号码""附近的人"扫二维码方式添加好友和关注公众平台，同时微信将内容分享给好友，以及将用户看到的精彩内容分享到微信朋友圈。

截至 2013 年 11 月，注册用户量已经突破 6 亿人次，是亚洲地区最大用户群体的移动即时通信软件。2015 年春节期间，微信联合各类商家推出春节"摇红包"活动，送出金额超过 5 亿元人民币的现金红包。2015 年 6 月 30 日，腾讯以 17.6 亿元投得广州琶洲地块以建设微信总部大楼。2016 年 3 月 1 日起，微信支付对转账功能停止收取手续费。同日起，对提现功能开始收取手续费。2016 年 3 月 10 日，微信官方首次公布"企业微信"的相关细节，并于 4 月 18 日通过应用宝正式发布安卓版。

随着微信功能的逐步完善和用户使用程度的深入，微商的逐渐兴起和企业微信推广的悄悄渗透，微信也将作为手机媒体中的崭新形象在广告领域大展身手。

案例阅读

良心油条

刘洪安是河北保定市财贸学校的大专毕业生，虽然学的是会计专业，但他却自谋职业卖起了早点。

最初，为了省油，他也把炸油条的油底留在第二天再使用。后来，小刘通过媒体了解到，食用油反复加温会产生大量有害物质，会对人体造成很大危害。于是在

2012年年初，他便使用一级大豆色拉油炸油条，而且每天一换。刘洪安称，自此他卖上了"良心油条"。

刘洪安先是找人在早餐点"刘家豆腐脑"蓝色招牌上做了"己所不欲，勿施于人""安全用油，杜绝复炸"的白色醒目标语。同时，为向顾客证明自己的油是新油，刘洪安特意用一张白纸写上了鉴别复炸油的方法，贴在临近油锅的窗口上。另外，他还在油锅边上放了一把"验油勺"，供顾客随时检验。当有顾客对他的承诺有质疑时，刘洪安便会把他们请到"验油勺"前，让他们亲自检验。

刘洪安说，他每天用25千克面粉炸油条，加入约10千克油最合适。这样炸到最后，他会用勺子撇出上面一部分清亮的，趁热制成花椒油或者辣椒油，冷却后用于中午的凉拌菜，避免因二次加热产生有害物质。他说，表层油是新鲜的油，还可以吃。最后剩余约四五斤油和锅底油渣会被倒掉，倒进炉灰渣，炉灰渣吸收了就让垃圾车拉走。成本有二三十元，摊到每天200多元纯收入中，还是可以承受的。

刘洪安表示他为市民提供早餐凭的是良心，卖的就是"良心油条"。这样做还为自己带来声誉，带来更多的顾客。

虽然成本增加了，油条的价格也随之上涨了一元，可来吃早餐的人却不减反增。经当地媒体报道后，刘洪安在网上也迅速走红，"刘家豆腐脑"的生意得用"火爆"来形容了。

"地沟油""回锅油"严重地影响着我们的饮食安全，尤其是现今爆出的一些食品安全问题，很多人都是谈吃色变。当有市民对不使用复炸油的承诺产生质疑时，刘洪安便会把他们请到"验油勺"前，耐心地告诉他们鉴别油质的方法。当顾客亲眼看到用清亮、不发黏的油炸出油条后，心自然也就放下来了。

上午9时许，吃早餐的人逐渐散去。这时，小刘才端上一碗小米粥拿上两根油条坐下来吃早饭。"自己都不想吃的东西，怎么好意思让别人吃。"他边吃边说，"用网络上一句话来说，我卖的不是油条，是生活，只有踏实做好每一件事情，才能坦然地享受生活。"

有人会问："良心多少钱一斤？"做"良心油条"会不会赔钱？刘洪安用行动给出了答案：如果想要做，付出不用太多。不但不会赔钱，还会赚钱。只要道德底线向上提高一点，生意不会变差，甚至会更好。

任务演练

以小组为单位，用表格的方式列出广告不同媒体的优缺点并以同一品牌或同类品牌产品的广告为例进行讲解汇报说明。

任务评价标准与记录如表3-2所示。

表3-2 任务评价标准与记录

评价内容与标准	1组	2组	3组	4组	5组	6组
媒体选择						
列表分析						
举例说明						

续表

评价内容与标准	1组	2组	3组	4组	5组	6组
汇报效果						
创新体现						
合计						

重点记录：

注：评价内容一般分为五项，评价标准一般分为优秀（A记2分）、一般（B记1分）、不合格（C记0.5或0分）三个等级，每个任务满分为10分。此表可用于教师打分和学生互评。

任务二　媒　体　评　估

学习情境1　认识媒体评估指标

 情景导入

对社会化媒体营销规划的建议

最近，由凯旋公关（Ketchum[①]）和尼尔森（Nielsen[②]）共同展开的一项调查显示：在社会化媒体用户（无论在线用户还是离线用户）行为中，排名第一的行为是阅读博客，竟然超过看电视这一行为。

所以，很明显的一点是，既然使用了社会化媒体，那么一个负责任的社会化媒体营销规划就必须能够显示营销效果和投资回报率。下面提供三条启示性建议。

1. 确定主要效果指标（Key Performance Indicators，KPIs）和测量措施

一个度量框架是任何一个负责任的营销渠道所要具备的首要条件，而且这些度量是可跟踪的，能够与基准进行对比，同时也能够进行分析。社会化渠道也是一样的，所以确定KPIs和测量措施是我们制订营销效果测量计划的第一步。这部分主要由以下三个关键成分构成：

（1）新受众的到达率

到达率是指社会化渠道向一个规划提供的额外印象，到达率解决了社会化媒体营销的首要价值：利用社会化网络的力量将你的品牌信息传达给先前未曾到达的受众。另外，社会化媒体渠道的到达效果将增强某一品牌的信任度，因为新客户是通过自己朋友或者是社会化网络上的权威声音而知道这一品牌的。例如，当某一客户看到自己的朋友对某一品牌的评价，这样所取得的效果要比广告效果好很多。

① 凯旋公关：由George Ketchum创立于1923年，总部位于美国纽约，是传播领域的创新者，也是全球第七大公关公司。
② 尼尔森：全球著名的市场调研公司，1923年由现代市场研究行业的奠基人之一的阿瑟·查尔斯·尼尔森创立，总部位于美国纽约。

（2）意见领袖分享行为

意见领袖对于你的社会化规划病毒式效果的最大化是很重要的。为了能够恰当地利用意见领袖，你需要决定意见领袖和他们的社交圈的参与度。而意见领袖彼此各异。一些人专注于分享信息却缺乏与自己的朋友的互动；有的意见领袖发表的并不多，但是他们接触到的朋友却很乐于听取他们的意见。所以，要明白在你的客户群中谁是意见领袖并且跟踪他们的分享行为，这对于优化社会化媒体营销效果测量规划是很关键的。

（3）转换率和货币化

每一个社会化规划都必须与行动呼吁联系起来。邮件订阅量、产品订购量、Facebook粉丝专页访问量或者进行一次免费测试都属于行动呼吁的例子。为了测量商业目标的货币贡献度，营销人员必须确定社会化规划的行动呼吁的价值并且跟踪转化率。社会化纯粹主义者经常对规划执行持消极态度。行动呼吁并非必须要达成交易。其实，它可以是激励用户创造内容并发表在一个品牌的网络社区，重要的一点是行动的主要价值必须具有可确定性和可跟踪性。这三种 KPIs（reach、sharing behavior 和 monetization）的组合是社会化规划的成功标准，同时也是规划目标的基础。例如，在提高知名度的营销活动中，营销人员必须更加关注到达率和分享活动。

2. 制订目标市场的可预测结果

当我们在审视社会化网络中品牌信息分享的潜在倡导者时，虽然他们在 Facebook和 Twitter 上的朋友数量是重要的，但这点并不是最重要的因素，真正对一个可预测的规划起到驱动作用的是目标市场。通常情况下，社会化媒体规划在社会化网络中起步（而社会化网络缺乏客户详细数据），而不是在 CRM 数据库中。负责任的营销规划必须是可预测的，一个品牌只有确定了参与度最高的客户和愿意为品牌做正面宣传的客户，才会在社会化网络中产生可预测性。营销人员也必须明白社会化网络中客户也是彼此各异的，品牌所拥有的粉丝和追随者数量并不是最为关键的数据，关键的是客户对品牌的态度和客户在关系圈中分享品牌正面印象的相对倾向。以最近丰田面对的危机为例，作为丰田汽车的忠实粉丝（我在过去的 10 年内买了至少不少于六辆丰田车），我会站起来为丰田汽车维护形象，但由于现今的系统缺乏恰当的社会化媒体目标市场，因此丰田可能会让我的邻居（他去年才买了第一辆 Camry）去为品牌维护形象，而我的邻居则更愿意与他 Twitter 上的 2600 名追随者和 Facebook 上的 700 名朋友分享丰田的负面感觉。

3. 培养激励性分享

与其他营销规划一样，社会化媒体营销受制于一样的规则和限制。具体来讲就是，大量的病毒式宣传行为也必须具有可预测性。还有一点也同样重要：营销人员必须能够对规划中的社会化参与产生影响，激励式分享也必须具有可预测性。有一个并非新颖但是很重要的理念：奖励客户行为。航空公司、旅馆、金融机构甚至是咖啡店一直都向长期光顾的客户提供奖励。为什么不把这点用到社会化网络的宣传工作中呢？营销人员必须在社会化规划中建立双向激励，也就是营销人员必须奖励那些邀请朋友参与品牌规划的意见领袖，同时也要奖励参与病毒式邀请行动的意见领袖的朋友。换句话说，品牌宣传人员和宣传人员的朋友要受到一样的 VIP 式待遇，因为他们通过社会化网络与品牌进行互动。含有这些双向激励的规划所取得的营销效果是那些单纯基于利他动机而进行分享行为的效果的三倍。去年围绕着社会化媒体营销已经发生了很多革新，许多主流企业也把握住了这股潮流。为了将社会化媒体营销继续下去，营销人员必须在社会化媒体营销活动中建立规划层次的原则。确定 KPIs 和从个体和规划层次进行不断跟踪，锁定社会化规划中互动程度最高的客户并且引进社会化分享行为激励措施。

（资料来源：https://www.douban.com/note/148865613/?type=like）

思考：媒体评价主要从哪几个方面开展？

知识储备

媒体的评价指标分为量的评价指标、质的评价指标和效益的评价指标。

量的评价指标是可以按照一定尺度进行量化的，媒体策划人员通过对显示媒体量的价值的数字进行分析和比较，选出与广告目标最匹配的媒体。

质的评价指标无法通过数字去估量媒体的价值，包括某种媒体已经建立起来的影响力的社会声誉，以及这种媒体在表现形式上的心理效应等。

效益的评价指标是评价媒体能够带来的可测量的效益等。

（一）媒体量化评估指标

1. 视听率

视听率是指接受某一特定电视节目或广播节目的人数（或家庭数）的百分比。视听率是衡量广告信息传播范围的重要指标（电视为收视率，广播为收听率）。

2. 发行量

发行量是指报纸和杂志通过发行渠道发送给读者的报刊份数。其中包括出售和赠送两部分。发行量指标主要有期发数（即报刊每期的发行份数）和年发数（即一年内报刊各期发行数的总和）。

3. 毛评点

毛评点又称毛感点或总收听率，是指各次广告传播之后，接触该广告的人数与传播范围内总人数的比例之和。毛评点是一则广告在媒体推出数次后所能达到的总的效果。其计算公式为

$$毛评点=广告发布的次数×视听率$$

4. 视听众暴露度

视听众暴露率是指在一定时期内收听某一媒体或者收看某一媒体特定节目的人数（家庭数）的总和，实际是毛评点的绝对值。其计算公式为

$$视听众暴露度=视听众总人数×毛评点$$

5. 到达率

到达率又称接触率或触及率，是指广告由某种媒体输出后，一段时间内接触到这则

广告的人数占媒体传播范围内总人数的比率（实际上就是看到或听到某一广告的人数的百分比）。

6. 暴露频次

暴露频次也称频次或频率，是指在一定时期内，每个人（或家庭）接收到同一广告信息的平均次数。

（二）媒体的质性评估指标

1. 接触相关性

接触相关性是指消费者接触媒体的"质量"。基本假设是专心接触媒体的广告被记忆程度，高于漫不经心地接触广告媒体的广告被记忆程度。

2. 干扰度

干扰度是指消费者在接触媒体时受广告干扰的程度。

3. 编辑环境

编辑环境是指媒体编辑内容对品牌及广告创意的适切性。

4. 广告环境

广告环境是指媒体承载其他广告所呈现的媒体环境。

5. 相关性

相关性是指产品类别或创意内容与媒体本身在主题上的相关性。

（三）媒体的效益评估指标

1. 千人成本

千人成本等于媒体单位广告费用与到达的目标受众总数之比，再乘以1000，也就是说，媒体受众每到达1000人，其广告花费的金额。

2. 每毛评点成本

毛评点成本（CPRP）是指购买一个收视率的价值高低。CPRP等于广告片的媒体单位购买成本与收视率之比。

任务演练

1）一家狗食罐头制造商正试图在媒体A和媒体B之间进行选择。媒体A有1000万读者，整页广告要价2万美元（每千人2美元）；媒体B有1500万读者，整页广告要价2.5万美元（每千人1.67美元）。在决定哪家媒体更好之前，该狗食制造商还需要其他什么信息？如果你是狗食制造商，你会选择哪种媒体，为什么？

2）如果要你评估三家广告媒体并进行比较，你会选择哪些指标？为什么？

任务评价标准与记录如表 3-3 所示。

表 3-3　任务评价标准与记录

评价内容与标准	1组	2组	3组	4组	5组	6组
题目分析						
汇报文本						
汇报内容						
汇报效果						
创新体现						
合计						

重点记录：

注：评价内容一般分为五项，评价标准一般分为优秀（A 记 2 分）、一般（B 记 1 分）、不合格（C 记 0.5 或 0 分）三个等级，每个任务满分为 10 分。此表可用于教师打分和学生互评。

学习情境 2　进行媒体评估

 情景导入

××时段媒体评估结果展示

1. 电波媒体

（1）电视栏目

1）新闻类：《新闻 30 分》属于电视媒体，传播速度快，覆盖面广，内容生动，收视被动性高，创意度高。全国收视率达 4.9%，观众主要为城市地区 25 岁以上高端人群。广告千人成本为 27 元人民币，接触关注度较高，每天中午 12:00～12:30 综合频道和新闻频道并机播出，收视连续性稳定，广告干扰度高，编辑环境、广告环境优良，相关性高，知名度高，央视十大栏目之一，广告效果需要通过重复信息内容以维持记忆来保证。

2）电视剧：《步步惊心》属于电视媒体，传播速度快，覆盖面广，内容生动，收视被动性高，创意度高。全国收视率达 1.7%，观众主要为原著小说迷、爱好古装剧及历史剧的年轻女性。广告 15 秒千人成本为 0.21 元人民币，接触关注度较高，播出时间为每天后边缘时段 22:00～24:00。收视连续性稳定，广告干扰度较高，编辑环境及广告环境优良，相关性高，广告效果需要通过重复信息内容以维持记忆来保证。

3）综艺类：《快乐大本营》属于电视媒体，传播速度快，覆盖面广，内容生动，收视被动性高，创意度高。全国收视率为 3.42%，观众主要为学生群体，年龄 15～25 岁不等。广告 15 秒千人成本为 0.75 元人民币，接触关注度较高，播出时间为每周六 19:30～22:00，收视连续性稳定，广告干扰度较高，编辑环境及广告环境优良，相关性高，广告

效果需要通过重复信息内容以维持记忆来保证。

（2）广播栏目

中央人民广播电台音乐之声栏目属于广播媒体，内容由综合型向专业型转变，在接触上不受时间和空间的限制，听众收听习惯不稳定，频次较高，创意度低。覆盖范围广，在沈阳地区的收听率为 0.28%，广告 30 秒 7000 元/次，千人成本较低，接触关注度一般，广播时段为全天，广告干扰度高，编辑环境及广告环境优良，广告效果有限，相关性高。

2. 印刷媒体

（1）报纸栏目

1）机关报：《辽宁日报》锦州新闻栏目属于报纸平面媒体，广告接收不具强制性，信息能较好地传播，受众素质高，媒体权威性高，且机关报负面新闻少。覆盖范围广，读者大体为辽宁地区企事业单位工作人员，日发行量 50 余万份，日阅读人口超过 10 万，广告通栏千人成本为 5.25 元，接触关注度较高，发行方式为日发行，广告干扰度低，编辑环境及广告环境优良，广告效果一般，相关性高。

2）专业报：《中国经营报》专题或封面故事栏目属于报纸平面媒体，广告接收不具强制性，信息能较好地传播，受众素质高，媒体权威性高，广告信息针对性强。覆盖全国 240 多个城市，读者以男性为主，约占 86.6%，平均年龄为 28.6 岁，77.8%的读者具有大专以上学历，六成以上的读者为企业界人士。单期平均发行量为 92 万份，广告整版千人成本为 15 元。接触关注度较高，发行方式是周报，广告干扰度低，编辑环境及广告环境优良，广告效果一般，相关性高。

3）生活报：《燕赵晚报》广告栏目属于报纸平面媒体，广告接收不具强制性，信息能较好地传播，受众素质高，媒体权威性高，百姓订阅，广告信息多。覆盖面广，读者主要为石家庄当地百姓，多是家庭订阅。日发行量最高 35 万份，广告整版千人成本为 60 元，接触关注度较高，发行方式为日发行，广告干扰度高，编辑环境及广告环境优良，广告效果一般，相关性高。

（2）杂志栏目

《瑞丽——服饰美容》属于杂志平面媒体，消费金额高，有固定受众群，受众品质高，信息深度高，印刷精美，发行量有限，是小而细致的媒体。该杂志覆盖面广，受众主要为都市年轻女性、时尚人群及高校女生。发行量为 93 万份每期，接触关注度较高，发行方式为月刊，广告干扰度低，编辑环境及广告环境优良，印制精美，广告效果较好，相关性高。

3. 户外媒体

河北经贸大学灵感寿司 LED 广告为户外媒体的建筑类广告，具有醒目的特征，盈利性强，但风险较高。从受众角度看，主要针对经贸学生，灵感寿司的品牌主要宣传其新颖性美食，能吸引有好奇心、有个性的学生人群。集中为自行车人群、步行吃饭的学生。从媒体的角度看，处在第一餐厅三楼位置，辐射面广，但受众不能平视；尺寸一米左右；正面角度；LED 材质。千人成本较低。接触关注度较低，干扰度小，编辑环境与广告环境一般，相关性较强。

思考：此情景中所列出的评估结果从何而来？媒体评估的内容涉及哪些方面？

知识储备

在广告活动中,绝大部分费用是用来购买媒介、时间和空间的。如果媒介选择不当或组合不当都会造成广告费用的极大浪费。广告媒体评估是对报纸、杂志、广播、电视、户外广告及网络广告等媒体的评估。评估各媒体的特征及消费者如何接触各种媒体。

（一）媒体评估的具体内容

媒体评估的具体内容包括以下几个方面。

1）各广告媒体"质"的特征。

2）媒体投资效益评估。

3）媒体选择与分配研究。

4）媒体组合是否恰当。

5）媒体近期视听率、阅读率、点击率有无变化。

6）媒体执行方案的确定与评估。

（二）评估方法

广告运动中的媒体效果的监测与评估如下。

（1）媒体投放同时监测

此法意图于广告刊播时测定与评估消费者对广告的暴露程度和反应。其对电视广告特别有效。

该方法的最大特征是用于测验一般电视节目播出 24 小时后,在最自然的收视环境中（如家中）的广告吸引力。

普遍的方法是电话访问,用以确认广告信息是否达到正确的目标市场,以获知资讯如何传播,以及传播了什么资讯。通过反映广告商品品牌的正确指认能力,将获取的分数比较,以决定所测试的广告是成功或失败。

（2）广告运动中媒体效果追踪监测评估

由于广告效果要历经一段时间才能建立,因此跟踪监测都在广告播出 60 天后进行。用以评估与媒体策略规定要素相符合。

1）每千人成本监测。每千人成本（简称 CDT 或 CPM）表示每 1000 人接触需要多少费用,即总视听率（GRP）、到达率（Reach）、平均接收人数或频度监测（Freq）。三者关系为

$$GRP = R \times F$$
$$F = GRP/R$$
$$R = GRP/F$$

其实,在实际计算中 F 的指数极不易计算。最简单的方法是以特定的广告接触率（注目率）为前提进行计算,即

$$F=NP（P——注目率；N——发稿次数）$$

当媒体为复数媒体（多种媒体）时，各广告接触不同，不能向公式那样单纯性计算出，必须把基本资料输入计算机，进行复分配函数计算得出。

2）品牌知名监测和评估。品牌知名监测包括两个方面：一是了解品牌消息是通过什么媒体到达消费者，二是了解消费者对品牌的了解度。

一般通过电话访问和日记式调查如下。

问卷设计（以花生类为例）：

1. 你看过或听过花生类的任何广告吗？

有□　　无□

2. 是什么品牌的花生广告？

品牌名称：（1）____（2）____（3）____。

3. 是通过什么媒体上看到或听到这个广告的？

A. 电视　　B. 广播　　C. 报纸　　D. 其他：____

4. 大约什么时间看到，大约几次？

A. 电视，晚间 7:30—8:30、日间 9:00→11:00

B. 报纸，名称：____

C. 广播，栏目：____

D. 其他：____

5. 广告说了什么？

6. 你平常买什么品牌？

将以上数据统计分析予以评价媒体组合及费用分配，是否合理科学，以及知名传播的程度。例如，假定某明确的广告运动的目的为对某特定产品利益在目标市场人群提高25%的知名度。事前测试，发现目标群体之间已存有16%程度的知名度。因此要达成25%的成长目标，在广告运动终了时对产品利益的知名测定至少要达到 20%（以 16%为基础）。如果在这一广告运动结束之后发现对某特定产品利益的知名度在目标人群达到32%，则这一运动应判断为非常成功；广告目标只是增加了25%的知名度，而实际成长了100%。

3）销售效果监测和评估。虽然我们一直强调广告的传播效果，但广告方也常以销售或行销资讯作为评估的依据。主要来源为内部销售资料及中国新闻资料供应社的研究或专案研究。

内部销售资料常用来帮助了解产品销售是否与广告运动发生回应。此种效果可以经由与前些时期做比较，针对为某品牌所制订的销售目标加以测定。广为应用的资讯来源于经纪人或推销人员的报告。

中国新闻资料供应社或专案研究，通常由订阅类如尼尔森零售指数或"销售地区行销公司"（SAMI）查核服务所构成。尼尔森每两个月做一次食品零售店与药房杂货店的研究，以取得配销程度、产品进入不同类型商店的渗透度、全国占有率（以箱为量的单位）、店内配销占有率、产品移动，以及竞争者活动等资讯。"销售地区行销公司"所提供的服务为测定食品零售店与药房杂货店在仓库中的出货，以说明产品在零售范围普及的情况。

在销售产品上虽然涉及许多行销因素，如果使用类似尼尔森零售指数技术所测定的销售，人们有时能够确定产品的成败能否归因于广告运动。

评估媒体广告效果，如亲身观察与专家意见等有时亦被使用。然而上述各种方法构成收集资料与评估技术的主力。

"到达率"的评估指标一般是从数据中统计出来的。

任务演练

你认为电视媒体、网络媒体和手机媒体哪种最受欢迎，效果最好？谈谈你的想法并拿出自己的依据。

任务评价标准与记录如表 3-4 所示。

表 3-4　任务评价标准与记录

评价内容与标准	1组	2组	3组	4组	5组	6组
研讨过程						
分析依据						
汇报内容						
汇报效果						
创新体现						
合计						

重点记录：

注：评价内容一般分为五项，评价标准一般分为优秀（A 记 2 分）、一般（B 记 1 分）、不合格（C 记 0.5 或 0 分）三个等级，每个任务满分为 10 分。此表可用于教师打分和学生互评。

任务三　媒体组合

学习情境 1　把握媒体组合的原则

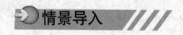
情景导入

失败的媒体组合

有一家生产饮料的民营企业，其规模并不大，却不惜巨资在中央级媒体做广告，但因为资金有限，所以其广告只能是零打碎敲，效果可想而知。其失误的重要原因就是媒体选择过大，广告做得不少，但没有给客户提供足够的产品数量，也没有遍布全国的销售网络，想卖没那么多的产品，想买又没有销售点，造成了财力、物力的浪费。另外，凡有点广告知识的人都知道，广告应当有一定的数量、一定的周期，才能在受众心中留下深刻印象，才能促进购买欲的萌生，才能使受众产生购买行动，而零打碎敲式的广告就像过眼云烟，很难给人留下深刻印象。

成功的媒体组合

1986 年 1 月 23 日，广州百事可乐汽水厂投产，4 月份就占领了广州市场，月销量达到 2000 多吨。百事可乐之所以取得如此业绩，正是因为他们采取了行之有效的媒体组合广告传播策略。首先派业务员穿着百事可乐工作服在各个销售点张贴商标广告，紧接着他们又以"百事好味道，全球都赞好"为口号，配以有实物图案的广告画进行宣传，并在市内选择了五个地点进行免费赠饮活动，又及时投放一批印有"注意交通安全，百事可乐汽水厂"的太阳伞到交通岗上，此外，他们还赞助了社会公益事业和群众性活动。在这次广告活动中，他们采用了广告画、POP 广告伞等载体，而且组合得相当成功，所以才能在极短的时间就打开并占领市场。

（资料来源：http://www.chinabaike.com/z/shenghuo/kp/2016/0509/4794285.html）

思考：广告传播为什么要进行媒体的组合？

🔖知识储备

（一）媒体组合

1. 媒体组合的概念

媒体组合是指将经过选择的广告媒介进行合理的时间、版面的配置，以提高广告的传播和诉求效果。媒体组合是大中型企业常用的媒介策略，通常是在同一时期内运用各种媒体，发布内容基本相同的广告，它比运用单一媒体的广告效果要好得多。任何一种媒体都不可能覆盖广告的全部目标市场，因此广告主在策划一个广告活动时，常常不只使用单一的广告媒体，而是有目的、有计划地利用多种媒体来开展广告活动。

2. 媒体组合的意义

媒体组合是广告媒体战略的核心，主要有以下作用：

（1）增加总效果（Gross Rating Point，GRP）和到达率

单个媒体对目标市场的到达率是不高的。即使是覆盖范围较大的媒体，也不可能将广告信息送达目标市场的每一个人。所以，运用单个媒体会导致目标市场内的许多消费者未能接触到广告信息。

如果运用媒体组合，同时利用两个或两个以上的媒体，就能把不同媒体的受众组合起来，使广告能影响更多的目标受众。

（2）弥补单一媒体传播频度的不足

有些媒体的传播寿命较长，有些媒体的传播寿命较短。这就影响到受众对媒体广告的接触程度。只有增加传播的频度，使目标消费者能够多次接触到广告信息，才能取得较好的传播效果。有些媒体因广告的费用太高，难以重复使用。选择多种媒体进行组合运用，就使受众在不同媒体上接触到同一广告内容，增加了频度，强化了重复效应。

（3）整合不同媒体的传播优势

某些媒体具有一些固定特性，如电视具有形象性和直观性，报纸具有时效性和说明性，广播具有灵活性和价格便宜，杂志具有选择性，直邮广告具有直接性和直观性，销售点广告具有现场性等。

通过组合，使媒体所具有的特性有机地结合起来，既使媒体的特长得到发挥，又可弥补媒体缺陷。例如，电视和报纸组合，电视收视率一般比较高，影响较大，能够获得较理想的认知效果，报纸可以详细地介绍有关商品或劳务的信息，帮助目标消费者加深理解。这样，就使认知促进和理解促进有机地结合在一起，增加广告的重复率累积度。

（4）减少成本，增加效益

媒体组合不是对媒体的简单排列，而是经过有机整合，发挥各自媒体特长，弥补不足的过程。组合后能够发挥整体效益，许多企业就可利用媒体组合的整体优势，在资金不足的情况下，组合多种费用低、效果一般的媒体，仍可形成一定的广告阵势。例如，电视虽然有较强的传播效果，但广告制作费用大，播出费昂贵，一般企业难以承受，就可运用多种类型的小广告，配合促销活动，花钱不多，也能做得很好。

（二）媒体组合的方法

媒体组合包括两个方面，即媒体载体的组合和广告单元的组合。

1. 媒体载体的组合

媒体载体的组合就是对具体媒体进行组合。可以在同类媒体中进行，也可以在不同的媒体中进行；可以把自用媒体和租用媒体结合起来，也可以以租用媒体为主进行组合。

（1）同类媒体组合

把属于同一类型的不同媒体组合起来使用，刊登或播放同一广告，就是同类媒体的组合运用。例如，把同属于印刷媒体的报纸与杂志组合，把全国性报纸与地方性报纸组合等。

（2）不同类型的媒体组合

这是经常采用的一种方案，如把报纸与电视组合，把报纸与广播、电视组合等。这种组合不仅能扩大接触的范围，而且可以有效地调动目标对象的感官。

（3）租用媒体和自用媒体组合

把需要购买的大众传播媒体与企业自用的促销媒体进行组合，如通过报纸、电视发布，同时还与企业自备的销售点广告相配合。

2. 广告单元的组合

广告单元指发布广告的媒体的具体时间、版面等基本单元，要在选择组合媒体的同时进行广告单元的组合。

3. 媒体组合要注意的问题

（1）要能覆盖所有的目标消费者

把选中的媒体排在一起，将覆盖域相加，看是否把大多数目标消费者纳入了广告影响的范围之内，即媒体能否有效地触及广告的目标对象。

还可用另一指标来衡量：将媒体的针对性相加，看广告目标消费者是否能接收到广告。如果这两种形式的累加组合还不能够保证所有的目标消费者接收到广告，就说明媒体组合中还存在着问题，需要重新调整。但是也要注意，媒体覆盖的范围不能过多地大于目标市场的消费者，以免造成浪费。

（2）选取媒体影响力的集中点

媒体的影响力主要体现在两个方面：一是量的方面，指的是媒体覆盖面的广度，即广告被接触的人数越多，影响力越大；二是质的方面，指的是针对目标消费者进行说服的深度，即媒体在说服力方面的效果。组合后的媒体，其影响力会有重合。重合的地方应是企业的重点目标消费者，这样才能增加广告效益。如果媒体影响力重合在非重点目标消费者上，甚至是非目标对象上，这样就造成广告经费的浪费。因此，要以增加对重点目标消费者的影响力为着眼点，确定媒体购买的投入方向，避免浪费。

（3）与企业整体信息交流的联系

企业要实现营销目标，也要运用营销策略，进行多种营销策略手段的组合。广告的媒体组合要与营销策略组合保持一致，要符合整合营销传播的要求。还要注意与企业公共关系战略相互配合。善于运用各种媒体，发挥整体效用。

（三）媒体组合的原则

1. 媒体的组合应该有助于扩大广告的受众总量

某一种媒体的受众群体不可能与广告的诉求对象完全重合，没有被包含在某一媒体的受众中的那部分广告诉求对象就需要通过其他媒体来接触。因此，媒体组合中的多种媒体在受众的范围和特性上应该互相补充，使通过媒体发布的广告在受众范围上尽可能地接触所有的诉求对象。

2. 媒体组合应该有助于对广告进行适当的重复

广告受众对广告信息产生印象、兴趣和购买欲望需要一定的广告展露频度，而受众对在一种媒体上刊播的广告注意程度在广告展露达到一定的频度后会逐渐降低，因此需要多种媒体之间的配合，以延长受众对广告的注意时间，增加广告达到有效受众的机会。一般来说，在媒体组合中，应该以某一种媒体为主，而以其他费用较低的媒体为辅，进行广告展露频次的补充。

3. 媒体组合应该有助于广告信息的互相补充

各种媒体具有不同的传播特性，因此在多种媒体上发布的广告在内容上也可以有所不同，使通过不同媒体传播的广告信息互相补充，使受众对广告信息有更加深入全面的了解，提高广告的诉求效果。例如，在电视上发布以促销活动为诉求重点的广告，就可以在报纸广告中向诉求对象提供与促销活动相配合的折价券等；而在电视广告中由于时间的限制未及时进行解释的广告信息，也可以在报纸广告中进行解释。

4. 媒体在周期上的配合

不同的媒体有不同的时间特性，如电视广告展露时间很短，而报纸广告展露时间则相对较长，因此为了延续广告作用的时间，要注重不同媒体在周期上的配合。例如，以电视媒体做集中的发布，而以报纸媒体做持续的发布。

5. 效益最大化的原则

在多种媒体上同时发布大版面、长时段的广告并不一定能达到最佳的广告效果，因此要对在各种媒体上发布的广告的规格和频次进行合理组合，在保证广告效果的前提下，尽量节省广告费用，以获得更大的广告效益。

媒介的功用并不存在于真空，对媒介要作为行销与创意需要的延伸来予以计划与执行。而有创意性地使用媒介，能为广告带来新鲜感，配合充满创意的广告内容，可收到相得益彰之效，常常能提供超过正常成本效率的冲击力与效果。

（四）媒体组合的立体传播效应

1. 延伸效应

由于不同媒介具有不同范围的局限性，因此需要通过媒体整合运用来达到准确传播，增强广告效力，延展广度的目的。广告正面报道或传播得越大，产品知名度、认知度就越高。

"敖东鹿筋壮骨酒"是敖东集团巨资投入推出的甲类 OTC 产品。在产品宣传推广中运用媒体组合的广告策略一炮走红，让同行啧啧称赞，纷纷效仿。

在高频率、极复杂的信息传播环境中，企业应认识到不同媒体有不同的功能，对各种媒体的特性、优缺点都要有一个理性的认知，并实现强大的媒介整合支持，使电视与平面媒体高效结合，硬性和软性广告优势互补，网络与声讯媒体得以有效互动。在大众媒体上，针对敖东鹿筋壮骨酒受众人群，企业将新华社、中央电视台及《人民日报》《中国医药报》《中华风湿病学杂志》等国内知名的媒体整合起来，作为宣传产品的"武装力量"。

同时，极尽新闻舆论造势、活动策划作秀之能事，加强上述媒介整合广告传播的说服力。良好的舆论加上媒介的整合传播延展了产品的广度，让受众更放心地接受产品，增强认知度，并帮助产品获得良好的美誉度。

2. 重复效应

由于各种媒介覆盖的对象有时是反复的，因此媒体整合要兼顾覆盖的反复性特点跟进传播，增加广告的传播深度。消费者接触广告的频率越高，产品的闪亮点、新颖点、功效点、认知度就越高，消费的欲望就会空前高涨，最终促成购买。

OTC产品芦荟排毒胶囊就是一个很好的例子。企业从主流媒体的拉动到主辅媒体的有机结合，从旅游黄金周造势到系列主题促销，从1+1模式到1+X手册媒体宣传的反复进行，不厌其烦地推广产品，打响了全方位、立体化普及"深层排毒"的理论。反复灌输、培育"深层排毒引爆美容革命""只要青春不要痘""科学排毒"等内容的市场攻坚战。

还与杂志媒体联合推出排毒美容观念，加强促销力度的广告。长期不间断的新闻营销使"深层排毒"理论和芦荟品牌深入人心，消费欲望空前高涨，产品也日渐旺销。

从此，芦荟排毒胶囊首次打破排毒市场一枝独大的非常态竞争格局，给市场带来生机和活力。

3. 互补效应

互补效应即以两种以上广告媒体来传播同一广告内容，对于同一受众来说，其广告效果是相辅相成、互相补充的。由于不同媒体各有利弊，因此媒体组合能取长补短、相得益彰，帮助市场迅速实现盈利。

六味地黄丸较早的广告宣传是宛西制药仲景牌六味地黄丸，对消费者形成了先入为主的印象，不但动用山西地区大大小小的媒体，还在央视投巨资做广告。

企业集中30多家优势媒体专一主推仲景牌六味地黄丸，地方媒体的地域局限性让央视来弥补，央视的整体性让地方媒体来精耕细作，相互取长补短，合力大增，将"仲景"牌子无限放大。精美制作的广告片大大提升产品知名度，让消费者感觉到大企业大品牌的魄力。

这样，企业凭借媒体力量、广告传播稳稳地坐上了六味地黄丸第一品牌的宝座。

（五）媒体组合的具体方式

1. 视觉媒体与听觉媒体的组合

视觉媒体指借助于视觉要素表现的媒体，如报纸、杂志、户外广告、招贴、公共汽车广告等。听觉媒体指主要借助听觉要素表现的媒体，如广播广告、音响广告。电视可以说是听觉和视觉完美结合的媒体。视觉媒体更直观，给人一种真实感；听觉媒体更抽象，可以给人丰富的想象。

2. 瞬间媒体与长效媒体的组合

瞬间媒体指广告信息瞬时消失的媒体，如广播电视等电波电子媒体，由于广告一闪而过，信息不易保留，因而要与能长期保留信息、可供反复查阅的长效媒体配合使用。

长效媒体一般是指那些可以较长时间传播同一广告的印刷品、路牌、霓虹灯、公共汽车等媒体。

3. 大众媒体与促销媒体的组合

大众媒体指报纸、电视、广播、杂志等传播面广、声势大的广告媒体，其传播优势在于"面"。但这些媒体与销售现场相脱离，只能起到间接促销的作用。促销媒体主要指邮寄、招贴、展销、户外广告等传播面小、传播范围固定、具有直接促销作用的广告，它的优势在于"点"。若在采用大众媒体的同时又配合使用促销媒体，则能使点面结合，起到直接促销的效果。

任务演练

搜集相关资料，举一个具体企业品牌和产品的例子，说明媒体是怎样组合的？有什么好处？

任务评价标准与记录如表 3-5 所示。

表 3-5　任务评价标准与记录

评价内容与标准	1组	2组	3组	4组	5组	6组
资料搜集						
汇报课件						
汇报内容						
汇报效果						
创新体现						
合计						

重点记录：

注：评价内容一般分为五项，评价标准一般分为优秀（A 记 2 分）、一般（B 记 1 分）、不合格（C 记 0.5 或 0 分）三个等级，每个任务满分为 10 分。此表可用于教师打分和学生互评。

学习情境 2　媒 体 选 择

情景导入

野马汽车轰动上市的媒介组合

20 世纪 60 年代，美国福特汽车公司生产了一种名为"野马"的汽车，这种车一经推出，一年内就销售了 41 万辆，创纯利 11 亿美元。当时，购买野马汽车的人数打破了美国的历史最高纪录，顾客简直到了饥不择食的地步。不到一年的时间，野马汽车风行整个美国，连商店里出售的墨镜、帽子、玩具等都贴上了野马的商标。

为什么野马汽车如此受欢迎呢？这得从该公司的总经理亚科卡说起。1962年，亚科卡担任福特汽车分公司经理后就想策划、生产一种受顾客喜爱的新车型，他从大量调查材料中发现未来的十年是年轻人的世界。于是，他将未来的新车型定位为款式新、性能好、能载四人、车子较轻、价钱便宜，以及车型独树一帜，车身容易辨认，容易操作，既像跑车还要胜过跑车，用以吸引年轻人。

亚科卡非常重视广告策划和宣传，为了推出新产品，他委托沃尔特-汤姆森广告公司为新车型进行了一系列广告策划。其实施步骤大致如下：

第一步，组织汽车大赛。在汽车正式投放市场的前四天，公司邀请各报纸的编辑到场，并借给每人一辆野马新型车，组织他们参加野马大赛，并邀请100名记者亲临现场采访，以充分证实野马汽车的可靠性能。几百家报纸都以显著位置报道了野马大赛的盛况和照片，借助新闻力量造成轰动效应。

第二步，采用纸媒广告。在新车型上市前一天，根据媒体选择计划，让2600家报纸用整版篇幅刊登野马汽车广告。广告画面：一部白色野马汽车在奔驰。大标题："真想不到"，副标题："售价2368美元"。这一步主要用以提升产品知名度，进而为提升市场占有率打基础。

在颇具影响力的《时代周刊》和《新闻周刊》杂志上刊登广告画面，广告标题都是"真想不到"。

第三步，采用电视广告。从野马汽车上市开始，在各大电视网天天不断地播放野马汽车的广告，展开电视广告攻势。采用电视媒体广告的主要目的是扩大广告宣传的覆盖面，进一步提升知名度，达到家喻户晓的效果。

第四步，选择最引人注目的停车场，竖立巨型广告牌，上书"野马栏"，既引起停车者的注重又引起社会公众的关注。

第五步，在美国各地客流量最大、最繁忙的15个飞机场，以及200多家度假饭店的门厅里陈列野马汽车，通过这种实物广告形式，进一步激发消费者的购买欲。

第六步，采用直邮形式，向全国各地几百万小汽车用户寄送广告宣传品，直接与消费者建立联系。

上述分六步实施的广告活动，可谓铺天盖地、排山倒海，仅在一周之内，野马汽车便轰动整个美国，风行一时。据说，野马汽车上市第一天就有400万人拥到福特代理店购买。通过这一系列媒介广告活动，原来年销5000辆的计划被远远超出，实际年销418812辆。在野马汽车开始销售之后的前两年，公司就获得纯利11亿美元。亚科卡由于这一显赫成绩被视为传奇式人物，被誉为"野马汽车之父"。而给亚科卡带来奇迹的手段正是媒介组合策略。

（资料来源：http://www.uukkuu.com/v231229277/）

思考：此情景中采取了哪些媒体组合才引起了野马汽车轰动上市？

知识储备

（一）选择广告媒体应考虑的因素

1. 市场方面的因素

（1）要考虑消费者的属性

人总依其个人品位来选择适合的媒体，不同教育或职业的消费者对媒体的接触习惯都不相同。一般来说，教育程度较高者，偏重于印刷媒体；教育程度较低者，偏重于电波媒体，因此要配合消费者的性别、年龄、教育程度、职业及地域性等来决定应用何种媒体。

（2）要考虑商品的特性

各种商品的特性不一样，应该按商品特性来考虑媒体。例如，消费者（生活）用品广告和工业用品广告的媒体策略完全不同，前者是全体的消费大众，后者是特定的工厂、老板或董事，很显然，千万元的别墅广告和普通中下公寓广告的媒体使用应当有所不同。

（3）要考虑商品的销售范围

商品市场究竟是全国性的销售，还是限于地方区域性市场的销售，这关系到广告接触者的范围大小，由此才可决定选择何种较经济有效的媒体，以免使用不适当的广告媒体而毫无传播效果。

2. 媒体方面因素

（1）要考虑媒体量的价值

例如，了解报纸的发行量、杂志的发行量、电视的收视率、电台的收听率，才能了解效果。

（2）要考虑媒体的价值

考虑媒体的价值即考虑媒体的接触层次，应仔细分析其类型，以期与产品消费者的类型符合。同时需考虑媒体的特性、优缺点，节目或编辑内容是否与广告效果有关。

（3）要考虑媒体的经济价值

要慎重考虑各媒体的成本费用，不仅要考虑"绝对成本"，即媒体的实际支付费用，同时应考虑"相对成本"，如印刷媒体的每天读者数，或电波媒体的每分钟每千人的视听成本。

3. 广告主方面的因素

1）要考虑广告主销售方法的特征。销售方式究竟以推销员为主还是以零售商为主，这要看用什么样的销售策略，销售策略不同选择媒体的标准也不同。

2）要考虑广告主的促销战略。例如，计划一个赠送样品的广告活动，就要用能配合赠送活动的媒体。

3）要考虑广告主活动的基本目的及广告预算的分配额和广告主的经济能力。

（二）媒体选择的重要原则

1. 媒介影响效率原则

媒介的发行量、发行范围、收听率、收视率各不相同，其声誉与影响也不同。从媒介影响效率来评价广告作品时，主要看广告作品的诉求内容是否与媒体的投放规模和投放时间相适应。评析广告作品时要注意考察以下因素：一是声誉状况。在我国的报纸、电视、广播媒体中，社会声誉最高的是《人民日报》、中央电视台、中央人民广播电视台等，各行业的报纸、期刊则在其行业中具有权威性，各地又有当地声誉高、影响大的媒体。二是社会影响力。中央电视台新闻联播节目的收看观众高达几亿，新华社编辑出版的《半月谈》杂志发行量达800万册以上，各基层村镇、企事业单位均有订阅，为我国发行量最大的期刊。选用广告媒体时这些都是应考虑的因素。

当然，权威性的衡量也是相对的，对某一类广告主来讲是权威性高的媒介，对另一类广告主来讲其权威性可能并不高。衡量的标准主要看媒体的受众情况，如果媒体的主要受众同广告主所要针对的目标消费者不一致，那么即使对媒体主要受众来说是权威性的，而对目标消费者来讲则可能就不那么权威了。

2. 诉求方式原则

成功的广告要想打动受众，要么动之以情，要么晓之以理，诉求方式的不同决定了媒体选择的差异。从作品评析的角度来看，广告作品的诉求只有与媒体特征相适应，才能实现理想的传达效果。报纸、杂志等印刷媒体是理性诉求广告的理想选择，适宜投放附载或详细或复杂信息的广告作品，以"理"服人，打动读者。电视、广播等电波媒体的特性与印刷媒体相反，可以调动声音、画面等各种动感的形象来传递信息，是传递情感的理想媒体。能否合理地将广告的诉求方式和媒体完美地结合在一起，是评价一则广告作品成功与否的一个重要方面。

3. 覆盖域原则

任何一种广告媒介都将在一定的地区范围内发挥影响，超出这一地域范围，这一广告媒介的影响将明显地减弱甚至消失。我们将广告媒介主要发生影响的地域范围称为这一媒介的覆盖域。广告作品的成功与否与媒介覆盖域有密切的联系。从媒介策划的角度看，在媒介的覆盖域与目标市场消费者分布的范围之间，可有下述几种情况：

1）覆盖域与分布范围正好吻合，这是较为理想的状况，从这一指标来看所选择的媒介十分适用。

2）覆盖域与分布范围完全不吻合，这样的媒介是失败的。

3）覆盖域中包括了分布范围，但是比分布范围大很多，这样该媒介虽然可以起到影响目标消费者的作用，但是会造成浪费。所以在选用该媒介时还应考虑更多的则是第四种情况，即覆盖域只包括了分布范围的一部分，这样的媒介只能影响一部分目标消费者，故此还需要其他媒介的配合，就具体的媒体而言，广播和电视具有很大的覆盖面，可以不受区域和国家的限制。相对而言，杂志的读者虽然在地理上较为分散，但从人口特征上来看，读者却更为集中，每一杂志都有自己特定的读者群。报纸则具有更强的地域性。从这一角度来分析广告作品，主要应看广告作品是否根据营销计划所针对的目标市场和目标消费者的地域分布等情况进行媒体投放。

4. 时效性原则

时效性即媒体需要多久才能将信息传递给客户，不同的媒体传播速度不同，不同产品类型的广告作品对时效性的要求也不同。具体而言，广播和电视的时效性最强，可以每时每刻把信息传递给受众。相对而言，杂志和报纸只有在发行日才能把信息传递给受众，因而其广告传播速度稍慢。近几年新兴的网络媒体在传播上更为迅捷，其制作也更为方便、简单，具有其他媒体无可比拟的优势。从这一方面来评价广告作品，主要应看广告所表现的商品类型是否与广告媒介的时效性相适应。

5. 产品本身的特点

当然，从媒介的角度来评价广告作品时，除考虑媒体本身的特征外，产品本身的特点也是影响选择的一个重要因素。广告主在传播信息时，大多以宣传自己的产品或服务为主要内容。因此，在选择媒体时，必须考虑到企业或产品本身的特点。各种商品的特点、性能、用法各不相同，因而对广告的要求也不一样。例如，有些产品是全国性的，有些却是区域性的；有些产品不受时间限制，有些产品则具有很强的季节性；有些产品非用大量的文字说明不可，有的则非用色彩或画面不可，等等。所以，广告作品应针对自己产品的种类和特性来选择媒体。例如，专业性产品的广告宜选择专业性的报纸或杂志，而不宜采用综合性的报纸和杂志；妇女时装广告最好刊登在印刷精美的彩色杂志上。

6. 广告商品的特性和消费者的实际情况等

此外，还要考虑广告商品的特性和消费者的习惯、文化层次、生活状况等，如消费资料与生产资料、科技复杂程度的高与低、男性与女性、成年人与青少年、固定岗位工作人员与流动岗位工作人员等，以及为了实现不同的销售目标所选择的不同媒体。例如，对于妇女和少年儿童来说，电视和广播较适合；对途中旅客、司机等来说，广播最适合。以扩大销售为目标者其媒体选择顺序依次为电视、广播、销售点广告、报纸、杂志；以增加市场占有率为目标的媒体选择顺序为报纸、杂志、电视、广播；以提高知名度为目标的媒体选择顺序为报纸、户外广告、电视、交通工具广告及公益与赞助活动。因此，从媒体角度评价一则广告作品的成功与否，要根据具体情况而定，不应一概而论。

任务演练

拟定一种产品和品牌，为其选择合适的广告媒体，并阐述理由。

任务评价标准与记录如表3-6所示。

表3-6　任务评价标准与记录

评价内容与标准	1组	2组	3组	4组	5组	6组
资料搜集						
汇报课件						

续表

评价内容与标准	1组	2组	3组	4组	5组	6组
汇报内容						
汇报效果						
创新体现						
合计						

重点记录:

注：评价内容一般分为五项，评价标准一般分为优秀（A 记 2 分）、一般（B 记 1 分）、不合格（C 记 0.5 或 0 分）三个等级，每个任务满分为 10 分。此表可用于教师打分和学生互评。

学习情境 3　制订媒体组合策略

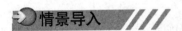 情景导入

麦当劳烤鸡腿汉堡的新媒体组合

1. 竞争

麦当劳在主要市场上推出了烤鸡腿汉堡。他们的活动目标就是提高消费者对产品特征的了解、购买的驱动轨迹和购买欲。他们的活动目标群体是成年人，尤其是 18～24 岁的成年人。

2. 挑战

麦当劳希望寻找到最有效的成本使用方式从而使品牌效应达到最大化。最主要的挑战是通过新方法影响目标人群，明确而"动情"地传达新三明治的产品特征，包括其新颖性和口味，最后还要比较在线广告和非网络广告对品牌效应的影响。

3. 他们如何做的

麦当劳在组合媒体广告中加上了交互广告，当然在媒体组合广告中包括广播、印刷品和电视。然后他们用一般的品牌衡量去估量在目标人群中产生的影响。

4. 他们发现了什么

通过把网络广告的到达率提高 60%，麦当劳将产品的认知度在 18～49 个媒体目标中提高了 8.3%。这个上升将会使 600 多万消费者开始知道这款新产品。网络广告在多渠道商业活动作业中取得了切实的贡献，这种贡献是通过和其他补充环境将信息传达到相同数量的消费者来体现的。它还能到达其他媒体不能到到达的人群。在麦当劳的目标市场中，有 20%的人是不太看电视的，他们是通过在线的上网方式被影响的。当广播和电视几乎不能将"多种口味混合"的信息传达给消费者时，网络广告却能很大程度地提高对形象的感知。通过在混合媒体广告中增加在线广告，使形象感知程度强有力地增加了九个百分点；消费者感情上的品牌特征有了明显的提高。

（资料来源：http://www.docin.com/p-93862553.html&endpro=true）

思考：麦当劳的网络媒体为其原有的媒体组合增加了哪些优势？

知识储备

（一）运用媒体组合策略的原因

1）仅仅通过一种媒体不可能到达所有的目标受众。

2）通过主要媒体获得最佳到达率后，再用较便宜的次要媒体做到重复暴露。

3）运用附加媒体固有的某些价值延伸广告的创作效果。例如，在广播上运用音乐，在印刷媒体上运用长文案。

4）当主要媒体是广播电视时，可以通过印刷媒体向受众提供优惠券等。

5）可以创造协同效应，即媒体组合的效果远远大于各单个媒体效果相加之和。

（二）制订广告媒体策略时应注意的问题

1. 媒体的品质与传播效果

我国的媒体发展进入了新的竞争时代，媒体的品质成为媒体竞争的关键。不同的广告媒体有不同的特点和局限性，是选择媒体时首先要考虑的因素。媒体的发行范围不同，发行数量不一，会影响媒体受众人数；媒体的社会变化、地位不同，对广告传播效果会产生极为明显的影响；媒体的社会声望不同，会影响广告的影响力和可信度。媒体的信息生命周期的长短是否有某些方面的限制等，也会在一定程度上影响广告效果。

2. 执行层面的超越

执行整体策略时是否采取不同区域战略，以及如何有效分配预算；是否考虑竞争者的动作，是否把竞争者的媒体干扰考虑在内；媒体的策略手段是否有所创新，是不是竞争者难以模仿；媒体组合效果是否达到最佳，是否考虑了广告活动整体媒体运用的整合和不同媒体市场空间的媒体组合；是否做到伴随消费行为的过程进行传播媒体的整合；是否把广告、促销、公关等多种手段综合运用到提高媒体信息的附着效果和整体力度中去等。

3. 广告商品的性能和使用范围

不同的产品有不同的性能和不同的使用范围。当选择广告媒体时，要考虑广告商品自身的特点、使用价值、所处产品生命周期及质量、价格、产品包装等，以选择最适合的广告媒体。商品的性能即商品的性质和作用，商品的使用范围包括地域范围和使用者的阶层范围。媒体选择者必须对这些情况了解清楚。

4. 目标消费者的消费和收视情况

选择媒体首先要考虑的就是消费者的媒体接触情况。一定要根据目标消费者的统计学知识和社会学条件，分析他们的媒体接触习惯，做到有的放矢。其次，根据目标消费者视听率的高低选择媒体时间。目标消费者经常接触媒体，比较不容易判断，但是可以根据目标消费者视听率的高峰低谷来确定媒体。最后，根据消费者的记忆规律来选择。

各种媒体在知晓、理解、记忆三个层次上的效果不同，如广播广告有利于知晓，报纸广告则有利于记忆。

5. 市场现状和消费趋势

选择媒体，市场也是必须考虑的一个重要因素。广告主和广告代理公司要认真研究市场、研究产品竞争状况、消费状况和消费的发展趋势，以决定选择何种性质的媒体。如果某一商品市场状况良好，现实购买率极高，宣传这一商品就要选择简捷快速的媒体。

（三）媒体组合策略的类型

媒体组合策略可以分为两种形式：集中的媒体组合策略和多样的媒体组合策略。

1. 集中的媒体组合策略

集中的媒体组合策略是指广告主集中在一种媒体上发布广告。它主要集中影响被进行特别细分的受众，集中的媒体组合策略能创造出品牌易于被大众接受的氛围，尤其对于那些接触媒体有限的受众。其优点在于：

1）使广告主在一种媒体中相对于竞争对手占主要地位。

2）使消费者尤其是接触媒体范围狭窄的受众更加熟悉品牌。

3）激发消费者对产品或品牌的忠诚度。

4）在高视觉性媒体上采用集中性策略，如在电视的黄金时间或者在高档杂志中购买大的广告时段或版面，能激发消费者对产品或品牌的忠诚度。

5）集中购买媒体可以获得大的折扣。

2. 多样的媒体组合策略

多样的媒体组合策略是指选择多种媒体到达目标受众。这种策略对那些有着多样市场细分的商品或服务更加有效，可以通过不同的媒体对不同的目标受众传达不同的信息。其优点体现在以下几个方面：

1）能向不同的目标受众传达关于品类或品牌的各种独特利益。

2）不同媒体的不同信息到达同一目标受众可以加强其对信息理解的效果。

3）运用多样的媒体策略可以增加广告信息的到达率。受众可以暴露于多种媒体，因而信息到达受众的可能性较大。

但是，多样的媒体组合策略也有自己的缺点，即不同的媒体需要不同的创意和制作效果，可能导致成本增加，增大制作费用比例，有可能影响其他重要目标的实现，如毛评点（GRP）和总利用人数（即 Gross Impressions，GI=GRP×媒体可利用者总数/100）。

（四）采用广告媒体组合策略需要注意的问题

1）媒体组合策略较适合于开拓新市场及推出新产品时使用。

2）由于媒体组合使用要耗费大量广告费，因此只适合有经济实力的大中企业。

3）媒体组合运用是复杂的，不能随心所欲，而应建立在研究分析和计划的基础上。

思念"竹叶清香粽"整合营销推广案例

1. 广告创意的诞生

粽子一直以来是一种节令性非常强的传统食品，现代速冻保鲜技术的不断进步使得速冻粽子作为一种商品出现在市场上，目前主要品牌有思念、五芳斋、龙凤、三全、乔家栅等。在粽子市场，思念是一个后来居上的品牌。这种状况的改观主要来自于思念高层领导班子对粽子的差异化改观和对消费观念的实效性引导，他们通过准确组合媒体形式探索到了第二销售渠道，一条通向消费者内心深处距离最短的沟通渠道。

策划创作前期，思念市场部吴总派人进行了一次大规模的市场调查，结果表明：消费者购买粽子时对粽子的"味道鲜香""包装卫生安全"关注度分别高达 72% 和 60%，而"味道鲜香"属于产品的内在属性，通常依据产品的外表做出判断；基于此点，思念高层领导创新性地采用了特殊的粽叶——一种采自某原生态山区的箬竹叶，具有清香、味醇、叶薄等特点，经长期存放或高温蒸煮后依然保持诱人的绿色，剥开竹叶后有股浓郁的竹叶清香。按照调查结论进行了如下创作发掘。

根据产品鲜明的外观特点，决定通过强化产品的直观属性（绿色、新鲜）协助消费者建立产品使用的经验属性（清香），最终达到产品对消费者的信任属性（美味）。从消费者心底潜在需求出发，一步步将各种需求层次和日常消费体验结合起来，在每一环节实现需求链接，构筑感觉满足的传播梯次。具体表现上，创作人员精心构思、巧妙联想，他们采用清清水面上连续跳跃的粽子来散播袅袅的清香，让消费者全身心体验产品带来的视觉感受，由视觉感受连接到身心的愉悦感受，然后把这种愉悦感受转移到日常购买粽子、消费粽子的生活场景，这样，产品信息—广告创意—视觉感受—味觉感受—生活体验—消费动机—消费行为就实现了无缝链接，然后配合不同广告媒体组合手段实现这种无缝链接，即充分发挥各媒体形式的职能特点，由远及近、有机融合、密切关联地将广告信息送到消费者心里，让他们深切体会到思念粽子比其他品牌的粽子更具购买的理由，以此来扩大产品知名度并提升产品销量，消费者终于难以抗拒袅袅的思念粽子清香，挥之不去对思念粽子的情感依恋，从而付诸行动了。2003 年 5 月 19 号，思念营销中心的办公室电话接连不断传来喜讯：武汉粽子热销，沈阳粽子销售告罄，广州粽子要紧急发货，上海、浙江、广西……

2. 媒体组合策略

广告创意出来后，为准确实现产品信息—广告创意—视觉感受—味觉感受—生活体验—消费动机—消费行为的无缝链接，把媒体组合形式也看成一种销售渠道，一种不同于传统渠道的媒介传播通道。这不仅是对销售渠道的观念创新，也是对媒介职能的观念创新，借助不同媒介形式担负着不同的传播效果和职能，对媒介形式进行了如下组合策略：

在电视媒体策划方面，为充分发挥央视本身强大的媒体聚焦功能，思念决定做大型历史剧《走向共和》的贴片广告，该剧在 2003 年 4 月、5 月两个月中掀起了家庭收视率的新高，竹叶青香粽以此为契机进行了跟片贴播。当然，针对珠三角消费者当地的媒介接触环境和习惯，思念又投放了凤凰卫视中文台作为补充，以期消除区域盲点。事实证明，对于快速成长中的速冻粽子和思念品牌来说，这种媒介形式对品牌知名度、产品诉求点有很大的提升作用，能够将无差别的思念美味产品传递到更多的消费者心里。

在报纸、杂志方面，思念竹叶清香粽推出以来，配合电视广告片的热播，各种报纸软文也随之见诸重点省市报端，加强对目标消费群的进一步渗透，由于软文题目以生活情景为内容展开，非常贴近消费者日常生活消费时的行为习惯，故而起到了电视媒体达不到的润物无声的渗透效果。

在户外广告媒体方面，针对某些消费潜力大、影响力较强的区域中心城市的繁华地段，思念加大了对户外广告的投放力度，如郑州、济南等城市繁华地段思念路牌广告扑面而来、防不胜防。这些广告牌的出现，鲜明地告知当地的消费者思念品牌在当地的影响是响当当的，产品也是一流的，是值得信赖和购买的。这样一来，凡是经常接触到思念路牌广告的家庭消费决策者和购买者都情不自禁地产生尝试购买的冲动，因为他们已经知道竹叶青青的思念粽子了。

在终端售场方面，思念认为活动海报、产品折页、说明书、促销信息、功能宣传册、展示排面、价格标签等都属于 POP（卖场展示）范畴，甚至厂家促销员、业务员都是，他们负责把其他广告形式介绍过来的目标消费者最终锁定，前来购买自己的产品，同时还负责把现场游移不定的随机消费者定格，在这里思念兑现给消费者的是一个实实在在的、看得见的美味产品和购买产品时的轻松愉悦的场景。

有了以上几种媒体组合形式的密切配合，我们就可以想象：一位城市女性平时由于看电视节目尤其是央视一套较多，渐渐地对竹叶清香粽有了大体印象，脑海中不时浮现出青青竹叶的清香味道，偶尔一次翻看丈夫购买的《大河报》看到一篇介绍端午吃粽子的习俗，里面就有关于粽叶采选的描述，原来是这么好的竹叶啊，这不就是一种叫作竹叶青的粽子嘛，正巧与平时电视画面中的思念粽子建立了初步的关联；当该女士坐车穿梭于繁华的街道时，猛然间发现了候车亭灯箱上似曾相识的画面，青青的湖面，绿绿的竹子和竹叶，还有湖面上跳跃的波纹，几个大字"竹叶清香粽"跳进眼帘，原来这个画面广告和电视上见到的是一样的啊，反复的这么几次不经意接触，这个时候该女士就能够把厂家、产品、广告画面有机结合了，并在心里形成了形象定位，产生购物体验和消费联想。周末，伴随着这些淡淡的体验和联想该女士去附近超市买日常用品，计划买些熟食什么的以解决工作繁忙带来的生活不便。当她来到速冻食品专柜时，醒目的吊旗、专柜的挡板、靠近的立柱喷绘、旁边的易拉宝不约而同、形象统一地传达着同一个画面：青青的湖面，绿绿的竹子和竹叶，还有湖面上跳跃的波纹，以及见过的几个大字"竹叶清香粽"。这时候该女士立即将电视、报纸、户外统一的形象画面紧密联系起来，并产生购买冲动。正当该女士准备询问价格时，这时从人群中过来一位衣着规范统一的年轻女促销员热情地为她讲解产品特点，并告诉她另外还有活动赠品等优惠措施，加之该女士脑海中浮现的各种场景，最终该女士的购物兜里又多了几袋令她满意的速冻小粽子。

以上情景或许只是一种偶然，亦或许是一种普遍的必然，关键在于每一种媒介形式的效用发挥和相互间的有机配合，另外还有执行中每个细节的无微不至的体验，目标消费群必将成为我们的产品用户。因为绝大多数消费者是很容易被引导和教育的，他们的生活生存方式决定了他们不可能成为产品专家、成为传播专家，这样的专家只能而且也必须在企业和专门的研究机构里面。

3．取得的传播效果

思念竹叶清香粽媒介组合投放从 2003 年 4 月 1 日开始发起，据河南思念食品股份有限公司初步统计，截至 2003 年 6 月 20 日，已创造销售额为 6500 万元人民币，不足三个月创造的销售额是 2002 年全年销售额的两倍多，并且这一销售成绩目前仍然在快速突破中；在 7 月初完成的对上海、郑州、北京、广州、成都五个推广城市的广告效果抽样检测中发现，思念竹叶清香粽第一提及知名度分别为上海 29%、郑州 56%、北京 31%、广州 36%、成都 33%，而本次广告运动前第一提及知名度平均仅为 11%。

思念粽子大力推广期间正值"非典"疫情肆虐中国大地的消费低潮期，零售商业遭受沉重打击，很多商品滞销。而思念竹叶清香粽在这一阶段市场推广的业绩证明，差异化的好产品配合实效的传播渠道，能够切实地改变人们的消费观念！思念不仅旗帜鲜明地奉献给消费者一个值得回味的好食品，还时时处处体察消费者的内心，引导他们树立一种实实在在的消费体验。消费者是聪明的——这样好的粽子，这么好的感受，为什么非要等到端午节才享受呢？通过实实在在的操作体验，思念人领悟到：各种媒体实际上也在扮演着销售渠道的作用，而且也确确实实存在这样一种渠道，只是它最重要的职能是负责把产品（品牌）特定信息一直铺到消费者心中，进而影响他们的消费观念、消费心理和消费行为，这才是最根本的销售渠道。这也难怪天下的广告主均乐此不疲地把巨额资金砸在各种媒体上，同时也在考验各个广告公司和广告主，鞭策他们必须立足于消费者生活和企业实际进行广告创作，而不是片面追求所谓的艺术而自我欣赏。

（资料来源：http://wenku.baidu.com/view/d11149d084254b35eefd3425.html）

任务演练

依据拟定的产品和品牌，撰写品牌选择与组合策略，并讲述自己的策略。

任务评价标准与记录如表 3-7 所示。

表 3-7　任务评价标准与记录

评价内容与标准	1组	2组	3组	4组	5组	6组
资料搜集						
汇报课件						
汇报内容						
汇报效果						

续表

评价内容与标准	1组	2组	3组	4组	5组	6组
创新体现						
合计						

重点记录:

注:评价内容一般分为五项,评价标准一般分为优秀（A记2分）、一般（B记1分）、不合格（C记0.5或0分）三个等级,每个任务满分为10分。此表可用于教师打分和学生互评。

项 目 总 结

本项目是广告业务媒体传播的重要依据,通过分析各种媒体的优缺点,掌握现在各种媒体的应用价值,通过媒体组合的原则和方法能够选择不同的媒体组合以达到不同的目的。

检 测 练 习

一、单项选择题

1. 杂志属于（   ）。
   A. 大众媒体   B. 传统媒体   C. 小众媒体   D. 新媒体
2. 声响效果最好的媒体是（   ）。
   A. 网络媒体   B. 户外媒体
   C. 电视媒体   D. POP 广告媒体
3. 在 200 名被统计的电视人口中,有 100 名看电视,共有五个频道 A、B、C、D 和 E,其中收看频道 A 的观众有 10 名,频道 B 的有 20 名,那么频道 A 的收视率为（   ）。
   A. 10%   B. 20%   C. 5%   D. 50%
4. 受众范围比较有限,不能够向更广阔受众范围延伸的媒体类型称为（   ）。
   A. 大众媒体   B. 传统媒体   C. 小众媒体   D. 新媒体
5. 下列不属于户外广告的是（   ）。
   A. 灯箱广告   B. 楼体广告   C. 电梯广告   D. 路牌广告

二、多项选择题

1. 广告媒体的商务功能包括（   ）。
   A. 解答受众疑问   B. 引发消费意识

C. 传输广告内容　　　　　　　　　D. 树立企业形象

2. 下面属于新媒体的有（　　）。

　　A. 手机媒体　　　B. 移动电视　　　C. 网络媒体　　　D. 播客

3. 选择广告媒体要考虑的市场因素有（　　）。

　　A. 商品的销售范围　　　　　　　　B. 消费者的属性

　　C. 商品的特性　　　　　　　　　　D. 媒体的价格

4. 媒体组合的意义在于（　　）。

　　A. 增加总效果（GRP）和到达率　　B. 弥补单一媒体传播频度的不足

　　C. 整合不同媒体的传播优势　　　　D. 减少成本，增加效益

5. 下列属于瞬间媒体的是（　　）。

　　A. 电视媒体　　　B. 广播媒体　　　C. 网络媒体　　　D. 手机媒体

实 训 项 目

【实训名称】媒体分析与媒体选择。

【实训目的】通过实际操作掌握不同媒体的特征和媒体选择策略。

【实训材料】笔、本、电脑等办公用品。

【实训要求】

1）各组选定一种产品。

2）为该产品选择具体的媒体及媒体组合。

3）撰写媒体组合策划书，提出策划的理由和数据分析。

4）讲解媒体选择策划。

项目四 广告策略

项目内容

1. 知识目标

1）掌握广告目标的含义、广告目标的类型和广告目标的方法。

2）掌握制订广告目标的要求及方法。

3）掌握广告的产品策略及市场策略的内容。

2. 技能目标

1）在制作广告前能合理地确定广告目标。

2）能够用广告的产品策略来分析企业产品广告。

3）能够用广告的市场策略来为企业产品制订相应的策略。

4）能运用广告实施策略的知识来确定广告发布的相关内容。

3. 过程与方法

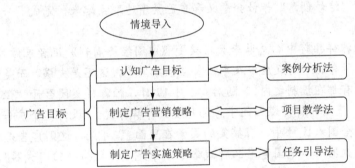

4. 职业素养目标

团队、合作。

任务一　确定广告目标

学习情境 1　认知广告目标

情景导入

恒源祥十二生肖广告解读

2008 年春节期间，南方一次罕见的冰雪令人震惊的同时，一个简单的电视广告亦如一石激起千层浪，一经几大地方电视台播出来便万众瞩目，成为人们热烈讨论的话题，迅速演变成一个"广告门"事件。各界人士纷纷对其表达自己的看法，其中更多的是炮轰不断，骂声不绝。那便是众人皆知的恒源祥十二生肖广告。在媒体与公众喧嚣的背后究竟隐藏了什么，它的出现表明了什么，而且对我们有何启示？

相信很多人对这则电视广告印象十分深刻：北京奥运会会徽和"恒源祥"商标组成静止的画面，再由一个低沉的男音从"恒源祥，北京奥运会赞助商，鼠鼠鼠"念到"恒源祥，北京奥运会赞助商，猪猪猪"，依照这种方式把十二生肖完整地念了一遍，历时一分钟。一看就知道，这是恒源祥当年家喻户晓已经成为广告经典案例的"恒源祥，羊羊羊"广告语的加长和强调版，准确地说是"恶搞版"。刹那间，群情激愤，各大媒体上都是人们对于恒源祥十二生肖广告的声讨，指责、批评不绝于耳，尤其在便捷快速、门槛很低的网络平台上更是呈现出排山倒海之势。但是在一片责难声中，也有许多广告人士持支持意见，认为其是一次完美的事件营销。仁者见仁，智者见智。一时间，针对这一广告，不同人士从不同的立场表明自己的看法，形成了"百家争鸣"的局面。一则简单的电视广告，迅速升级成为媒介社会议论的话题，成为流行文化之一。

恒源祥广告在人们习惯了充满精彩创意的广告传播条件之下特立独行，经过受众的反应之后，脱离了广告本身，成为超越脑白金、"史上最恶俗的广告"代名词。正如看到玫瑰想到爱情的神话解读一样，恒源祥广告成功地超越了广告文本本身，把"恶搞""超越脑白金""绝妙创意"等社会意义和自己紧密地联系起来，完成了一次在受众脑海中的意义建构。

对此，恒源祥品牌中心总监李巍在接受《中国经济周刊》记者采访时表示："贺岁广告播出后，所有的市场反应以及争议都在预期当中，这不是失误，而是恒源祥很长时间的谋划，所有都在控制之内。"随后，2月17日，恒源祥集团召开"恒源祥十二生肖广告解读会"，集团品牌传媒顾问丁秀伟首度公开解释说："设计这个广告的初衷，实际上是恒源祥向全国人民拜年，有搞笑的因素在里面。"可见，这则广告是恒源祥经过周密策划的营销武器——中国著名品牌战略专家李光斗评之为"独门武器"，而不属于企业战略性决策的不慎失误。恒源祥在继1994年推出"恒源祥，羊羊羊"经典广告取得巨大成功之后，选择在十二生肖开端之2008鼠年年初又剑走偏锋，推出这一广告。

（资料来源：http://3y.uu456.com/bp_1u8jj2ivpj92i2p9mdce_1.html）

思考：

1）恒源祥十二生肖广告的广告目标是什么？

2）企业在确立自己的广告目标时，该如何考虑广告行业的职业道德和商业主义的平衡？

知识储备

（一）广告目标的含义

企业以创造理想的经济效益和社会效益为自己所追求的目标。广告目标是指企业广告活动所要达到的目的。确定广告目标是广告计划中至关重要的起步性环节，是为整个广告活动定性的一个环节。广告目标是企业从事广告活动的方向，是广告活动最终的落脚点。它的宗旨是为企业传播品牌信息，使企业销售有上升趋势。它只对品牌资产负责而不对具体的销售量负责。

企业在从事广告活动之前，首先要明确的就是希望此次广告活动达到怎样的目的。整个广告目标体系从内容上看，广告目标就是向特定的公众市场推销产品、服务与观念；从形式上看，广告目标是促成和强化企业与公众之间的一致性。

（二）广告目标的类型

广告目标可以按照不同的分类标准分成不同的类别，如按产品在不同的生命周期划分，可以分为导入期的告知信息型广告目标、成长期的说服受众型广告目标、成熟期的保持品牌型广告目标和衰退期的提醒型广告目标。按目标的不同层次划分，广告目标可以分为总目标和分目标。按目标所涉及的内容可划分为产品销售目标、企业形象目标和信息传播目标等。本文从广告诉求的目的上进行区分将其分为以下几种：提供信息、诱导购买、提醒使用。

1. 以提供信息为目标的广告

提供信息即企业通过广告活动向目标沟通对象提供种种信息，如告诉目标市场将有一种新产品上市行销，介绍某种产品的新用途或新用法，通知社会公众某种产品将要变价，介绍各种可得到的劳务，纠正假象，说明产品如何使用，减少消费者的顾虑，建立企业信誉等。以向目标沟通对象提供信息为目标的广告，叫作提供信息的广告，又叫作开拓性广告。这种广告的目的在于建立基本需求，即使市场需要某类产品，而不在于宣传介绍某种品牌。

2. 以诱导购买为目标的广告

诱导购买为目标的广告类型又称为竞争性广告，即企业通过广告活动建立本企业的品牌偏好，改变顾客对本企业产品的态度，鼓励顾客放弃竞争者品牌转而购买本企业品牌，劝说顾客接受推销访问，诱导顾客立即购买。以上述这种劝说、诱导、说服为目标的广告，叫作诱导性广告（或说服性广告）。这种广告的目的在于建立选择性需求，即使目标沟通对象从需要竞争对手的品牌转向需要本企业的品牌。

3. 以提醒使用为目标的广告

提醒使用即企业通过广告活动提醒消费者在不远的将来（或近期内）将用得着某产品（如秋季提醒人们不久将要穿御寒衣服），并提醒他们可到何处购买该产品。以提醒、提示为目标的广告，叫作提示广告。这种广告的目的在于使消费者在某种产品生命周期的成熟阶段仍能想起这种产品。例如，可口可乐公司在淡季耗费巨资在杂志上做彩色广告，其目的就是要提醒广大消费者，使他们时时刻刻不要忘记可口可乐。王老吉凉茶饮料在我国南方地区几乎家喻户晓，但该公司每年仍然投入大量的广告费用，其目的就是提醒消费者记住该品牌的凉茶饮料。还有一种与此有关联的广告形式叫作加强性广告，其目的在于使现有用户确信他们所做出的选择是正确的。例如，美国汽车制造商常用广告描述其顾客对于他们已购买的汽车很满意，以加强其购买选择。

案例阅读

　　20 世纪 30 年代，全球最大最强的汽车制造企业是美国的通用汽车公司。到 80 年代，日本的汽车已经成功地打入美国市场。日本汽车的成功靠的是团队合作。

　　企业生产的产品一般经过市场营销、产品设计、成本核算、生产制造、销售、售后服务等环节。美国的汽车制造企业按照流程从市场营销开始，一直到售后服务来开展业务，一般需要五年时间形成一个周期。而日本企业通过团队合作，从市场营销开始，各个部门共同参与，一般只需要 18 个月就能够形成一个周期。日本企业在 20 世纪 80 年代利用能源危机这一契机，成功占领了美国汽车市场。

任务演练

　　各组用手机拍下身边的各种广告的照片，并进行分类、整理，制作成课件，分析这些广告作品的广告目标是什么。

　　任务评价标准与记录如表 4-1 所示。

表 4-1　任务评价标准与记录

评价内容与标准	1 组	2 组	3 组	4 组	5 组	6 组
材料搜集						
汇报课件						
目标分析						
汇报效果						
创新体现						
合计						

重点记录：

　　注：评价内容一般分为五项，评价标准一般分为优秀（A 记 2 分）、一般（B 记 1 分）、不合格（C 记 0.5 或 0 分）三个等级，每个任务满分为 10 分。此表可用于教师打分和学生互评。

学习情境 2　确定广告目标的内容

情景导入

小米手机广告解析

1. 公司介绍

　　小米公司是一家专注于高端智能手机自主研发的移动互联网公司，由前谷歌、微软、金山等公司的顶尖高手组建。

2010年4月6日，小米公司正式成立，并入驻银谷大厦。同年8月16日，MIUI首个内测版推出。2011年1月8日，公司因扩张迅速，迁至新址北京望京卷石天地大厦。公司成立以来，迅速发展，短短几年时间，小米公司已发展成为国内电子产品行业的领军企业，产品包括手机、移动电源、耳机、电视、平板电脑、小米盒子等。

2. 小米手机广告策略分析

（1）产品策略

概念营销指企业将市场需求趋势转化为产品项目开发的同时，利用说服与促销，提供近期的消费走向及其相应的产品信息，引起消费者关注与认同，并唤起消费者对新产品期待的一种营销观念或策略。

硬件配置是小米1手机最为瞩目的地方，作为国产乃至全球目前最强的双核智能手机（小米手机系统是基于安卓系统开发的自己MIUI系统），小米手机再次刷新了我们心目中的硬件高度，宣称是当时配置最高的手机。小米手机采用了高通MSM8260 1.5GHz双核处理器，与HTC G14的CPU相似，但是主频更高。内存方面是1GB RAM和4GB ROM，完全满足应用的需求。另外，屏幕方面采用的是夏普的4英寸屏幕，材质估计为ASV，分辨率是16:9的854×480，即FWVGA。该屏幕采用半透半反射结构，阳光下也可以看得清楚。摄像头方面，是800万像素的。而由前谷歌、微软、金山等公司的顶尖高手组建创造而成的手机让人眼前一亮，发现这不是以前的"山寨机"（中国手机用户调侃国产机为山寨机）。这些概念的灌输让人觉得小米手机值得拥有！

（2）定价策略

有了概念营销的小米手机又抛出了价格炸弹。价格是影响市场需求和购买行为的主要因素之一，直接关系到企业的收益。产品的价格策略运用得当，会促进产品的销售，提高市场占有率，增加企业的竞争力。反之，会使小米前途堪忧。

1999元的价格对于这款高配手机是绝对杀手锏。在定价时雷军强调成本并称小米将不赚钱，这个价格应该是没有再降价的空间，也不会考虑降价销售的。小米对自己的产品有足够强的信心和市场分析，他们的决策应该是有依据的。当然，随着发展，后面出现了降价最低是1299元的小米青春版（配置比小米1S略低），也出现了副作用，让人了解手机的暴利和小米并非没赚钱。

（3）推广策略

在推广上小米先从建立小米网站并开发了适用安卓系统的米聊软件扩大了小米这个品牌的知名度。高调地宣布要发布小米手机，为手机的开发人员和高配置做足了噱头。于是在手机发烧友的努力下，一时间关于小米手机的新闻、评测、拆机等报道一篇接一篇。

1）高调发布。千呼万唤始出来，犹抱琵琶半遮面。小米手机的创始人雷军凭借其自身的名声号召力，自称自己是乔布斯的超级粉丝，一场酷似苹果的小米手机发布会于2011年8月16日在中国北京召开。如此高调发布国产手机的企业，第一名小米当之无愧！这场高调发布会取得了众媒体与手机发烧友及年轻手机用户的关注。

2）工程机先发布属第一例。小米手机的正式版尚未发布，却先采用秒杀的形式出售工程纪念版。8月29～31日三天，每天200台限量600台，比正式版手机优惠300元。此消息一出，在网上搜索如何购买小米手机的新闻瞬间传遍网络。而且需8月16

日之前在小米论坛达到 100 积分以上的才有资格参与秒杀活动，销售给之前就已经关注小米手机的发烧友们，客户精准率非常高。小米手机这一规则的限制，让更多的人对小米手机充满了好奇，越来越多的人想买一台，而生活中如不知道小米手机也成了 out man （网络语是落伍的人意思）。

3）制造媒体炒作的话题。小米手机是偷来的这一传闻一直在传，小米方面也没有官方对这类传闻予以澄清或辟谣，引起了米粉与另一国产手机大户魅族支持者的口水战，这样小米又出现在网民的视线之内，也给小米手机蒙上了一层"神秘"的面纱！

4）饥饿营销。小米手机工程机的秒杀告一段落，没有资格参与活动的米粉们可是憋足了劲等待着 9 月 5 号的预订。开始传言小米手机正式版的预定限量 10 000 台，没有资格的限制。然后传言 9 月 5 号需要 500 积分的米粉才有资格预约。小米论坛里刷米的人都闹翻了天。小米手机的这个营销策略也非常酷似苹果的公关，苹果新产品上市之前的造势也是煞费苦心，消息总是遮一半露一半，这种半遮面和饥饿营销让媒体跟着跑，让果粉跟着追，然后在万众瞩目下发布新产品。而且在新产品发布之后，总是会出现货源不足的情况，让消费者买不到却反而挑起对购买的欲望。

（资料来源：http://wenku.baidu.com/link?url=3oVH9FHFyiZP3b6oO8r6o659CJ6P9qbJFta5PBS2ExX-Vtq_Wq4264CZNXFvjFdK6pfzBMrwLKEJTWImdGD6D1fwLugtOt1hgKq5SynVl7S）

思考：小米手机的饥饿营销是怎样与广告结合的？

🔮 知识储备

（一）广告目标的主要内容

企业在制订广告目标时，参考的主要内容有以下一些方面：

1）提高商品的知名度和认知度。

2）加强社会公众对企业和商品品牌的印象。

3）提高消费者对品牌的指名购买率。

4）维持和扩大广告品牌的市场占有率。

5）向社会公众传播企业和品牌、企业经营和服务的信息。

6）加强新产品的宣传，普及新产品知识，介绍新产品的独特之处。

7）纠正社会公众对于企业和品牌的认知偏差，排除销售上的障碍。

8）提高企业的美誉度，树立企业良好的形象。

9）对于人员推广一时难以达到的目标市场，进行事先广告宣传。

10）在销售现场进行示范性广告宣传，促使消费者缩短决策过程，产生直接购买行为。

11）通过广告宣传，增加产品使用的持续性，维持市场销售率或增加产品的销售。

12）劝诱潜在消费者到销售现场或展览宣传场所参观，以提高对产品的认知，增强购买信心。

13）以广告宣传扩大影响、造就声势，鼓舞企业员工尤其是推销人员的士气以提高工作的积极性和创造性。

14）创造市场，挖掘潜在市场目标。

15）创造流行，推进社会文化潮流的发展。

（二）制订广告目标的流程

1）根据市场及本企业的实际情况确定一系列广告目标指标，如品牌知名度、品牌理解度、品牌偏好率、品牌信任度、试用率、满意度等。

2）根据市场调查的结果分析品牌的优点和问题是什么。

3）分析问题产生的影响因素。

4）评估广告预算对广告目标指标的量化程度。

5）制订品牌广告目标。

任务演练

各公司相互评价广告目标，并分析案例中广告目标的体现。

任务评价标准与记录如表 4-2 所示。

表 4-2 任务评价标准与记录

评价内容与标准	1组	2组	3组	4组	5组	6组
资料搜集						
汇报课件						
汇报内容						
汇报效果						
创新体现						
合计						

重点记录：

注：评价内容一般分为五项，评价标准一般分为优秀（A记2分）、一般（B记1分）、不合格（C记0.5或0分）三个等级，每个任务满分为10分。此表可用于教师打分和学生互评。

学习情境 3 确定广告目标的方法

情景导入

《中国好声音》栏目冠名广告的作用效果分析

随着我国文化产业的发展，电视节目作为文化产业的重要分支，表现之一就是形式新颖、创新元素多及观众喜爱的电视节目近些年来源源不断。在近五年的电视节目创新过程中，《中国好声音》（现名《中国新歌声》）是其中不可多得的一颗闪耀的新星，不仅获得了同行的认同，而且也获得了观众的好评和喜爱，这从该节目播出以来收视率一路走高，也能窥见一斑。根据 CSM 的统计数据，《中国好声音》自播出以来，其收视率基本上保持在 3% 以上，成为 2012 年极为火爆的电视节目之一。《中国好声音》的火爆，也带动了该节目重量级的广告赞助商"加多宝"的火爆，其产品销量和品牌资产在节目播出期间，均出现大幅增长。加多宝电视广告主要集中在电视广告片、冠名广告、标版广告、赞助广告、植入广告。不同程度上利用了消费者感性和理性心理，使广告对其销量的提升和促使消费者对品牌形成良好认知产生了不可忽视的影响作用。而"加多宝"品牌在该节目中的表现形式主要是植入广告。

在好节目、好平台及好策划搭建完成的基础上，加多宝的顺势介入，在《中国好声音》中进行广告植入，进而取得了巨大的成功。加多宝的植入策略，主要采取如下几种节目广告植入策略。

第一是独揽性植入。所谓独揽性植入就是说，在一档电视节目中，广告植入的都是同一个公司或者产品，杜绝第三类产品或者厂商广告在节目中的出现，这样可以最大化占据广告资源，吸引消费者注意力，最大化广告效果，加多宝就采取了此种策略。《中国好声音》的冠名权、节目中出现的产品标识、主持人喊出的产品口号，都是加多宝。这充分体现了加多宝"狼性"的市场策略。这种策略还体现在虽然《中国好声音》广告植入费用不断走高，但是加多宝不惜砸下重金，连续获得节目的广告植入资源。

第二是全方位植入。节目中广告植入分为多种形式，包括节目的冠名权、节目中出现产品标识及主持人用语言说出产品名称等。加多宝采用的就是全方位植入广告的形式。所以，我们在《中国好声音》节目中可以发现冠名权、主持人广告播报、节目录制现场的装饰元素，都尽可能体现出加多宝的标识或者名称。这就是一种全方位的节目广告植入策略。

第三是合理化植入。电视节目是面向大众的文化产品，如何实现企业宣传和电视传播的巧妙结合并不容易，一旦结合不善，引起观众反感，会造成节目和广告商双输的局面。所以，在电视节目中植入广告，要从观众体验出现，以少损害乃至不损害观众观赏体验为条件，进行广告植入。加多宝在《中国好声音》中的广告植入，数量适当、植入巧妙，对于观看体验损害较小，植入广告较为合理。现在，中国凉茶市场，加多宝一家独大，这其中在《中国好声音》植入广告的作用，不容忽视。在销量上，加多宝已经七年保持凉茶销量第一的位置，借助于 2013 年的《中国好声音》节目，加多宝在中国凉茶市场占有率达到了 70.8%。这一数据，《中国好声音》植入广告功不可没。

（资料来源：http://wenku.baidu.com/link?url=QwysYrN8dVKH2UOE0tzL8bslKUsypyu0z1tKH9UUocng
Hd0BHkVyoLeUiZX3mRJd19XnbsmixwIE6Bi-KBlTY8JNFAg6kkO4KBdRJCykPSS）

思考：《中国好声音》的植入式广告特征都有哪些？效果如何？达到了什么营销目标呢？

知识储备

（一）制订广告目标的要求

1. 符合企业整体营销的要求

广告不是一项独立的活动，而是企业整体营销活动中的一项具体工作。所以，广告目标必须在企业的整体营销计划指导下做出。广告目标特别要反映出整体营销计划中的考虑重点，如广告发挥影响的范围、时限、程度等，以便使广告运动配合整体营销活动。

2. 清楚明确、可以被测量

因为广告目标将会成为广告主同广告公司之间相互协调的宗旨、一系列广告决策的准则及最后对广告效果进行测定的依据，所以广告目标不能够含含糊糊、模棱两可，使得人们可以对其肆意加以解释。对广告目标的确立要求清楚明确，可能还是一个容易实现的要求。要求广告目标可以被测量，就有一定的困难了。广告目标无法被测量，最大的缺点就是无法准确地评价广告的效果。因此，广告主应尽可能在广告运动规划之前，将广告运动的目标具体化，使得人们可以以一套公认的标准对其进行测量。当然可测量不一定是严格地要求广告目标定量化，而是要求广告目标具有可以明确进行比较的性质。前文中我们介绍的广告目标，只是一系列广告目标的趋向，广告主在将其定为真正的广告目标时，还要对其加以限定和具体化，使得其可以被测量。

3. 切实可行、符合实际

广告目标虽然主要由广告主来确定，但是因为广告活动是集团与个人相互协调的产物，所以这就要求广告目标必须切实可行、符合实际。也只有切实可行、符合实际的广告目标，才能保证广告运动的顺利进行。

4. 能够被其他营销部门接受

广告活动只是整体营销中的一个组成部分，为了配合整体的营销活动，广告目标就一定要让其他营销部门能够接受，这样才可以让广告运动同其他营销活动相互协调起来。

5. 要有一定的弹性

广告目标必须明确，只有这样才能够起到指导整个广告运动的作用。但是，正因为广告目标要指导整个广告运动，所以必须考虑环境的种种变化对广告运动的影响。广告运动为了更好地配合整体营销的进行，可能会做出适当的调整。而这样的调整，又应该是广告目标所能够允许的。因此，广告目标还应该具有一定的弹性。

6. 能够被化为一系列具体广告活动的目标

因为广告运动是由一系列具体的广告活动组成的，而每一项具体的广告活动又都需要一个具体的目标来指导，所以广告目标若要发挥其指导整个广告运动的作用，就要能够分解成为一系列广告活动的具体目标。而这些具体的广告目标的一一实现，将能够逐步使得总的广告目标实现。

（二）制订广告目标的方法

我们已经知道在广告影响与最终行为之间有许多中间变量，有些变量经过学者的研究并明确提出，形成一个广告金字塔。

按照受众对广告信息接收理解的过程，以及综合广告行为反映的几个变量，广告目标通常分为知晓、理解、信服、欲望、行动，如图 4-1 所示。

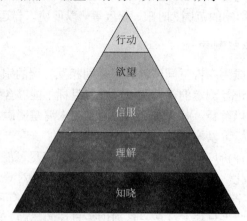

图 4-1　广告金字塔

第一层级是知晓，就是要让一些不知道的人认识到公司、产品或服务的存在，也叫品牌认知。

第二层级是理解，就是告知那些已经知道该产品存在的群体足够的信息，使他们全面了解产品的用途、特征、形象及在市场中的位置。理解是知晓的延伸。

然后是信服和欲望，信服和欲望确切地说是一种态度，与知晓和理解不同的是已具有一种明确的倾向性。

广告金字塔所涉及的相关因素体现在三个方面：时间、资金和人。因此，随着信息传播手段和市场背景的变化，对广告目标及其各种行为变量的表述的抽象性，尤其是整合营销传播观念的盛行，广告金字塔这种模式也逐渐显示出自己的不足。

任务演练

选择一则广告作品，利用广告金字塔来分析其目标的体现。

任务评价标准与记录如表 4-3 所示。

表 4-3　任务评价标准与记录

评价内容与标准	1组	2组	3组	4组	5组	6组
材料搜集						
汇报课件						
汇报内容						
汇报效果						
创新体现						
合计						

重点记录：

注：评价内容一般分为五项，评价标准一般分为优秀（A 记 2 分）、一般（B 记 1 分）、不合格（C 记 0.5 或 0 分）三个等级，每个任务满分为 10 分。此表可用于教师打分和学生互评。

任务二 制订广告营销策略

学习情境 1 制订广告产品策略

▶ 情景导入

关联定位，快速切入心智

商战的本质就是发生在顾客心智中的认知之战（即用一个更好的认知去对抗另一个认知），而不是产品之战（即用一个更好的产品对抗另一个产品）。尤其在当今这个产品高度同质化的时代，每个行业都充斥着数量众多的竞争者。可供选择的消息过多，使得消费者被迫对信息做简化、归类处理。而心智的有限性使得每个行业只会有少数几个品牌（通常不会超过七个）能获得消费者的选择。

所以，品牌只有尽快进入顾客心智，争夺顾客有限的心智资源，才能赢得竞争优势。

十几年前，蒙牛从"无工厂、无奶源、无市场"的小企业起步，一经问世便发出了"向伊利学习，为民族工业争气，争创内蒙古乳业第二品牌"的口号。短短几年间，蒙牛就成功跻身至国内乳业巨头的行列，成为行业老大，这与其成功实施关联定位策略是密不可分的。

当年，乳品市场中有多个品牌的产品，但多为模仿产品，并寄期望以低价促销手段来打动顾客。因为没有给顾客一个有价值的选择理由（除了低价），他们被看作跟风者而无法进入顾客心智。这样，就为后来者留下了进入心智的空当和机会。

蒙牛抓住了这一战略机遇期，通过与伊利相关联，提出"向伊利学习，争创内蒙古乳业第二品牌"的口号，以此借助伊利在心智中的高大地标，加强了顾客对自身品牌的关注，使自己迅速占领了顾客心智，成为顾客心智中的第二选择。

尽管初期的蒙牛在资本和渠道上与其他竞争企业相比也毫无优势可言，但蒙牛的"第二品牌"策略通过在顾客心智中注册，很快便使蒙牛这个名不见经传的后来者超越了众多竞争对手，赢得了顾客的选择。

倘若当时现实中的市场老二能意识到这点，趁蒙牛在努力"打造内蒙古第二品牌"时，针锋相对地推出"让我来告诉你谁是真正的内蒙古第二品牌"，哪里还会有蒙牛的今天？

蒙牛启示：与许多企业埋头于更好的品质、更好的技术等"产品之战"相比，蒙牛是用"认知之战"取得了最终的成功。在企业发展初期，关联定位不失为一个进入心智、借势发展的快捷途径。

（资料来源：http://blog.sina.com.cn/s/blog_6335d6750100lbik.html）

思考：
1）蒙牛的关联定位是怎样在消费者的心智中注册的？
2）是不是只有在乳制品行业才能用这种关联定位策略？

知识储备

产品策略是市场营销 4P 组合中最为基础的要素，是一切市场营销活动的根基和源泉。在广告活动中，广告的产品策略也是一切广告活动的基础。广告产品策略就是基于产品因素方面的考虑，而从事的广告活动。所处的立足点不同，可以采用的广告策略也不同。一般来讲，广告产品策略主要包括产品定位策略、产品生命周期策略、市场细分策略、目标市场定位策略。以下主要介绍产品定位策略和产品生命周期策略。

（一）产品定位策略

产品定位就是根据顾客对某种产品属性的重视程度，把企业的产品予以明确的市场定位，规定它应于何时、何地，对哪一阶层的消费者出售，以利于与其他厂家的产品竞争。

1. 功能定位

功能定位是突出产品的效用，一般表现在突出产品的特别功效与良好品质上。产品功能是整体产品的核心部分，事实上，产品之所以为消费者所接受，主要是因为它具有一定的功能，能给消费者带来某种利益，满足消费者某些方面的需求。如果产品具有与众不同的功能，那么该产品品牌即具有明显的差异优势。例如，汽车行业中，本田节油，沃尔沃安全，宝马操控有优越性；洗护用品行业中，飘柔使头发光滑柔顺，潘婷能为头发提供营养。又如来自泰国的红牛（Red Bull）饮料提出"累了困了，喝红牛"，强调其功能是迅速补充能量，消除疲劳。

2. 外观定位

产品外观是产品的外部特征，是产品的基本属性之一，会给消费者留下第一印象，而第一印象常常是消费者接受还是拒绝产品的重要依据。如果选择产品的外观作为品牌的基点，则会使品牌更具鲜活性。例如，白加黑感冒药将产品分为白、黑两种颜色，并改变了传统感冒药的服用方式。这两种全新形式本身就是该产品的一种定位策略，而白加黑名称又表达了品牌的形式特性的诉求点。日本上市一种饮料，将饮料瓶的外观设计成男性和女性的身体的形状，男性饮料瓶强壮有力，女性饮料瓶柔美婀娜，一经上市立即受到年轻人的热捧。

3. 利益定位

顾客购买产品就是因为产品能满足其某些需求，带来某种利益。利益定位就是将产品的某些功能和顾客的关注点联系起来，向顾客承诺利益点上的诉求，以突出品牌个性，获得成功定位。例如，"高露洁，没有蛀牙""保护嗓子，请选用金嗓子喉宝""怕上火，喝加多宝"等。

4. 价格定位

价格定位是使产品的价格定位在具有竞争力的位置上。当产品的品质、性能、造型等方面与同类产品十分相似，没有什么特殊的地方可以吸引消费者时，广告宣传便可以运用价格策略击败对手。常见的价格策略有高质高价、高质低价、低质低价。对企业来讲，在采用价格定位时，要避免让企业滑进价格战的旋涡。例如，纳爱斯的广告"只买对的，不买贵的"，就采用了高质低价的定位策略。

5. 逆向定位

逆向定位即借助于有名气的竞争对手的声誉来引起消费者对自己的关注、同情与支持，以便在市场竞争中占有一席之地的广告观念定位策略。大多数企业都以突出产品的优异性能的正向定位为方向。逆向定位则反其道而行之，利用人们同情弱者或喜欢诚实的心理，承认自己的不足之处，以唤起同情和信任的做法。例如，TCL 电子打出"国产电视三大名牌之一"，一下子就挤入消费者的视野；克莱斯勒汽车公司宣布自己是美国"三大汽车公司之一"，使消费者感到克莱斯勒和前两名一样，都是有实力的知名轿车，从而缩小了三大汽车公司之间的距离。

6. 产品类别定位

把产品与某种特定产品种类联系起来，以建立品牌联想，这种方法称为产品类别定位。产品类别定位的一种方法是告诉消费者自己属于某一类产品。例如，太平洋海洋世界定位为"教育机构"，海尔将自己定位为"中国家电民族品牌"；另一种方法是将自己界定为与竞争者对立或明显不同于竞争者的产品类别，如七喜定位为"非可乐"饮料；五谷道场将自己定位为非油炸方便面，打出广告语"非油炸，更健康"，将方便面市场分成了两个部分。

（二）产品生命周期策略

产品和人的生命一样，两样都有一个从出生到成长到成熟到衰老的过程。人在生命周期的不同阶段会面临不同的问题和境遇，产品也是一样。企业要在不同的产品生活周期内开展不一样的广告策略。

1. 引入期广告策略——开拓性广告策略

广告以提高产品的知名度、消费者认知度、使产品迅速进入市场为目的。广告诉求：集中于对该产品的全面宣传，培养出一批该产品的最早消费者——消费先驱。广告目标：能迅速提高该产品的知名度，瞬间打开该产品销路。广告发布：采用进攻型策略，选用信息传播速度快、影响大的媒介（如电视）发布广告，而且频率要高，采用全面而强烈的诉求点和诉求方式。

2. 成长期广告策略——劝服性广告策略

广告以劝说更多的消费者购买本产品、提高产品的市场占有率为目的。广告诉求：重点放在突出本产品优于其他同类产品的特性上，以使更多的潜在消费者知道该产品。广告目标：广告对象应主要针对社会上的大多数使用者，以便进一步扩大市场占有率。广告发布：除了选用原来所用的信息传播速度快、影响大的媒介以外，还可以选用告知功能较好的广播、报纸等，发布次数可以略少于上一个时期的发布频率。

3. 成熟期广告策略——提醒性广告策略

由于产品已经拥有比较稳定的消费者群体，而且消费者的消费习惯已经稳定，因此广告应该以提醒消费者持续购买为目的。广告诉求：着重放在品牌与产品形象的宣传上，诉求对象针对中期和中后期使用者。广告目标：在巩固原有市场规模的基础上进一步开拓竞争已经很激烈的新的市场。广告发布：发布频率可以保持在一定水平上，可以利用水平式的发布策略。

4. 衰退期广告策略

企业可以通过广告尽量维持现有的市场占有率，或者将广告重点转向其他更有潜力的产品。广告策略的重点可以放在宣传产品新的改良、新的用途及价格和售后服务方面，广告诉求对象应该是老用户和下一个周期的新用户。

任务演练

以小组为单位选择一个品牌和产品，为其不同生命周期阶段进行定位，并阐述自己的定位思路和结论。

任务评价标准与记录如表 4-4 所示。

表 4-4　任务评价标准与记录

评价内容与标准	1组	2组	3组	4组	5组	6组
项目选择						
汇报课件						
定位分析						
汇报效果						
创新体现						
合计						

重点记录：

注：评价内容一般分为五项，评价标准一般分为优秀（A 记 2 分）、一般（B 记 1 分）、不合格（C 记 0.5 或 0 分）三个等级，每个任务满分为 10 分。此表可用于教师打分和学生互评。

学习情境 2　制订广告市场策略

情景导入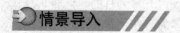

高露洁独树一帜的广告策略

高露洁在进入中国市场之前，曾花大力气做市场调查。调查发现，国内牙膏广告竞争激烈，但日趋同质化，诉求对象几乎都是中老年消费者，格调老式，广告表现手法也平淡无奇。针对这些弱点，高露洁采取了独树一帜的广告策略。

首先，高露洁风格鲜明，它都以少年儿童作为广告片的主角。高露洁为什么不以主要购买者——成年人作为广告主角，而"反其道而行之"呢？因为当时的牙膏广告，一个赛着一个比美女、比微笑、比洁白，让消费者心中生厌。高露洁采用迂回战术，打出了青少年牌，风格马上与国内大量雷同的牙膏区别开来，赢得了消费者观感上的好评。此外，高露洁想通过儿童来影响他们父母对牙膏品牌的选择。高露洁充分考虑了儿童对父母购买决策的影响，因此制作了以少年儿童为主角，适合广大儿童口味的广告。

还有一点就是，高露洁想让中国现在的一代儿童在"高露洁"的陪伴下成长。这些每天都刷高露洁牙膏的未来的一代，一旦建立了对高露洁的亲切感，培养了忠诚度，必将终身选择高露洁，并且影响他们的下一代子女，这样无形中又延续了这个品牌的生命周期。由此也可见高露洁野心之大。

高露洁广告一向以产品功能诉求为导向，这是它能立于不败之地的法宝之一。有则广告是这样的：一个慈祥亲切、知识渊博的牙医，在向孩子们讲述高露洁牙膏是如何以双层氟化物保护牙齿的，其中没有敷高露洁牙膏的白色贝壳在小槌轻敲时塌陷了一侧。恐怕大家对这个电视广告都有印象。高露洁为什么要设计这样一个"恐怖"广告？原因在于牙膏购买是一种经过深思熟虑、反复比较才确定的理性消费，而不是随意性很大的感性消费。牙膏广告应该就产品对保护牙齿、保健口腔有无实效展开诉求，而不是偏离该卖点去追求虚幻的事物。所以高露洁广告简洁平实，却具有很强的说服力。恰恰在这点上，国产牙膏广告却没有做到。

（资料来源：http://www.docin.com/p-1533896884.html）

思考： 高露洁广告是如何吸引消费者购买产品的？

知识储备

（一）广告目标市场定位策略

世界上最完美的人也没办法赢得每个人的尊重，得到每个人的认可。任何企业，无论其规模如何，生产出来的产品也不可能满足所有顾客的要求，而只能将产品销售到有限的一个或几个目标市场。企业的目标市场定位不同，销售策略也就不同，广告策略自然也有很大差别。

企业选择目标市场策略是在市场细分的基础上进行的。企业依据一定的细分标准将整个市场细分成许多的子市场，根据自身的能力和资源掌握情况，选择那些对自己的发展有潜力的子市场作为目标市场，然后依据目标市场的特点，制订企业的营销策略，并采取相应的广告策略。

广告的目标市场定位策略主要包括无差别市场广告策略、差别市场广告策略、集中市场广告策略。

1. 无差别市场广告策略

无差别市场广告策略就是企业面对整个市场，通过广告媒体做同一主题内容的广告宣传。这种广告策略运用各种媒体组合策略，宣传统一的广告内容，能迅速地提高产品的知名度，达到创牌的目的。同时，这一策略比较适合用于消费者需求差异不大的商品，或是产品处于投入期与成长期，竞争不明显，产品销量比较好的时候，也能较好地节省广告的设计和制作费用。例如，加多宝公司生产的加多宝凉茶饮料，连续多年市场销售量第一，其广告宣传大多只突出一个主题，"怕上火，喝加多宝"。

2. 差别市场广告策略

差别广告市场策略是指企业在一定时期内，在市场细分的基础上，运用不同的媒体组合，对不同的子市场或是不同的产品做不同主题的广告宣传。这种广告策略无论是在广告对象的选择上，还是在产品品质与外观特点的宣传上，以及广告设计的形式上，都具有很强的针对性。这种策略能够较好地满足不同消费者的需求，会更利于企业的广告目标的实现。一般来说，消费者需求差异较大的产品、处在成长期后期及成熟期的产品，以及竞争比较激烈的产品可以采用差别市场广告策略。

3. 集中市场广告策略

集中市场广告策略是企业把广告宣传集中在已细分的市场中的一个或几个目标市场的策略。此时，企业的目的不是在较大的市场中占有较小的市场份额，而是在较小的细分市场中占有较大的份额。采取集中市场广告策略的企业一般是本身资源有限的中小型企业，为了集中力量发挥优势，往往选择对自己有利的、有一定增长潜力的目标市场。

（二）广告的促销策略

广告促销策略是在一般营销策略的基础上，利用各种推销手段，在广告中突出表现消费者能在购买的商品之外得到其他利益，从而促进销售的广告方法和手段。广告促销策略是一种紧密结合企业的市场营销活动而采取的广告策略。广告的促销策略一方面是对企业营销活动的宣传和推广，另一方面则是借助广告媒体来促进产品的销售。

1. 馈赠型广告促销策略

馈赠型广告促销大致可分为赠券广告、赠品广告、免费试用广告等。

（1）赠券广告

利用报纸、杂志向顾客赠送购物券。报刊登载商店赠券，赠券周围印有虚线，读者沿虚线将赠券剪下即可持券到商店购物。赠券一般优惠供应商品。赠券广告的作用可概括为三个方面：第一，薄利多销。第二，提高商店和品牌知名度。第三，赠券吸引顾客到商店来，从而带动其他商品的销售。例如，广州长隆水上乐园每到暑假就会通过报纸向读者赠送打折券，读者将该打折券沿虚线剪下，就可按照一定的折扣购票游玩。

（2）赠品广告

将富有创新意识与促销商品相关的广告小礼品，在较大范围选择时机赠送给消费者,从而引起轰动效应,促进商品的销售。例如,可口可乐公司制作一种印有"Cocacola"字样的小型红色手摇广告扇,选择亚运会时机,赠送给观众,顿时观众席上成了一片"Cocacola"的红色海洋,极大促进了商品销售,而每把手摇扇的成本只有0.2元。

（3）免费试用广告

将商品免费提供给消费者,一般让消费者在公众场合试用,以促进商品宣传。

2. 直接型广告促销策略

直接型广告促销大致可分为上门促销广告和邮递广告两种。

（1）上门促销广告

上门促销是促销人员不在大众媒体或商店做广告,而是把商品直接送到用户门口,当面向用户做产品宣传,并给用户一定的附加利益的一种促销方法。这种促销广告能及时回答顾客的问题,解除顾客的疑虑,直接推销产品。

（2）邮递促销广告

邮递促销是促销人员在促销期间将印有"某商品折价优惠"或"请君试用"等字样,并备有图案和价目表之类的印刷品广告,通过邮局直接寄到用户家中或工作单位的一种促销方法。为了减少邮递促销广告的盲目性,企业平时要做经常性的资料收集工作,掌握用户的姓名、地址和偏好,双方保持一定形式的联系,提高用户对企业的信任感。例如,广州巧虎婴幼儿用品公司在官方网站上设立免费申请试用专栏,消费者申请免费试用后,公司就通过邮寄的方式将相应商品及公司产品信息的印刷品快递到消费者手中。

3. 示范型广告促销策略

示范型广告促销大致可分为名人示范广告和现场表演示范广告。

（1）名人示范广告

名人示范广告是指让社会名人替商品做广告。企业通过社会名人使用自己的产品或者请名人作为代言人,为公司的产品做宣传。

（2）现场表演示范广告

现场表演示范广告是指选择特定时间和地点,结合人们的生活习惯,突出商品的时尚功效,做公开场合示范表演。例如,在一些大型车展上,汽车生产厂商都会安排一些车型的表演环节,如 SUV 爬坡试验、涉水、漂移等,让观众来了解汽车的性能,以达到宣传、促销的目的。

4. 集中型广告促销策略

利用大型庆典活动、赞助公益事业、展销会、订货会、文娱活动等人群集中的场合进行广告宣传,就是集中型促销广告,其广告形式多种多样。

5. 线上广告促销策略

在现代的社会中,网络已经成为人们无法离开的工具,网上购物也早已不是什么新鲜事,线上广告促销策略已经从一个小的偏门发展成为一个完整的学科体系。

6. 社交媒体广告策略

利用网络社交媒体（如微博、微信、QQ 等）进行营销是现在很多中小企业采取的办法，其以成本低、能够锁定目标客户、交互性强、信息反馈完整等多种传统营销办法所不具备的优势为企业所欢迎。

任务演练

小组以某个品牌或产品为例，讨论如何将广告和营销结合起来？阐述你的策划思路。任务评价标准与记录如表 4-5 所示。

表 4-5 任务评价标准与记录

评价内容与标准	1组	2组	3组	4组	5组	6组
项目选择						
项目策划						
汇报课件						
汇报效果						
创新体现						
合计						

重点记录：

注：评价内容一般分为五项，评价标准一般分为优秀（A 记 2 分）、一般（B 记 1 分）、不合格（C 记 0.5 或 0 分）三个等级，每个任务满分为 10 分。此表可用于教师打分和学生互评。

任务三 制订广告实施策略

学习情境 制订广告的时间和频度策略

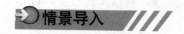

景田百岁山的凄美广告

景田实业集团始建于 1992 年，是中国瓶（桶）装水生产企业之一。由包括北京景田食品饮料有限公司在内的八家分公司、28 条现代化生产线、2300 余名在册员工共同组成了年营业额 3.1 亿元、利税 2200 万元、总资产近 4 亿元的景田实业集团（集团总部坐落于深圳）。公司在全球拥有 200 多家分销商，产品远销美国、加拿大、俄罗斯、新加坡、马来西亚、澳大利亚、中国香港、中国澳门、马绍尔群岛等国家和地区，是中国水行业中矿泉水出口量较大、发展速度较快的企业之一。在景田实业集团成长的过程中，百岁山的那则水中贵族的广告给很多人留下了深刻的印象，也使景田实业集团成长壮大。

很多消费者表示一直没看懂百岁山的广告。虽然广告画面唯美、格调雅致，但是看不懂广告讲述的故事情节。没想到广告讲述的是这样一个凄美的爱情故事：

1650 年，斯德哥尔摩的街头，52 岁的笛卡儿邂逅了 18 岁的瑞典公主克里斯汀。那时，落魄、一文不名的笛卡儿过着乞讨的生活，全部的财产只有身上穿的破破烂烂的衣服和随身所带的几本数学书籍。生性清高的笛卡儿从不开口请求路人施舍，他只是默默地低头在纸上写写画画，潜心于他的数学世界。

一个宁静的午后，笛卡儿照例坐在街头，沐浴在阳光中研究数学问题。突然，有人来到他身旁，拍了拍他的肩膀，"你在干什么呢？"扭过头，笛卡儿看到一张年轻秀丽的脸庞，一双清澈的眼睛如湛蓝的湖水，楚楚动人，长长的睫毛一眨一眨的，她就是瑞典的小公主，国王最宠爱的女儿克里斯汀。

她蹲下身，拿过笛卡儿的数学书和草稿纸，和他交谈起来。言谈中，他发现这个小女孩思维敏捷，对数学有着浓厚的兴趣。

几天后，他意外地接到通知，国王聘请他做小公主的数学老师，满心疑惑的笛卡儿跟随前来通知的侍卫一起来到皇宫，在会客厅等候时，他听到从远处传来银铃般的笑声。转过身，他看到了前几天在街头偶遇的女孩子，慌忙中，他赶紧低头行礼。

从此，他便当上了公主的数学老师。

公主的数学在笛卡儿的悉心指导下突飞猛进，他们之间也开始变得亲密起来。在笛卡儿的带领下，克里斯汀走进了奇妙的坐标世界，她对曲线着了迷。每天的形影不离也使他们彼此产生了爱慕之心。

在瑞典这个浪漫的国度里，一段纯粹、美好的爱情悄然萌发。

然而，没过多久，他们的恋情传到了国王的耳朵里，国王大怒，下令马上将笛卡儿处死。在克里斯汀的苦苦哀求下，国王将他放逐出国，公主被软禁在宫中。

当时，欧洲大陆正在流行黑死病。身体孱弱的笛卡儿回到法国后不久便染上重病。在生命进入倒计时的那段日子，他日夜思念公主，每天坚持给她写信，盼望着她的回音。然而，这些信都被国王拦截下来，公主一直没有收到他的任何消息。

在笛卡儿给克里斯汀寄出第十三封信后，他永远地离开了这个世界。此时，被软禁在宫中的小公主依然徘徊在皇宫的走廊里，思念着远方的情人。

这最后的一封信上没有写一句话，只有一个方程式：$r=a(1-\sin\theta)$。

国王看不懂，以为这个方程里隐藏着两个人不可告人的秘密，遍把全城的数学家召集到皇宫，但是没有人能解开这个函数式。他不忍看着心爱的女儿每天闷闷不乐，便把这封信给了她。拿到信的克里斯汀欣喜若狂，她立即明白了恋人的意图，找来纸和笔，着手把方程图形画了出来，一个心形图案出现在眼前，克里斯汀不禁流下感动的泪水，这条曲线就是著名的"心形线"，如图 4-2 所示。

（资料来源：http://tieba.baidu.com/p/3672066256）

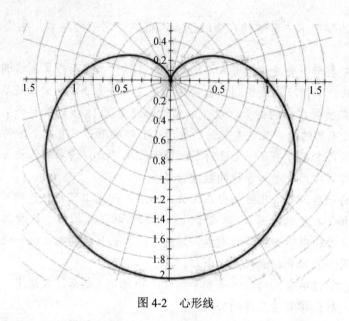

图 4-2 心形线

思考：景田百岁山的广告策略成功的主要原因是什么？

知识储备

（一）广告时间策略

广告的时间策略就是企业针对不同的媒体组合，根据目标受众接受信息的规律对广告发布的时间和频度做出统一的、合理的安排。广告时间策略的制订要视广告产品的生命周期阶段、广告的竞争状况、企业的营销策略、品牌长远战略等多种因素的变化而灵活运用。一般而言，即效性广告要求发布时间集中、时限性强、频度起伏大。迟效性广告则要求广告时间发布均衡、时限从容、频度波动小。广告的时间策略是否运用得当，对广告的效果有很大影响。

广告的时间策略在时限运用上主要有集中时间策略、均衡时间策略、季节时间策略、节假日时间策略四种。

1. 集中时间策略

集中时间策略主要是集中力量在短时期内对目标市场进行突击性的广告攻势，其目的在于集中优势，在短时间内迅速造成广告声势，扩大广告的影响，迅速提高产品或企业的声誉。这种策略适用于新产品投入市场前后、新企业开张前后、流行性商品上市前后，或在广告竞争激烈时刻，以及商品销售量急剧下降的时刻。这种策略存在一个产品广告曝光频度的最低限度，低于这一限度的广告完全达不到广告的目的。同时还有一个最高限度的存在，高于该限度则无助于加强广告目标，比较集中的投放会比较少浪费资源。

2. 均衡时间策略

均衡时间策略是有计划地反复对目标市场进行广告的策略，其目的是通过持续地加深消费者对商品或企业的品牌印象，来达到企业长期的品牌资产的累积。保持在消费者的记忆中，挖掘市场潜力，扩大商品的知名度。在运用均衡广告策略时一定要注意使用媒体的变换及广告表现的变化，不断给人以新鲜感，而不要长期地重复同一广告内容，广告的频度也要疏密有致，不要给人以单调感。这一广告策略，主要运用于一些在市场中有一定知名度的产品，主要是以保牌为主要目标的企业。

3. 季节时间策略

季节时间策略主要用于季节性强的商品，如保暖内衣和饮料等一般在销售旺季到来之前就要开展广告活动，为销售旺季的到来做好信息准备和心理准备。在销售旺季，广告活动达到高峰，而旺季一过，广告可停止也可做一些少量的投放，少量投放可以保持消费者的品牌记忆和提高消费者品牌忠诚度。这类广告策略要求掌握好季节性商品的变化规律。过早开展广告活动会造成广告费的浪费，而过迟则会延误时机，直接影响商品销售。

4. 节假日时间策略

节假日时间策略是零售企业和服务行业常用的广告时间策略。一般在节假日之前数天便开展广告活动，而节假日一到，广告即告停止。这类广告要求有特色，把品种、价格、服务时间及异乎寻常之处的信息突出地、迅速地告诉消费者。

(二) 广告频度策略

广告频度是指在一定的广告时期内发布广告的次数，在策略上可根据实际情况需要，交替运用固定频度和变化频度的方法。

1. 固定频度策略

固定频度策略是均衡广告时间常用的时间频度策略，其目的在于实现有计划的持续广告效果。固定频度法有两种时间序列：均匀时间序列和延长时间序列。均匀时间序列的广告时间按时限周期平均运用。例如，时间周期为五天，则每五天广告一次；若为十天，则每十天广告一次，以此类推。延长时间序列是根据人的遗忘规律来设计的，广告的频度固定，但时间间隔越来越长。

2. 变化频度策略

变化频度策略是广告周期里用各天广告次数不等的办法来发布广告。变化广告频度可以使广告声势适应销售情况的变化。常用于集中时间广告策略、季节与节假日广告时间策略，以便借助于广告次数的增加，推动销售高潮的到来。变化频度策略有波浪序列型、递升序列型和递降序列型三种方式。波浪序列型是广告频度从递增到递减，又由递减到递增的变化过程，这一过程使广告周期内的频度由少到多，又由多到少，适用于季节性和流行性商品的广告宣传。递升序列型则是频度由少到多，至高峰时戛然而止的过程，适用于节日性广告。递降序列型是广告频度由多到少，由广告高峰跌到低谷，在最低潮时停止的过程，适用于文娱广告、企业新开张或优惠酬宾广告等。

上述各种广告时间策略可视需要组合运用，如集中时间策略与均衡时间策略交替使用，固定频度与变化频度组合运用等。广告时间策略运用得法，既可以节省广告费，又能实现理想的广告效果。这是广告策略中极为重要的一环。

任务演练

以小组为单位制订广告实施策略，并充分阐述你的理由。

任务评价标准与记录如表 4-6 所示。

表 4-6　任务评价标准与记录

评价内容与标准	1组	2组	3组	4组	5组	6组
研讨过程						
汇报文本						
汇报内容						
汇报效果						
创新体现						
合计						

重点记录：

注：评价内容一般分为五项，评价标准一般分为优秀（A 记 2 分）、一般（B 记 1 分）、不合格（C 记 0.5 或 0 分）三个等级，每个任务满分为 10 分。此表可用于教师打分和学生互评。

项 目 总 结

广告策略是为实现广告目标服务的，广告是指所有的广告活动最终指向的结果。它的宗旨是为企业传播品牌信息，使企业销售有上升的趋势。它只对品牌资产（上升还是下降）负责，而不对具体的销售量负责。

制订广告目标的要求：要配合营销目标；清楚明确，可以被测量；具有可操作性；容易被其他部门接受；利于滚动性；要有一定的系统性。

制订广告目标的流程：根据市场及本企业的实际情况确定一系列广告目标指标；根据市场调查的结果分析品牌的长处和问题是什么；分析问题产生的影响因素；评估广告预算对广告目标指标的量化程度；制订品牌广告目标。

广告策略是将产品和服务所有的购买者利益，以有效的方法与步骤，传达给目标市场，以促进销售的最高指导原则。

广告策略的重点：Who（向谁说）；What（说什么）；How（如何说）。

广告策略的作用：是广告目标和经营目标实现的有力保障；是完成广告规划的基础

条件；是决定广告效果的关键。

广告策略原则：目标原则、产品原则、受众原则、传播原则、传递信息原则、投放时机原则。

广告策略类型：广告产品策略、广告市场策略、广告媒介策略、广告实施策略。

检 测 练 习

一、单项选择题

1. 突出产品的效用的定位是（   ）。
   A．功能定位　　　　B．外观定位　　　　C．利益定位　　　　D．价格定位
2. 将产品的某些功能和顾客的关注点联系起来，向顾客承诺利益点上的诉求，以突出品牌个性，获得成功定位的方法是（   ）。
   A．功能定位　　　　B．外观定位　　　　C．利益定位　　　　D．价格定位
3. 把产品与某种特定产品种类联系起来，以建立品牌联想，这种方法称为（   ）。
   A．功能定位　　　　B．类别定位　　　　C．利益定位　　　　D．价格定位
4. 企业通过社会名人使用自己的产品或者请名人做代言人，为公司的产品做宣传，用的广告促销策略是（   ）。
   A．馈赠型广告促销策略　　　　　　B．直接型广告促销策略
   C．集中型广告促销策略　　　　　　D．示范型广告促销策略
5. 要想实现有计划的持续广告效果，应该采取的策略是（   ）。
   A．固定频度策略　　　　　　　　　B．变化频度策略
   C．季节时间策略　　　　　　　　　D．节假日时间策略

二、多项选择题

1. 广告目标的类型有（   ）。
   A．提供信息　　　B．诱导购买　　　C．提醒使用　　　D．促进销售
2. 导入期广告策略主要有（   ）。
   A．提高知名度　　　　　　　　　　B．提高传播速度
   C．消费者认知　　　　　　　　　　D．使产品迅速进入市场
3. 广告目标市场定位策略包括（   ）。
   A．统一市场策略　　　　　　　　　B．无差别市场广告策略
   C．差别市场广告策略　　　　　　　D．集中市场广告策略
4. 广告时间策略包括（   ）。
   A．集中时间策略　　　　　　　　　B．均衡时间策略
   C．季节时间策略　　　　　　　　　D．节假日时间策略

5. 完整的广告策略包括（　　　）。

A. 市场策略

B. 定位策略

C. 时间策略

D. 广告促销策略

三、简答题

1. 制订广告目标的流程是怎样的？

2. 产品四个生命周期的广告策略有何不同？

实 训 项 目

【实训名称】中学生交通安全广告实施策略。

【实训目的】

1）了解学生对广告及广告目标的理解和掌握。

2）锻炼学生对广告目标和广告目标策略制订的能力。

3）强化学生的交通安全意识。

4）培养学生掌握制订广告实施策略的能力。

【实训材料】近年来，交通事故已经成为危害人类生命安全的第一杀手，每年死于交通事故的人数达 11 万人。学生已经成为交通事故较受危害的群体之一，通过这一次的广告实训活动，一方面锻炼、培养学生制订和实施广告策略的能力；另一方面，加强学业生的交通安全意识，让车祸远离学生群体。

【实训要求】

1. 任务准备

1）全班分成若干组，每组成员 6～7 人，要求各组成员的实力水平要大致相当。

2）各组成员中要有善于用办公软件的同学，有具有领导能力的同学。

3）选出一名组长作为整个团队的领导核心。

2. 任务布置

1）各组在进行此次实训之前，要按照实训的要求，制作广告实施策划书。

2）第一阶段，在两周的时间里，各组同学在组长的带领下，制作一则以中学生交通安全为主题的广告。

3）第二阶段，在接下来一周的时间里，各组同学将自己组的交通公益广告拿到学校的各个班进行宣传展播。展示过程中各组要对展示的情况进行拍照保存。

4）第三阶段，在各班展示结束后，将自己组所展示的班级的照片，制作成 PPT 对整个活动进行总结。

3. 任务展示

1）作业展示之前各组组长代表本组抽签，决定展示顺序。

2）展示时，每组要派一位同学进行讲解。

3）每位同学发一张评分表，不给自己组评分。

项目五 广告创意

项目内容

1. 知识目标

1）掌握广告创意的含义、基本原理和方法。
2）掌握广告创意的来源和基本依据。
3）掌握广告文案的撰写技巧。

2. 技能目标

1）能够分析广告作品的创意。
2）能够应用广告创意的方法和过程来进行广告创意。
3）针对不同需求能够创意出不同风格的广告表现。
4）能够阐述广告创意的特征和原则。
5）能够撰写有创意的广告文案。

3. 过程与方法

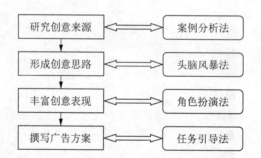

4. 职业素养目标

激情、恒心。

任务一 认知广告创意

学习情境 1 广告创意概述

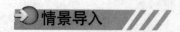 情景导入

是时候红牛了

21 年前，风靡全球的红牛饮料来到中国，在中央电视台春节联欢晚会上首次亮相，

一句"红牛来到中国"广告语，从此中国饮料市场上多了一个类别叫作"能量饮料"，金色红牛迅速在中国刮起畅销旋风。

红牛功能饮料源于泰国，至今已有 50 年的行销历史，产品销往全球多个国家和地区，凭借着强劲的实力和信誉，"红牛"创造了奇迹。作为一个风靡全球的品牌，红牛在广告宣传上的推广也极具特色。

红牛饮料广告具有以下创意特点。

1. 独特性

红牛是一种维生素功能型饮料，主要成分为牛磺酸、赖氨酸、B 族维生素和咖啡因（含量相当于一杯袋泡茶）。红牛功能饮料科学地把上述各种功效成分融入产品中，与以往普通碳酸饮料不同。从推广之初，就将产品定位于需要补充能量的人群。

"汽车要加油，我要喝红牛"，产品在广告宣传中就将功能性饮料的特性：促进人体新陈代谢，吸收与分解糖分，迅速补充大量的能量物质等优势，以醒目、直接的方式传达给诉求对象。让大家通过耳熟能详、朗朗上口的广告语，接受"红牛"作为功能性饮料能够提神醒脑、补充体力、抗疲劳的卓越功效。

2. 广泛性

红牛适合于需要增强活力及提升表现的人士饮用。特别适合长时间繁忙工作的商务人士、咨询服务业人士、需要长时间驾驶的专业司机、通宵达旦参加派对的休闲人士、正在进行运动或剧烈运动前的运动爱好者和需要保持学习状态的大中学生。目标对象较为广泛，供不同职业、不同年龄段的人饮用。

3. 树立品牌形象，注重本土化

红牛初来中国时，面临的是一个完全空白的市场。引用营销大师的观点来说，那是一片彻底的"蓝海"。因为当时中国市场的饮料品牌并不多，知名的外来饮料有可口可乐和百事可乐，运动类型饮料有健力宝，几大饮料公司广告宣传力度都非常强，各自占据大范围的市场。红牛饮料要想从这些品牌的包围中迅速崛起，不是一件容易的事情。

因此，红牛饮料"中国红"的风格非常明显，以本土化的策略扎根中国市场。公司在广告中宣传红牛的品牌时，尽力与中国文化相结合。这些叙述固化在各种宣传文字中，在色彩表现上以"中国红"为主，与品牌中红牛的"红"字相呼应，从而成为品牌文化的底色。中国人万事都图个喜庆、吉利，因而红红火火，越喝越牛。这正体现了红牛饮料树立品牌形象的意图，了解中国市场消费者的购买心理后，将红牛自身特点与中国本土文化结合的完美体现。

4. 多媒体、大冲击、深记忆

红牛在 1995 年春节联欢晚会之后的广告上首次出现，以一句"红牛来到中国"告知所有中国消费者，随后红牛便持续占据中央电视台的广告位置，从"汽车要加油，我要喝红牛"到"渴了喝红牛，累了困了更要喝红牛"，在大量黄金时间进行广告宣传轰炸，并以平面广告配合宣传，红牛在短短的一两年里，让汽车司机、经常熬夜的工作人员、青少年运动爱好者，都成为其忠实消费群体。红牛一举成名，给中国消费者留下很深的记忆。后来出现了大量模仿甚至假冒红牛的饮料，如蓝狮、金牛、红金牛、金红牛等。

5. 一句广告词，响彻十余年

一个来自泰国的国际性品牌——红牛，以功能性饮料的身份挟着在当时看来颇为壮观的广告声势向人们迎面扑来。一直以来，"困了累了喝红牛"这句带有明确诉求的广告语惹得人们对红牛不得不行注目礼。

特别是在强度非常高的电视广告中，一个又累又困的人喝下一罐红牛后，顿时精神百倍，活力倍增。同时，红牛不断地在向消费者强调红牛世界第一功能性饮料品牌的身份。"功能性饮料""世界第一品牌""来自泰国"，这些惹眼的字样，加上夸张的电视广告表现，一时间人们对红牛不仅"肃然起敬"，又感到十分神秘。

广告创意中，红牛的宣传策略主要集中在引导消费者选择的层面上，注重产品功能属性的介绍。由于当时市场上的功能饮料只有红牛这一个品牌，因此红牛在宣传品牌的同时要用最简单的广告语来告知消费者功能饮料的特点——在困了累了的时候，提神醒脑，补充体力。

(资料来源：http://www.admaimai.com/zhuanti/Detail16761.htm)

思考：就这样一句简单、明确的广告语让消费者清晰地记住了红牛的功能，也认可了红牛这个品牌。此广告的创意是如何做到如此有效的？

知识储备

（一）广告创意

1. 广告创意的含义

在所有的广告中，85%的广告是隐形的，另外 14%是烂广告，只有 1%是好广告，正由于这样，大部分的广告创意对消费者来说都是差不多的，广告效果简单来说可以用以下公式表达：广告效果＝创意×媒体。假如大部分创意大同小异，那么如何运用媒介便会直接影响广告效果。

广告创意是为了确立和表现广告主题而进行的一种创造性思维活动。也可以说，广告创意就是使广告传播达到广告目的的富有创造性的主意或新奇的点子。有创意的广告具有很强的吸引力和感染力，在激烈竞争中处于有利地位。

广告创意贯穿广告策划的全过程，它是通过构思形成的新颖而富有吸引力的广告创作意念。广告创意实质上是根据产品市场、目标消费者、竞争对手等情况制订的广告策略，寻找一个说服目标消费者的理由，并根据这个理由通过视、听表现来影响目标消费者的感情和行为。

创意体现在广告创作活动中就是广告创意。由于对创意的不同见解，对广告创意的认识也有诸多看法。例如，广告创意是构思，广告创意是创造性主意，广告创意是一种复杂的脑力劳动，广告创意是一种控制性工作等。日本电通公司则认为广告创意是为了消费者更容易接受广告所发出的信息的一种表达技巧。实际上，不论哪一种认识，广告创意都是与广告创作联系在一起的。广告创意首先应该明确广告向谁进行诉求，接着要考虑广告的诉求内容，在此基础上再设想如何来表现这些内容。

从广义上理解，广告创意是根据市场、商品、消费者等多方面的情况，根据广告目标的要求，把广告传播内容变为消费者易于接受的表达艺术。从狭义的方面来看，广告创意就是一个意念、一种技巧、一个新的组合手段。这更多的是从广告创意的形式上来认识的。形式固然重要，但是需要服从于内容。广告各种表现技巧的运用，各种语言文字及非语言文字符号的组合，又必须建立在市场、营销、商品和消费者特征的基础上，为实现广告目标服务。不少广告创作人员往往比较注重广告创意的形式，过分显现主观意识，追求广告的表现方法，甚至到了广告受众不知所云、百思不得其解的地步，这是本末倒置的做法，这种创作毫无价值。

广告创意从动态来看，是指广告人员在对市场、产品和目标消费者进行市场调查分析的前提下，根据广告客户的营销目标，以市场策略为基础，把抽象的产品诉求概念予以具象而艺术的表现的创造性的思维活动。

2. 创意对广告的影响力

1）广告创意提升了产品与消费者的沟通质量。
2）广告创意降低了资讯传播成本。
3）广告创意有助于品牌增值。
4）广告创意提升了消费者的生活审美。

3. 广告创意与艺术创作的区别

广告创意不同于纯艺术创作，它是一种目的性很明确的信息创作，通常是广告人集体智慧的结晶。因此，它必须服从广告目标和广告策略，在此前提下，展开思考与联想，确定广告的表现方针，如广告诉求重点、信息的传播方法、说服的方式、技巧等。广告创意从根本上说是一种商业行为，它的功能是传达信息，目的是促进销售，使用的手段是艺术。因此，广告创意有自己的创意形态、创作方法，不能照搬艺术创作。

广告也是一种艺术。广告艺术属于实用艺术类，属于现代设计范畴和领域。它不是一种"纯"艺术。把广告艺术与纯艺术加以区别，对于进一步认识广告艺术的特点，以及广告艺术创作和制作具有重要意义。

纯艺术是上层建筑的一个组成部分。但广告由于它的目的、手段、服务与作用对象的特殊性，决定了它不完全属于上层建筑。广告的创作与表现都是为了推动商品销售，最终获得利润。或者说，广告艺术只是一种盈利的手段，即它是经济基础的一部分。但是，广告艺术具有艺术所特有的性质，即在意识形态上的创造活动，所以它又是上层建筑的一部分。所以，我们认为广告艺术是艺术与经济、艺术与科学技术的结合，它同时涉及精神文明与物质文明，是介于上层建筑与经济基础之间的一种形态。

纯艺术作品是以艺术家个人的心理感受为特点的，而广告作品是以广告目标对象的心理特征，以他们的感受为起点的。

艺术作品一般都是艺术家有"感"而发，作品的个性与风格是与艺术家的心理特点、个人的长期艺术修养、个人的经历与性格及特定环境下的特定感受等相关的；而广告艺术作品的个性与风格首先体现为企业与商品的个性与风格，以及广告对象的个性与风格。它不是也不应是广告创作者（有时为一个群体）的个性与风格。虽然广告创作者本身也是一个消费者，但是，任何个人的心理感受都具有一定的特殊性。在广告创作中，绝不能简单地以个人的心理感受代替特定消费者群对商品的感受。正如广告思想家李奥·贝纳所说："如果你不能把你自己变成你的顾客，你几乎不应该干广告这一行。"

艺术家创作的是他有感受的艺术作品，对于那些他不感兴趣的事物可以不去理会。但是广告创作者却不能这样，或在大部分情况下不是这样的。对于广告主委托的广告创作，不管创作者是否当时已有感受，它首先是被当作一项"任务"接下来的。因此，他在创作对象选择上的自由性远远小于艺术家。这也决定了必须把市场调查研究、资料的收集整理作为广告创作的"前奏曲"，广告创作人员要到这些资料中去找"感觉"，去发挥他的创造性，找不到感觉是不可能创造出优秀的广告作品的。

4. 广告与社会文化存在的关联

广告除了对商家自身的宣传外，还会带动消费，这要看商家做广告的目的是什么。商家要是宣传自己也就是我们所说的形象广告，这种广告是为了在消费者心里建立一个良好的企业形象，在消费者心里造成潜在消费的影响。这种类型的商家大多重视售后服务，这种广告对社会来说就会是一种良性的影响，它会使消费者更加理性地消费。商家要是只做单纯的产品促销广告，那么追求的就是利益，销量才是商家在乎的，这种广告用的欺骗性广告较多，会引导消费者盲目消费，对社会就会是恶性的影响。

5. 广告创意在中国的发展

我国最古老的广告形式是由口头叫卖、吆喝声逐渐发展而形成的各种形式的销售现场广告，现藏于中国历史博物馆的北宋济南刘家功夫针铺的雕刻铜版，是世界上迄今发现的最早的印刷广告物。在 1853 年，由英国传教士在香港发行并销售到广州、上海等地的《遐迩贯珍》刊物，首先利用刊物兼办广告业务。而在 1858 年，在香港出版的《孖剌报》，增出中文版《中外新报》，最早刊登了商业广告。在 1927 年，上海有六家广告社组织成立"中华广告公会"，这是我国广告行业的最早组织。

1979 年初，中国广告恢复全面启动，这足以说明 1979 年是中国的广告元年。1979 年 1 月 28 日，上海电视台在电视上播出"上海电视台即日起受理广告业务"的幻灯片，继而播出中国电视广告史上的首条商业广告：参桂补酒。在同一年里，《文汇报》恢复了中国报纸广告，中央电视台首次播出外商广告——西铁城手表，《人民日报》开始刊登广告，这是一个重大的突破。1979 年 12 月 20 日，北京市各处出现商业广告路牌，开始有了户外广告。

这些都是过去中国广告的状态，现今当然已经变样了，在各方面都有很大的突破。现在的平面广告发展较快，国内广告人吸取外国专业创作方式，以自己独特的思维，融入中国元素，因此创造出更有创意的平面广告作品，与国外作品不相上下，各有各的风格。在平面这一块，我国广告者表现出色，有不少广告获得好评，特别是公益广告，平面类的效果很好，反响很热烈。

21 世纪头五年，广播广告在整个广告市场是一个亮点，呈现高速增长的局面。平均年增长幅度也分别高于整体广告、四大传统媒体、电视、报纸的平均年增长幅度。不过，现在的很多广播广告未必真正上升到了艺术的水平，它的创意确实难以表现，毕竟广播仅靠声音来传达信息，因此广播广告的形象表现能力不及其他的媒体。特别是在音效、配乐、配音、制作等方面的条件不是很至臻至美的情况下，如同绘画一样，难以创造出好的创意应用于广播广告，就表明它的潜力越大。

现在国内就有相当一部分的电视广告俗不可耐，每年都有十大恶俗广告的评选，如脑白金的"今年过节不送礼，送礼就送脑白金"排在首位，黄金搭档也是如此。相对而言，国外就有很多层出不穷的广告创意运用在电视广告上，每一次创意广告的评选，都会让人有新的惊喜，效果也相当不错。由此可见，在电视广告的创意上中国远远不如国外，这也表明中国在电视广告的创意上可以有更广阔的发展空间。

我国网络广告的创意、理念、模式的创新并不明显。在我国，某些老套的浮游式广告、弹出式广告仍是主流，诱惑式、强迫式的网络广告就是其中的典型。对广告投放商的长远发展来讲，采用诱惑式、强迫式的网络广告绝不是明智之举。

随着网络技术的不断发展与成熟，网络广告的创意也趋于多样化、复杂化。它实现了许多传统媒体广告创意不能实现的梦想。网络广告创意依据互联网这个特殊媒体的特点，将广告的创意发挥得淋漓尽致。由此可见，网络广告创意的迅猛发展提升了创意在网络广告中的价值，改善了网络广告创意的现状，指明了网络广告创意存在的问题。

总的来说，我国现在的广告前景广阔，潜力巨大，但能力还不足，需要更好的广告创意，需要借鉴国外的一些优秀创意和方法。

广告创意是意念的意象化，是根据广告意念表达的需要，选择和创造一定的意象，并将这个意象整合成具有一定意味的意象体系的过程。因此，从一定意义上而言，意念的意象化就体现了广告创意的基本原理。

（二）广告创意的原理

1. 意象的意义

（1）意象的象征意义

象征是指表达精神内容的具体形象物。在某种特定环境和语境中，某种物体和形象、情境或情节、观念或思想，成为表达另一意义的手段。象征是从可见的物质世界的符号过渡到不可见的精神世界的符号，象征符号所指物是精神与心理世界，所指称的物质世界也是因其具有精神意蕴而有意义的。在艺术创作中，象征是一种常用的表现手法，如松象征坚毅顽强，竹象征正直坚贞，红豆象征相思，鸳鸯象征夫妻恩爱，等等。当这些蕴含着约定俗成的象征意义的表象（客观事物）被用于广告中时，就成为贯彻创意人员意图的意象。

（2）意象的指示意义

象征主要表现的是二者之间间接的、隐蔽的、深层的关系，象征符号所指物是精神和心理世界，而指示只表示二者之间直接的、表面的、浅层的关系，它是用一种事物或现象来指示另一种事物或现象，这两种事物或现象之间原本存在着相互关系，其间并不需要深刻的、抽象的心理活动。例如，为表示"嗜睡"这一现象，丽珠得乐广告中用一个正在工作的动画人物趴在桌上睡着这一意象表现，而息斯敏（阿司咪唑片）广告则用沉重的眼皮压折支撑着的小棍这一意象来表现，这两个意象都具有明显的指示意义。

（3）意象的感情意义

感情是人对客体对象的态度，它是人对他人、对社会、对事物、对客体化自我的一种趋近或疏离的心理趋向。它表现为对对象的亲近、依恋、喜爱或疏远、躲避和厌恨等。感情是由于客体满足或损害了人的需要和愿望的目标而产生的。

意象作为人的心理对象，它的形态、状态及感觉，潜在着激发或抵触人们需要和愿望的因素，这些因素就是存在于意象中的感情意义，因此在人们面对某一意象时，这些感情因素就会引发人们心中的某种情感。例如，在"柯达一刻"的电视广告中，有一个镜头是一个男孩在理发，被弄疼后伤心地哭，这一意象就蕴含着一种可怜又可爱的感情意味，在受众心中会引发一种对客体对象（小男孩）的怜爱之情。

（4）意象的情绪意义

情绪和感情是情感的两个方面，是两种既互相联系又相互区别的心理因素。与感情不同，情绪的指向是非对象性的，是指向主体自身的一种心理状态。具体而言，它是由于外界事物对人的需求的满足与缺失或自身心理状况和心理因素变化引起的内动性的内在体验或内心状态，它是属于主体自身的一种紧张或释放、激动或平静的心理状态。

情绪有喜、怒、哀、乐、忧、惧、焦虑、内疚、愧疚、骄傲、羞涩、高兴、悲恸、昂扬、消沉等。各种情绪都具有一定的内心动势或动态，而且会通过某些表情和动作表现出来。例如，羞涩的内心动势是一种既想往前又想退缩的状态；高兴是一种跳跃式向上的内心状态；悲恸则是一种陡升、旋转、回落、回环搅动的状态。

而意象也具有特定的形态和状态，具有一定的动向和动势，这些动向和动势与人的情绪动态具有相互对应性，是潜在的情绪诱因。它可以激发人的情绪，人的情绪也可以借其得以宣泄。它可以使人产生喜悦、兴奋、快乐、轻松、舒畅、昂奋、忧伤、悲痛、哀怨、愤懑、冷静、焦虑、烦躁等情绪。例如，达克宁脚气霜的一则广告中，一束草穿过脚板从脚面长出的意象，给人以紧张和痒痛难受的情绪体验，较好地传达了脚气给人带来的痛苦这一意念。米勒啤酒曾经开展过一次主题为"欢迎来渡美好时光"的广告战役，广告画面中呈现的是一个轻松消遣的场所，一天劳累之后与朋友们一同喝几杯的欢畅，这种温馨欢快的气氛感染了观众，使他们产生了这种情绪体验，从而产生共鸣。

（5）意象的诱惑意味

意象的性质、形态和动态，不仅会引发受众感情和情绪上的反应，还会对人的欲望发生某种激起和诱引的力量。泡沫流溢的啤酒杯，女性飘逸的长发，披着薄纱的柔美的身体，漂亮的衣装，精美的家具，豪华的轿车，等等，蕴含着一定的诱惑因素。20世纪30年代，欧美流行的"美女＋商品＝广告"的广告创意模式就是利用了广告中美女这一意象的诱惑意义。乐百氏果奶广告中一群被果奶滋养得健康活泼的儿童对家长和小孩来说也未尝不是一种诱惑，而这一诱惑又被片尾整齐响亮的童声"今天你喝了没有"进一步强化。

2. 意象的选择

一个意象具有多方面的特征，每一方面的特征都可能用来与一定的意义相对应。例如，"牛"这一形象，其行动迟钝缓慢的特征对应着笨拙或沉稳的意义；埋头前行、牵拉不回头的特征对应着性格倔强、迂执的意义；能负重干活对应着踏实能干的意义；受人驱使、听从招呼对应着顺从老实、听话等人格意义。这样，"牛"就有了多方面意义的可能性。

意象意义的多重性，造成一个意象展现在受众面前时，会形成多种感觉、感受和理解的可能性，其中有些对主题表达和品牌塑造有益，有些则无益甚至有害。因此，广告创意人员在利用意象来表达某一特定意念时，必须首先明确意象的哪些方面对广告主题和品牌有益、哪些不利。例如，借用体育明星做广告的"李宁"和"中国联通"广告中，成功地突出和渲染了明星的飒爽英姿和健康向上的精神，这与广告产品所要传达的意念十分吻合。

有时候，意象意义的复杂性也可以为创作者从多个角度利用和挖掘意象提供可能，即通过充分利用意象的复杂性，使一个意象在受众心中产生多层次、多维度、多重性的感觉、感受和理解，增强广告意象的丰富性和魅力。

3. 意象的创造

广告意象的创造是对客观事物在头脑中的表象的加工和创造，它包括变形、夸张、拟人化、错位、嵌合、替代、嫁接等。

（1）变形

在广告创意中，将意象做超出原型形象实际和可能的扭曲、变形和状态改变，可以起到烘托、渲染主题的作用。变形包括文字的变形、面积的变形、声音的变形、动作的变形等。意象变形能够创造出现实生活中不存在的形态和状态，这种超常的特点使意象具有一定的神秘感和奇妙感，具有较强的视觉冲击力和心理震撼力。

（2）夸张

夸张是将事物的某种趋势做超常的夸大和延展。夸张是广告创意中最常见的表达方法，它包括以下几种情况。

1）情态夸张。例如，美国《时代》周刊的一则广告，为了表达刊物吸引读者这一意念，构想了这样一组意象和情节：画面上，一个猎人把双筒猎枪扔在地上，竟在野外悠然地读起《时代》杂志，而一只鹿也戴上一副眼镜，在猎人背后偷看杂志。在这个广告中，猎人忘记了打猎，鹿也忘记了危险，都被一本杂志吸引，这一意象体系和情节夸张地表达了广告主题意念。

2）形态夸张。一则索尼录音带广告，为了表现磁带音域宽广，弹琴的手夸张地变长。

3）动态夸张。音乐能使一座大桥扭动吗？先锋音响能。在一则广告中，激扬的音乐响起，画面中一座巨大吊桥上，一辆车在行驶，音乐声中桥开始扭动，上下振动。这时，一张CD盘从汽车仪器板上的先锋CD机中弹出，音乐停止，桥也停止了扭动。车上的青年不好意思地说："对不起。"广告结束语是"先锋——休闲的工艺"。闻乐起舞的大桥夸张性地表现了音响的声音效果。

4）关系夸张。在有些广告中，为了表现或突出广告商品，往往将其进行不成比例的夸张。例如，在某矿泉水广告中，女子站在瓶盖上，使矿泉水及品牌在蓝天雪山的映衬下，显得更加突出、抢眼。

5）情节夸张。在 MOODS 牌香水广告中，正开着车的男子被另一辆车上的女子香味所诱惑，并排开着车探出头去接吻，从而夸张性地表现了香水的魅力。

（3）拟人化

赋予非人的事物以人格或人性的特征，使其人格化，也是广告意象创造中常用的手法。例如，乐百氏的一则广告中，将白云拟人化，神态、声音都与人一样，并且与一群孩子交流，构成了广告稚气有趣的情节。"劲量"牌电池的广告中，设计了一个强壮的虎虎生威的小电池人，小电池人单指倒立，能做上万个俯卧撑，最后，头在墙上撞出充满力道的四个大字："浑身是劲"。

（4）错位

错位是将自然状态的位置关系做人为的超乎常规的改变，形成一种错位意象，从而表现出一种新奇感和谐趣感。例如，国外某袜子广告的标题是"足下之领带"。画面中，四位绅士扎着漂亮的领带，细看却是精美的袜子。广告以这种错位意象表达了脚上的打扮与领上一样重要的意念。

（5）嵌合

嵌合是将一个意象嵌入另一个意象，形成一个新的意象。例如，英国有一个品牌睡床的广告，为了表达人的背部的舒服感，把微笑的安静祥和的面部表情移植在一个女性的背上。

（6）替代

替代是在一个（组）意象中去掉某一部分意象，并以另一意象来代替，从而达到意念传达的目的。例如，国外一家美容美发店为了说明发型修理不当给人带来的糟糕的感觉，用一大堆草代替了人的头发，给人一种杂乱无章的感觉。

（7）嫁接

两个意象的嫁接也会生成新的意象，这种新的意象将原有意象的感觉、印象和意味融为一体，产生一种新的感觉、新的印象、新的意味。例如，国外有一则鼻炎药的广告，将人的鼻子意象和仙人球嫁接在一起，形成一个新的意象，巧妙地将患了鼻炎给人带来的痛苦表达出来。

案例阅读

表里如一，创新世界

商品往往是企业主理想与意志的实践。以广告人最常接触的"苹果机"为例：前几年开始以"不同凡想（Think Different）"作为品牌的核心概念，这样的理想与意志是"苹果机"创始人 30 年来的一贯想法，并且在提出此主张后，在产品外观设计上也大大地与众不同，重新颠覆了市场，引领了计算机的设计潮流。

当这个概念向大众宣示时，苹果计算机在美国推出了一支 60 秒的广告，画面中出现爱因斯坦、毕加索、邓肯、甘地、阿里等伟大人物的记录片片段，旁白是这样说的："这里有一些特立独行的人，他们与社会不同调，在方、圆规矩中不协调，是对事情有不同的看法，他们是规则的破坏者。你可以引述他们的观点，或是不同意他的见解，以他们为荣，或是鄙视他们。唯一无法忽视的事就是忽略他们，因为他们改变了世界，使得人类进步。当时有人视他们为疯子，现在被视为天才，因为不同凡响，才能改变世界，就像你选择了苹果计算机。"

"不同凡响"是苹果计算机企业的使命、理念，并且加以实践，成为苹果计算机顾客的愿景及自我期许。

（资料来源：http://wenku.baidu.com/link?url=JeDyGHxsuzdRtPb933s5DO8VW-pcBoycn1hbeTU5e
Qx6KZAO7sIT0iMuw-a_WPP2emsDsSDNNB_fwmOU0u24ldNeTdx-YLsem6lUcZwMs5a）

（三）广告创意的特征

1. 抽象性

所谓抽象性，是指广告创意是一种从无到有的精神活动。具体地说，就是从无限到有限、从无向到有向、从无序到有序、从无形到有形的思维过程。广告创意在转化为"有"之前，它只是一种内在的、模糊的、隐含的意念，一种看不见、摸不着的感觉或思想，而在转化为"有"之后（即经过广告表现之后），它也不能告诉你它是什么东西，它只是一种感受或观念的意象的传达。

例如，"戴眼罩的哈撒韦男士"这一经典创意，从表面上看，创意似乎很简单——一个戴眼罩的男士穿着哈撒韦衬衫，但是转念一想，这一穿戴却赋予衬衫一种与众不同的格调。从而使其从眼花缭乱的广告信息中脱颖而出，一举成名。由此可见，广告创意是要经过分析判断才能感觉得到的一种抽象理念。

2. 广泛性

广泛性是指广告创意普遍存在于广告活动的各个环节。广告创意不仅可以体现在主题的确定、语言的妙用、表现的设计等方面，还可以体现在战略战术的制订、媒体的选择搭配、广告的推出方式等每一个与广告活动有关的细节和要素上。因此，有人提出了大创意的观点。从广义上说，广泛性也是广告创意的重要特点。

3. 关联性

关联性是指广告创意必须与广告商品、消费者、竞争者相关联，必须和促进销售相关联。詹姆斯·韦伯·扬说："在每种产品与某些消费者之间都有其各自相关联的特性，这种相关联的特性就可能导致创意。"找到产品特点与消费者需求的交叉点，是形成广告创意的重要前提。例如，莎碧娜航空公司有一条由北美直达比利时首都布鲁塞尔的航线，乘客一直寥寥无几，究其原因是比利时作为旅游圣地还鲜为人知。于是航空公司决定为比利时做一则广告来吸引游客。他们在《世界旅游指南》上发现，比利时有五个特别值得一游的"三星级城市"，而国际旅游圣地——荷兰的阿姆斯特丹也是个"三星级城市"。于是一个震撼人心的创意产生了："比利时有五个阿姆斯特丹。"这一创意充分反映了广告创意的相关性特点。

4. 独创性

古人云："善出奇者，无穷如天地，不竭如江河。"奇即"超凡脱俗"，具有独创性。独创性是广告创意的本质属性。我们平常所说的独辟蹊径、独具匠心、独树一帜、独具慧眼等，都是指广告创意的独创性。广告创意必须是一种不同凡响、别出心裁、前所未有的新观念、新设想、新理论，是一种"言前人所未言，发前人所未发"的创举。缺乏创新性的广告，不仅不能使广告本身从广告的汪洋大海里漂浮出来，更无法使广告商品从商品的海洋里漂浮出来。

例如，杭州西泠电器集团空调器广告，破天荒地在全国性综合大报《文汇报》的头版以整版篇幅刊登广告：西泠空调广告。

今年夏天最冷的热门新闻，西泠冷气全面启动，正值严冬，却聊起夏天的话题，因为西泠冷气要解放今年的夏季……

这则广告一经刊出就引起了全国广告界、新闻界乃至全社会的强烈反响，使西泠电器一下子名噪全国，产生了极好的广告效果，其成功之处就在于"发前人所未发"，首开新中国成立以来党报头版刊登广告的先河，以独特的创意制造了一个大新闻，从而取得了非同凡响的轰动效应。

（四）广告创意的原则

1. 独创性原则

广告创意不能因循守旧、墨守成规，而要勇于和善于标新立异、独辟蹊径。广告创意不仅体现在内容上，还体现在形式上。独创性是广告创意最根本的一项素质，是广告创意最鲜明的特征。

人们平时的行为及处理各种情况的方式，是受到先天的本能反应和后天的学习经验影响的。这一行动过程可看作人们对外部环境所传递信息的反应过程，当外部环境趋于稳定，输入信息极少变化时，人们的反应将趋于一种被动的惯性反应，也就是我们通常所说的下意识。当刺激信号没有变化时，脑细胞将停止反射活动，因此就不可能引起人们对信息的关注或产生积极的心理体验，而只有当这种刺激信号变化时，才能引起反射。这种变化越是出人意料，反射也就越强烈。这就是创意独创性原则的心理基础。

独创性的广告创意具有最大强度的心理突破效果。与众不同的新奇感总是那样引人注目并引起广泛的注意，那鲜明的魅力会触发人们强烈的兴趣，能够在受众脑海中留下深刻的印象，被长久地记忆，这一系列心理过程符合广告传达的心理阶梯的目标。一个普通的商品信息或观念，经过独创性的创意塑造，广告传达就能达到不寻常的震撼效果。

2. 实效性原则

实效性原则是广告创意最基本的要求，它为广告创作者寻找、选择和确定广告创意确定了一个基本方向和标准。广告和广告创意的目标只有一个，那就是促销，不促销就不是创意。广告创意的目的或终极使命是促销，但广告并不等于销售。广告只是一种旨在促成消费者产生某种心理上的、感情上的或行动上的反应的一种说服过程，或者说是一种信息传达过程。因此，传达的效率直接影响消费者的反应形式和反应强度，从而最终影响广告产品的市场接受。也就是说，广告创意能不能达到促销的目的基本上取决于广告信息的传达效率，这就是广告创意的实效性原则。

广告是独创性与实效性的统一。

3. 科学性原则

广告创意的科学性原则主要包含两个方面的内容：

（1）广告创意应以科学调查为基础，了解相关的自然、人文科学知识

比尔·本巴赫作为艺术派的代表，奉劝别人不要相信广告是科学，而他在为大众汽车设计广告前，还是深入考察了产品和消费者，认定这是一种价格便宜、性能可靠的汽车，在深入考查的基础上，比尔·本巴赫设计了一系列广告史上大书特书的广告。罗莎·瑞夫斯坚持科学的原则，他们连续 15 年在 48 个州和数百个独立的群体中，随时随地测试了数千人，结果发现了很多惊人的事实。詹姆斯·韦伯·扬认为，生产创意正如生产福特汽车那么肯定，人的心智也遵照一个作业方面的技术，这个作业技术是能够学得到并受控制的。他的方法是博闻强记，努力收集、积累资料；分析、重组各种相互关系；深入观察体验人们的欲求、希望、品位、癖好、渴望及其风俗与禁忌，从哲学、人类学、社会学、心理学及经济学的高度去理解人生；通过研究实际的案例来领会创意的要旨。

（2）广告创作者应了解新科技，学习和运用相关的科技成果

计算机革新了以往的广告策划、设计、制作及排期的方法，而新的数字及互联网问世也引起了广告界的另一场革命。随着新科技不断涌现，广告牌底材千变万化，从胶布至弹性织物都使广告更加耐用；数码科技能够在一小时内印制整幅广告图像；立体设计、光纤和其他惊人效果，都一一应用在广告牌方面。卫星照明系统能够遥控调校广告牌照明，配合四季和日常的光线变化，也可预先编程。全球定位系统使户外广告可以利用经纬线决定展示位置。三面翻户外广告已趋成熟，这类机动广告牌可预设程式，以不同方式和相隔不同时段通过程控转动。

4. 艺术性原则

广告创意的艺术性原则就是让广告具有感染消费者的魅力，从而达到有效沟通。广告是人与人沟通、交流的活动，艺术是人性、人心、人情的巧妙显现，真正具有艺术性的广告才能产生独特的魅力，能有效地与消费者沟通。广告作品的艺术魅力与广告创作者的信念有关。信念就是自我生活的价值取向，一切关于真、善、美，以及对幽默的体验与执着，都有可能形成自己的信念。广告创作者的信念表现在广告作品中，如诚恳的、卖弄的、平实的、矫情的、深入浅出的、夸大其词的……一件件广告作品的累积，广告创作者模糊的面孔逐渐清晰起来，从中甚至可以看到阶段性转变的轨迹。作品就是你、你的风格、你的信念所产生的风格，别人无法取代。

广告是科学性与艺术性的统一。

（五）广告创意的技巧

1. 立于真实

创意的本质是要实。创意建立在诚实的基础上，是获得成功的关键，搞创意要"言在其真"。

2. 重于文采

强调文采是指辞美意实。要把"语不惊人死不休"作为广告创意的座右铭。

3. 动之以情

要打动人的心，首先要从情入手，语言的感人、声音的亲切及意义的深刻，都能打动人心。创意的原则不是说教，而是以情感人。

4. 标新立异

创意是一种创造性的劳动，它以标新立异、推陈出新为其特点。立意要新颖，用语要巧妙，要创意出前人没有写出过的东西，才算是好作品。

5. 意在言外

创意的秘密不在明言直说，而是意在言外。"意中有景，景中有意"是广告创作工作者创造优秀作品的绝招。

6. 大胆幻想

幻想是创造性想象的一种特殊形态。幻想的过程是广告创作人员根据自己所收集的材料对向往和憧憬所需表象和意念的一种映象。创造性的、积极的幻想使广告创作人员可以展望和预见未来，并把广告创作人员的思路引入瑰丽神奇的意境之中。因此，创造性的、积极的幻想是推动创意活动的巨大动力。

7. 着力想象

想象是创意活动的主体，是广告创作人员创造出新形象的重要手段。只有着力想象才有可能促使广告创作人员在头脑中产生回忆、联想、类比的心理活动。在报刊想象过程中，可激发创造力。

任务演练

1）讨论并展示怎样的广告创意才算是成功的？广告创意到底是艺术还是规则？
2）从下面产品中选择一个，先进行产品定位，再进行广告创意表演。
　　手机、手表，运动服、运动鞋，吸尘器、神拖，矿泉水、功能饮料。
3）从上面产品中选择同组的另一个，先进行产品定位，再进行平面广告创意。
任务评价标准与记录如表 5-1 所示。

表 5-1 任务评价标准与记录

评价内容与标准	1组	2组	3组	4组	5组	6组
研讨过程						
创意实施						
情境表演						
汇报效果						
创新体现						
合计						

重点记录：

注：评价内容一般分为五项，评价标准一般分为优秀（A 记 2 分）、一般（B 记 1 分）、不合格（C 记 0.5 或 0 分）三个等级，每个任务满分为 10 分。此表可用于教师打分和学生互评。

学习情境 2　广告创意的来源

情景导入

昆士兰旅游局：世界上最好的工作

澳大利亚大堡礁久负盛名，但因为随着海洋升温及游客增多，大堡礁的珊瑚虫一度濒临灭绝，经过一段时间的休养生息，大堡礁生态环境得到了恢复，知名度却已大不如从前。尤其是拥有"大堡礁之星"美誉的哈密尔顿岛，由于受到金融危机的冲击，旅客量大减。于是，昆士兰旅游局策划了一次网络营销活动来推广其旅游业。

2009 年 1 月 9 日，昆士兰旅游局网站面向全球发布招聘通告，并为此专门搭建了一个名为"世界上最好的工作"的招聘网站（www.islandreefjob.com），招聘大堡礁看护员。网站提供了多个国家的语言版本，短短几天时间网站吸引了超过 30 万人的访问，导致网站瘫痪，官方不得不增加了数十台服务器。

"世界上最好的工作"共吸引来自全球 200 个国家和地区的近 3.5 万人竞聘。据昆士兰旅游局称，整个活动的公关价值已经超过了 7000 万美元。

从营销的角度，这次营销推广成功之处在于四个方面。

1. 概念造势极其成功

昆士兰旅游局成功地将事件推广的主体——大堡礁，延伸到大堡礁看护员身上，再将看护员工作塑造成"世界上最好的工作"这一个概念，这一概念在吸引受众注意方面是无与伦比的，这正是归纲式营销造势的成功所在。

2. 逆势策划吸引眼球

在金融风暴席卷全球、大量工厂裁员、工人失业这样一个人心惶惶的时刻，澳大利亚昆士兰旅游局恰当其时推出以惬意的工作环境和工作内容，以每小时 1400 美元的超高待遇招聘所谓的"大堡礁看护员"，吸引了全球无数人的目光，媒体更是为之疯狂激动，不惜用大量的版面进行免费的报道。

3. 网络营销造势凌厉

"世界上最好的工作"所有关键环节都在网上展开，昆士兰旅游局从一开始就建立了活动网站。旅游局在全球各个办公室的员工则纷纷登录各自国家的论坛、社区发帖，让消息在网友中病毒式扩散。

此次活动的参赛规则是全世界任何人都可通过官方网站报名，申请者必须制作一段英文求职视频，介绍自己为何是该职位的最佳人选，内容不可多于 60 秒，并将视频和一份需简单填写的申请表上传至活动官方网站。这个几乎没有门槛，但又自娱自乐的方式吸引了许多人参与。

活动官方网站的合作伙伴是 Youtube，借助 Youtube 在全球的巨大影响，活动本身又得到了进一步的口碑和病毒式传播。

4. 互动式营销高潮迭起

主办方充分利用了网络的交互性使活动的影响力不断延伸。

为了进行充分的网络造势，主办方设计了经网络投票决出"外卡选手"环节，入选 50 强的选手会不断拉票，而关注活动的人会为心仪选手投票。在投票过程中，投票者要先输入邮箱地址，然后查收一封来自昆士兰旅游局的确认邮件，确认后再行使投票权。在通过确认的过程中，参与投票的网民都会好好浏览一下这个做得很漂亮，实质上是旅游网站的照片网站，大堡礁的旖旎风光、万种风情马上就开始让人心旷神怡。更重要的是，投票者的邮箱未来会不定期收到来自大堡礁的问候。

（资料来源：http://wenku.baidu.com/link?url=uNUGeASo5GTbsZALLS8n1qaKHs5Ock7oTdBgsQ6ND-E_kQ6gTdQaMydcokg9JmeDjiT_2dKF8ZLbUT892nUeTHDzHo4YRnANlNJ0ELk13a7）

思考：昆士兰旅游局利用了人们怎样的思维模式而取得了成功？

知识储备

1. 生活情趣的形态

人们在日常生活中感受到的生活情趣，如情调、品位、乐趣、体验等。例如，芬兰蒂亚伏特加的平面广告也同样表现了一种生活情趣，使人情不自禁。

2. 生活价值的形态

生活表达了社会认可的成就感、成功感、自豪感、满足感、归属感。马斯洛把人的需要或欲望分为五种，分别是生理需要、安全需要、社交需要、尊重需要和自我实现的需要。即从物质的需要到精神的需要，从具体的需要到抽象的需要。特别是高档品牌的产品或服务，选择生活价值形态的创意方式，使它成为某种高尚生活的象征，成为高尚生活的组成部分，是极有价值的。例如，北京东润枫景花园系列生活创意："这里有生活，有艺术，有美，唯独没有压力"（自豪）；"生命，可以浪费在美好的事物上"（满足）；"我不在家，就在咖啡馆，不在咖啡馆，就在去咖啡馆的路上"（归属）。给人产生了一种拥有了它，就拥有了自豪、满足的归属感。

3. 表现人情的形态

对领导、老师和长辈的感情是从社会角度演绎出来的，体现的是人情世故。我国素有"礼仪之邦"的美誉，人际关系在社会生活中占有很重要的位置。礼多人不怪，礼尚往来。

广告创意通过表现人情的方式，可以提高品牌的亲和力，拉动人情消费的市场。例如，脑白金的送礼广告"今年过年不收礼，收礼只收脑白金"，就是典型的表达人情的方式。

在这里，广泛的兴趣和强烈的求知能力，正是培养和激发广告创意动机的最有效方法。兴趣是创意动机的一个重要因素。因为只有当你对自己的事业和生活产生了浓厚的兴趣时，才会不遗余力地去追求它、探寻它，你的创造力才能开发出来，产生兴趣——努力创造——获得成功，这往往是创造发明的三部曲。

生活是广告创意的灵魂，生活也是广告活动的一个环节。广告活动是动态的运作过程，广告创意只是广告表现的核心要素。生活从整体上说是科学的，而广告创意则基本上是艺术的。广告活动的基础是策划，广告表现的核心则是创意。

任务演练

以小组的形式用头脑风暴法和以个人的形式用思维导图法展开对一个产品的创意联想。任务评价标准与记录如表 5-2 所示。

表 5-2 任务评价标准与记录

评价内容与标准	1组	2组	3组	4组	5组	6组
产品选定						
创意分析						
创意效果						
汇报效果						
创新体现						
合计						

重点记录：

注：评价内容一般分为五项，评价标准一般分为优秀（A 记 2 分）、一般（B 记 1 分）、不合格（C 记 0.5 或 0 分）三个等级，每个任务满分为 10 分。此表可用于教师打分和学生互评。

任务二 了解广告创意的形成

学习情境 1 产生广告创意的过程

情景导入

借势造势的"悦活果汁"

为推广旗下新产品"悦活果汁"，中粮创新食品有限公司（以下简称中粮创新）与开心网合作，将悦活果汁的品牌推广植入用户游戏的过程中，举办线上的种植大赛吸引用户参与。"线上种植、虚拟榨果汁"这种新奇的玩法在白领阶层掀起了一股狂热。

从 2009 年 5 月 16 日开始仅半个月的时间，参与活动人数超过 50 万，虚拟榨果汁次数 8300 多万，送好友果汁超过 6000 万。开心网上的虚拟果汁受追捧，带动了线下真实产品的热销，尽管一瓶 280 毫升的悦活果汁标价 5.8 元，但仍有大批消费者追捧，中粮旗下的悦活果汁在一个月内销售业绩提升了 30%。

我们不禁思考，在果饮市场竞争激烈的今天，悦活作为一瓶净含量更小、价格更贵的果蔬汁凭借什么让顾客买单呢？

1. 锁定乐活一族

悦活一词来源于 "Lohas"。Lohas 意为健康、可持续的生活，在中国称之为 "乐活"。由此，中粮创新将产品定名为 "悦活"，而都市白领则成为悦活的目标群：他们向往乐活生活，年龄在 25～40 岁，受教育程度高，偏年轻，对生活追求健康，对产品要求天然。

中粮创新认为乐活式的生活将成为白领人群最向往的生活方式，于是将乐活主义贯彻到悦活的产品和文化理念中。所以，悦活的定位是引领生活态度和生活方式的果汁。

2. 选准营销平台

为了做到精准营销，中粮创新研究了目标群的生活习惯：城市白领每天接触时间最多的媒体就是网络。在办公室颇有人气的开心网，符合 "悦活" 的消费者定位，且用户黏性强，其插件几乎是为悦活量身定制的。用户亲自种地，体验收获乐趣，亲自榨汁，灌输无添加的理念，游戏道具场景卡又能让网民了解到悦活的天然产地。

营销平台基调与产品理念契合度一致，用精准营销方式将效果最大化，是 "悦活" 与开心网合作成功的重要因素。

3. 注重网络互动

网络媒体的传播方式是用户主动参与，这与 "悦活" 的品牌主张不谋而合。

活动一上线就受到大批用户追捧。新建的悦活粉丝群仅用一天半就超过 10 万用户，大家都在讨论如何收获最快，如何得到实际赠送的果汁，等等，与活动相关的各种话题受到追捧。

4. 线上线下结合

开心网上的虚拟果汁受追捧，带动了线下真实产品的热销。

据了解，此次活动分为三个阶段进行，从 5 月 16～26 日为第一阶段，主要提高知名度、传达品牌主张，到 6 月 25 日活动全部结束。截至目前，线下赠送悦活礼盒达 5000 多套。

很多消费者在购买果汁时就能说出产地，这得益于游戏中的小细节。让消费者了解悦活果汁原料产地是此次推广的目的之一，了解中粮创新供应商甚至可以追溯到田间。通过三方多次协商，中粮创新选择将四个产地绘成场景卡来做游戏背景。不同的场景卡能让游戏中的果实提前成熟，用户也加深了印象。

在本次活动期间，几乎每位玩家的农场角上都竖立着 "悦活" 的标志，玩家们在自己农地上竞相种植悦活果种，酿造蜂蜜，都极大程度上提升了 "悦活" 这一品牌的知名度。

（资料来源：http://www.360doc.com/content/10/1109/23/560817_68078151.shtml）

思考：悦活广告有创意的举措在哪里？给你什么启发？

知识储备

（一）广告创意产生的过程

詹姆斯·韦伯·扬在《产生创意的方法》（A Technique for Producing Ideas）一书中提出了完整的产生创意的方法和过程，他的思想在我国广告界颇为流行。

正确的广告创意程序是从商品、市场、目标消费者入手，首先确定有没有必要说，再确定对谁说，继而确定说什么，然后是怎么说。广告创意的核心在于提出理由，继而讲究说服，以促成行动。而这一理由应具有独创性，是别人未曾使用过的。

美国广告大师大卫·奥格威说："要吸引消费者的注意力，同时让他们来买你的产品，非要有很好的点子不可。除非你有很好的点子，不然它就像快被黑暗吞噬的船只。"因此，广告创意的过程就是想出各种好点子的过程。广告创意的基本原则是任何创意都是对客体的反映。广告创意是表现客体的思维活动，它来自对商品、市场、竞争、消费者及内外环境等方面的认知和把握。

1. 收集资料

收集资料是广告创意的第一个阶段。按照詹姆斯·韦伯·扬的观点，广告创意需要收集的信息包括两部分：一是与广告的产品或服务直接相关的特殊资料，这些资料是广告创意的主要依据。广告创作者必须对特定资料有全面而深刻的认识，才有可能发现产品或服务与目标消费者之间存在的某种特殊的关联性，这样才能导致创意的产生。广告创意绝不是无中生有，而是对现有的特定资料进行重新组合的过程。不掌握特定资料，创意就成了无本之木、无源之水。二是与消费者的愿望、爱好及生活方式有关的一般资料。一般资料则无法确定其范围，它应该是生活中一切令你感兴趣的事情。收集特定资料是广告创作者目前的工作，而对一般资料的收集则是一个广告创作者终生的工作。这些资料是广告创作者进行创意的原料，这些原料掌握得越多，产生创意的机会也就越多。这好比水库与闸门的道理一样，只有水库里蓄水多了，闸门开启时才能喷泻而下。

2. 分析资料

分析资料的目的是找出商品本身最吸引消费者的地方，发现能够打动消费者的关键点，也就是广告的主要诉求点。

首先把商品能够打动消费者的关键点列举出来，主要有以下几个方面：

1）广告商品与同类商品所具有的共同属性有哪些，如产品的设计思想，生产工艺的水平，产品自身的适用性、耐久性、造型、使用难易程度等方面有哪些相通之处。

2）与竞争商品相比，广告商品的特殊属性是什么，优点特点在什么地方，从不同角度对商品的特性进行举列分析。

3）商品的生命周期处于哪个阶段。

将列出的有关商品的特性做成一个表，左侧按重要程度从上到下列出商品的性能、特点，右侧列出这些性能特点给消费者带来的各种便利。例如，一种新型小轿车的特性有车速快、耗油量小、安全系数高、具有环保性能、价位不高等，可把每种性能列在左边，然后将这些性能带给消费者的利益列在右边，如车快、耗油量小，能提高效率、节约开支；具有环保性能，说明该车具有现代意识；价位不高，能够使中等收入的家庭成员进入有车族的行列；等等。

通过这样的列表方式，可以清楚商品性能与消费者的需求和所能获取利益之间的关系，然后用简短的几句话来进行描述，最后结合目标消费者的具体情况，找出商品的诉求重点。

3. 酝酿创意

在收集和分析有关资料后，就开始为提出新的创意做准备。广告创意是广告创作者思想火花的结晶，它应是独特的、新奇的，能使人有耳目一新的感觉。这就要求广告创作者必须有独特的创造性。这一阶段所需的时间可长可短，有时会突发灵感，迸发出思想火花，一个绝妙的主意油然而生。

灵感是创作欲望、创作经验、创作技巧和诱发情景的综合产物。灵感的产生往往是受到某种现象的刺激或启发，或者因偶然触发、豁然开朗，形成创新构思和想法。灵感是一种潜意识的思维活动，在广告创意活动中，灵感表现为"顿悟"，有经验的广告公司经常组织课题碰头会，听取各方面专家的意见，是触发灵感的好机会。当灵感一出现时，就要及时捕捉住并记录下来。有时情绪高涨，灵感如泉水般不断涌现，不断产生新想法，不断修正前面的想法，逐渐发展成创意雏形，即广告表达的意念。

4. 提出创意

在广告创意构思过程中，可能会提出很多新的创意。这些创意往往具有不同的特点，要注意把每一个新的创意记下来，不能满足于一两个创意。

5. 确定创意

对广告创作者提出来的许多新的创意逐个进行研究，最后确定其中的一个。在研究过程中，要对每个创意的长处短处、是新奇还是平庸、是否有采用的可能性等进行评价。要注意从以下几个方面加以考虑：所提出的创意与广告目标是否吻合；是否符合广告诉求对象及要选用的媒体特点；与竞争商品的广告相比是否具有独特性。经过认真的研究探讨后，再确定选用一个创意。

（二）广告创意产生应用的理论

1. 魔岛理论

在一望无际的深海的某些点上，突然会冒出许多环状的岛屿，被称为"魔岛"。它实际上是无数的珊瑚在海中长年累月地生长，在最后一刻升出海面的结果。著名广告人杨杰美认为创意也要经过足够的前期积累才有可能产生。广告创意来自于对市场材料的积累。这是一种基于严密的市场调查的创意方法，只有在这个基础上形成的"创意魔岛"才更有针对性，更有冲击力。

2. 万花筒理论

创意的组合构成现象如同万花筒的原理。

（1）拼图游戏

将不相干的事物像做拼图游戏那样组合起来，成了创意最常见的来源。例如，"音乐+时钟=音乐时钟""走路+音乐=随身听""牛仔形象+万宝路香烟=（广告中的）伟大意念"。

（2）旧元素的新组合

将许多涉及广告活动的旧要素进行重新组合，这种组合不是简单的加总，而是摆脱旧经验和旧观念的束缚，组合后是一种新的创造（综合也是创造）。

3. 阻碍理论

在市场营销中会碰到各种各样的阻碍，广告在明确了产品的市场定位和广告主题外，最好还要把销售中的阻碍点找出来，这是对广告主题的深化，也是广告创意要明确回答的问题。

例如，20 世纪 30 年代美国强生公司的"信誉牌"家具打光蜡上市之初，广告公司发现其销售中的阻碍点和机会点。阻碍点是主妇们不喜欢为自己的家具打蜡，因为这是一件令人厌烦的家务事，他们最多每月用传统的方法打一两次蜡，并且希望专门打蜡的次数越少越好。机会点是主妇们几乎每天都对她们的家具用抹布"拂拭灰尘"。广告公司于是围绕改变上光蜡的使用方法（"把它放在拂拭灰尘的布上"），创意出"当你拂拭灰尘时，（家具）立刻变得光亮美丽"。

4. 沟通理论

标新立异永远没错，但要与目标市场在文化背景方面拥有"共通区"或者相同、相近的"经验域"。

5. USP 理论

1）独特的销售主张（Unique Selling Proposition，USP）有以下三个要点。

① 强调产品具体的特殊功效和利益，即每一个广告都必须对消费者有一个销售的主张。

② 这种特殊性是竞争对手无法提出的，即这一项主张必须是竞争对手无法也不能提出的，必须是具有独特性的。

③ 有强劲的销售力，即这一项主张必须很强，足以影响成百万的社会公众。

这是达彼斯（bates）全球集团前总裁 R.雷斯 1961 年在《广告的现实》一书中首次提出的。

2）20 世纪 90 年代，达彼斯将 USP 定义为 USP 的创造力在于揭示一个品牌的精髓，并通过强有力地、有说服力地证实它的独特性，使之所向披靡，势不可当。为此重申 USP 的三个要点：

① USP 是一种独特性，即它内含于一个品牌自身深处，或者尚未被提出的独特的承诺。它必须是其他品牌未能提供给消费者的最终利益。它必须能够建立一个品牌在消费者头脑中的位置，从而使消费者坚信该品牌所提供的最终利益是该品牌独有的、独特的和最佳的。

② USP 必须有销售力。它必须对消费者的需求有实际和重要的意义。它必须能够与消费者的需求直接相连，导致消费者做出行动。它必须是有说服力和感染力的，从而能为该品牌引入新的消费群或从竞争品牌中把消费者赢过来。

③ 每个 USP 必须对目标消费者做出一个主张，即一个清楚的、令人信服的品牌利益承诺，而且这个品牌承诺是独特的。

举一个"只溶在口，不溶在手"的例子。

1954 年，达彼斯策划人罗素·瑞夫斯（Rosser Reeves）在美国的广告策划界已经小有名气。一天，罗素·瑞夫斯接待了 M&M 糖果公司的总经理约·麦克纳马拉，后者因为 M&M 巧克力糖果原来的广告不理想，要求罗素·瑞夫斯提供一个消费者能够接受的创意。谈话进行了 10 分钟后，罗素·瑞夫斯得知 M&M 糖果是当时美国唯一使用糖衣包着的巧克力糖，因此不粘手时，创意构想很快形成。之后通过进一步的修饰创作，最终的电视广告是两只手出现在屏幕中，旁白：哪一只手里面有 M&M 巧克力糖？不是这只脏手，而是这只手。因为 M&M 糖果溶化在口中，而不在手中。这句广告语（在我国翻译为"只溶在口，不溶在手"）体现了该产品独特的优点。广告诉求简单清晰，朗朗上口，很快家喻户晓，M&M 糖果因而大获成功。

（三）广告创意产生的规律

广告创意的产生，实际上是创意者把原来的事物所具备的要素进行分析整合的结果，有一个思考的过程。

1. 潜影淡出

在构思阶段初期，只有一个朦胧的印象存在于广告创作人员的潜意识中。随着构思的不断深化和形象信息的交流深入，朦胧的形象逐渐清晰起来。这种创造性思维活动，好像洗照片时的定影过程一样，起初是模糊不清的样子，通过显影使图像逐渐变得清晰。对于这种思维显影的方式，第一感觉是非常重要的，往往成为创作的起点材料。如果广告创作人员的主题意识的指向与作为起点的朦胧印象信息逐渐吻合，形象思维活动就会活跃起来。

2. 焦点扩散

当创作的灵感或"一念闪"所获得的朦胧印象进入广告创作人员的潜意识中，要能迅速抓住并形成主体印象，构思活动就围绕主题形象这个焦点展开。焦点成为创造性活动的核心。在对构成焦点形象的线索或材料的加工处理过程中，信息则可能围绕焦点向外扩散或向内集中，进行双向交流。如果焦点形象经过构思已成为整个广告创作的核心，构思就会显得更加活跃。

3. 整合解析

创意构思进入这个过程时，就要考虑对广告作品的整体布局如何进行整合，处理好局部与整体的关系。广告主题比较单一，构思可能比较单纯一些。而广告主题比较复杂，就既要从广告的全局着眼，又要对各个部位进行分解，考虑如何对重点突出处理，使整个作品显得协调完美。

4. 去芜存菁

当思维活动活跃时，会有大量信息涌现，呈现一些杂芜和多元化的状态。这需要对涌入海脑中的丰富信息进行加工精选，排除杂乱低质的想法和一些不必要的内容，筛选出精华的构思，加强有利于表现主题形象的因素或教材。

需要注意的是，广告创意要努力求新。产生的创意如果陈旧老套，就不会引人入胜、令人注目，难以取得理想的传播效果。但是创意虽然新奇，如与广告主题不相容，则不能有力地表现和突出广告主题，往往会转移人们的注意力，反而削弱广告的效果。

广告既是艺术的表现，也是科学的结晶。广告创意不可能凭空构造、闭门造车，仅通过想象就能产生。一方面，广告创作人员需要积极积累生活经验和文化知识，需要开动脑筋，善于观察和联想。另一方面，广告创作人员也要深入调查和研究，广泛搜集有关信息资料，认真进行分析整理。理想的广告创意是建立在周密的调查研究的基础上，将有关产品、消费者的特殊知识和广告创作人员的一般社会知识重新组合后产生的。

任务演练

按照广告创意的过程对某一产品的广告进行创意。

任务评价标准与记录如表 5-3 所示。

表 5-3 任务评价标准与记录

评价内容与标准	1组	2组	3组	4组	5组	6组
产品选定						
创意过程						
创意结果						
汇报效果						
创新体现						
合计						

重点记录：

注：评价内容一般分为五项，评价标准一般分为优秀（A 记 2 分）、一般（B 记 1 分）、不合格（C 记 0.5 或 0 分）三个等级，每个任务满分为 10 分。此表可用于教师打分和学生互评。

学习情境 2　广告创意产生的方法

聚美优品广告创意分析

聚美优品是一个电子商务网站，其网站建设必然成为最重点的内容。在此将本部分分为线上建设、网站推广和线下推广三个部分。

1. 线上建设

聚美优品的唯一载体是其网站。如何通过网站与客户进行交流，如何通过网站的可视化将品牌的文化传递给消费者并植入消费者的脑袋，如何在消费者心中建立信任感……关系到这些问题的，正是网站的线上建设。线上建设包括网站色彩、布局、沟通，以及涉及商品的定价、图片、说明等方面。以下也将会分成网站设计、用户体验和商品展示三个方面来讨论聚美优品网站的线上建设部分。

（1）网站设计

1）网站总体色彩的采用：聚美优品主页的主色系是粉色系，迎合了主要消费人群是女性的特点，吸引了消费者的目光，深受女性欢迎。

2）网站焦点设置：除了颜色吸引人，聚美优品的主页上另一吸引眼球的元素就是美丽的平面模特。由于是专攻化妆品的网站，当然要以美丽为主打，因此亮眼的、精致的脸庞也是吸引眼球的重要元素。

3）页面布局分块：明确清晰，色彩明亮大气。聚美优品的主页总的来说分为了几大块：限时特卖、往期特卖、聚美商城、口碑中心、正品保证和常见问题。左边四分之三的版面是产品推介，右边四分之一版面就是一些活动的声明或是介绍。整个版面的色彩和排版毫不杂乱，令人感觉舒适。

（2）用户体验

1）信用保障。由于聚美优品一直强调和主打的是正品保证，于是在网站上专门有一大板块来证明，提高可信度，让消费者放心。

2）用户交流。聚美优品主页在醒目处设有每日推荐，能快速地抓住登录网站的消费者的眼球，吸引他们的目光到更多的产品上。

网站设计注重用户感受，信息量大，各种信息一目了然。为了让用户能很好地了解产品和自己的需要，网站设立了口碑中心、排行榜和口碑达人。在这些服务中，用户可以交流沟通，交换彼此的意见，解开自己的疑惑，以找到适合自己的产品。

（3）商品展示

聚美优品的商品展示界面简洁明了，可以让顾客以最快的速度捕捉到商品的信息。

在化妆品界的高频关键词的利用使得顾客在第一眼就可以了解商品的功能。价格标签特意在白色的网站色调上用紫红色凸显出来，更昭示了网站的低价策略；同时商品图片也会附带价格的大字显示，与商品统一颜色，使得这个价格更给人一种信任感。右下角时间倒数更是加紧了购买的紧迫感，促使消费者能够更快地下决定购买。

2. 网站推广

广告链接：聚美优品还在某些网站上进行广告外链，一则展现了网站的风格，二则也让网络世界成为聚美优品网站的业务拓展渠道。

其他话题：其中一个就是招聘。聚美优品凭借自身的口碑和良好形象，同时在官网和招聘网站摆出"诚招精英"的姿态，吸引更多在校大学生和寻求工作的社会人士。而这些人的平均年龄较为年轻，正是聚美优品最大的客户群体。

3. 线下推广

线下推广主要有以下几个方面：

（1）传统广告渠道

1）电视：其一是聚美优品的电视广告投放，《聚美优品——我是韩庚，我为美丽代言》《我是陈欧，我为自己代言》等广告大获成功。

2）报纸、杂志：联手电子杂志和美容资讯《MEKA 美卡》杂志，以化妆品专家和贴心闺蜜的形象出现，更加贴近女性消费者的心理。

3）户外广告：在与亚洲巨星韩庚合作推出首支视频广告前，聚美优品已先通过线下平面广告打开市场。这些平面广告在地铁，报纸、杂志等处随处可见，广告风格清新、简约、时尚、追求品质感，并打出"我为美丽代言"的广告语，提升聚美优品的知名度，为进一步开拓市场奠定了基础。

（2）主题活动推广

聚美优品推出地铁海报，并举办"随手拍"活动——只要随手拍下该则广告并发送到微博@聚美优品，并添加#随手拍聚美#标签，即可获得礼品。这一活动不仅仅是单纯的户外广告宣传，同时还融合了时下热门的微博互动活动，以礼品作为奖励条件，更多地刺激了消费者的参与热情，使得户外广告的有效性明显增大。

（3）卖场促销活动

聚美优品没有实体店，顾客通常只能通过网购来消费。但每年聚美优品会在各商场举办许多丰富多彩的促销活动，不仅提升了业绩与知名度，也让顾客能真正接触实物，增强对聚美优品的信任。

（4）明星代言

2011 年 4 月 21 日，韩庚正式签约聚美优品，成为其首位代言人。韩庚作为一个歌手兼影星，已经有着无与伦比的曝光率。而作为当时聚美优品的唯一明星代言人，他在自己的大小通告上都尽职地进行着聚美优品的宣传，极大地提高了聚美优品的知名度。陈欧坦言，邀请韩庚代言，主要是看中了他的个人气质及对自己的完美要求，与聚美优品追求品质的理念很符合。而韩庚的帅气，必然拥有众多爱美丽、爱时尚的粉丝，与聚美优品"为美丽代言"相得益彰。

"我是陈欧，我为自己代言。"作为一个 80 后的创业者，陈欧有着俊朗阳光的外形。不同于其他的明星代言宣传广告，聚美优品推出了自己 CEO 的广告策划。不少观众坦言，很少见到有 CEO 自己出来代言的，更何况是这么"帅气"的创始人。帅气的外形帮助他吸引了一大批爱美丽的女性顾客。可以说，陈欧在消费者中激起的浪潮甚至赶超了其他明星。

（资料来源：http://wenku.baidu.com/link?url=nuIt1bpqGqfhPlj9g7_NgyZfPcneIHCS33USQQHR1xNxj
UPAd_y27tIwOA6bsE8Z-rwvaEwW-CS60RyeaKCYZ748CVPpkPl9I6ND1LuqdQu）

思考：聚美优品的广告代言人有何特别？起到了什么效果？

📖 知识储备

（一）广告创意的思维方式

1. 集体思考法

集体思考法也叫综合思考法或头脑激荡思考法，就是通过集思广益进行创意，为广告创意思考方法中极常用的方法之一。该方法是 20 世纪 70 年代左右由美国 BBD 广告公司副总经理奥斯本提出的，后在广告界广为流行。

集体思考法是适应日益复杂的经济社会发展而产生和得以广泛运用的。正如前面所讲，现代社会的广告创意活动已经不再是广告"天才"个人活动所能够完成的了，而是集体思考或集体合作之后的决策活动。它通常采用会议方法，针对某一议题集体进行广泛讨论、深入挖掘，直至产生优秀的广告创意。几十年来，它被世界各国广告机构普遍采用，也被一些著名的银行、大学、研究所、议会、政党纷纷采纳，不失为一种集纳整合集体智慧的思考方法。

这是一种"动脑会议"，一般在召开会议前的一两天发出通知，说明开会的时间、地点、议题等。参加人员包括广告企业人员和创作人员等，人数在 10～15 人。设会议主持者一位，秘书 1～2 位。会议开始后，会议主持者详尽介绍需要讨论的话题和问题要点，以及所有相关的背景材料后，任由与会的每个人开动脑筋。会议秘书及时地将大家创想的内容记录下来，通过大屏幕，使在场人员随时可以看到，以便激发思想火花，开阔思路，互相启迪和补充。

这种思考方法的特点如下：

1）集体性创作。新的创意的产生，往往是思考连锁反应的结果，凝聚着众人的智慧。

2）禁止批评。对每个成员提出的创意不能进行批评，不可反驳，有意见只能在会后提。

3）创意的量越多越好。每个人都可在会上畅所欲言，毫无限制地自由发表看法。

4）对创意的质量不加限制。因为"动脑会议"并不是最终决定创意，即使是不可能实现的创意也可以提出。鼓励在别人构思的基础上联想、发挥、修饰，从而产生新的创意。

2. 垂直和水平思考法

这种方法是英国心理学家爱德华·戴勃诺博士所倡导的广告创意思考法，因此，此方法通常又被称作戴勃诺理论。

这种方法把人的思考法分为两种类型，一种是垂直思考法，另一种是水平思考法。

（1）逻辑的思考和分析法

垂直思考法是指按照一定的思考线路，在一个固定的范围内，自上而下进行垂直思考。

此方法偏重于已有经验和知识，以对旧的经验和知识的重新组合来产生创意，能够在社会公众既定心理基础上交出广告创意的诉求，但是在广告形式上难以有大的突破，结果比较雷同。

这是按照一定的思维路线或思维逻辑进行的思考方法。一般是在一个固定的范围，自上向下垂直思考。垂直思考主要是逻辑的思考和分析的思考，以思考的逻辑性、严密性和深刻性见长。

这种思考方法由于是从已知求未知，因而往往囿于旧知识和旧经验的束缚，多是旧观念的重复和再现，至多是更高一个层次和守平的再现。这种创意产生的广告作品一般都似曾相识，雷同的东西也比较多，缺少新意，尤其是顺向垂直思考，这些缺点更为突出和明显。

与顺向思考相对，有一种逆向的垂直思考法。这种思维不是"顺延"，而是"逆延"，与常规的思维相反。因此，思维具有反常性，创意常常比较新颖。例如，美国的 DDB 广告公司曾经为德国甲壳虫轿车所做的广告创意，就运用了逆向思维的方法。一般的思维模式，总是从正面、赞扬的角度对事物进行表现。但这则广告的诉求却从丑陋着眼："1970 型的甲壳虫轿车是丑陋的"，正是"丑陋"出乎人的正常思考习惯，引起人们的注意。随后话锋一转，"车型虽然丑陋，但汽车的性能却一直在更新"，从而使消费者对这种车产生了良好的印象。

（2）水平思考法

水平思考法是指在思考问题时摆脱已有知识和旧的经验约束，冲破常规，提出富有创造性的见解、观点和方案。这种方法的运用，一般是基于人的发散性思维，故又把这种方法称为发散式思维法。例如，在人们普遍考虑"人为什么会得天花"问题时，琴纳考虑的则是"为什么在奶牛场劳动的女工不得天花"，正是采用这种发散式思维法，使他做出了医学上的重大发现。这种思考方法为英国心理学家爱德华·戴博诺博士所提出。水平思考法强调思维的多向性，善于从多方面来观察事物，从不同的角度来思考问题，思考途径由一维到多维，属于发散思维。因而，在思考问题时能摆脱旧知识、旧经验的束缚，打破常规，创造出新的意念。在社会发展和科技发明过程中，运用水平思考法常常会得到巨大的收获和成果。在进行广告创意时，水平思考法可以弥补垂直思考法的不足。

运用水平思考法，要注意以下几点：

1）敢于打破占主导地位的观念，避免模仿，摆脱人们最常用的创意和表现方法等。

2）多方位思考，提出对问题各种不同的新见解。

3）善于摆脱旧知识和旧经验的束缚。

4）要抓住偶然一闪的构思，深入发掘新的意念。

3. 跳越联想法

跳越联想法是在进行广告创意时，为了找到令人惊异的构思，而在看似毫无关联的两个问题之间构想出特定关系的思考方法。这种方法是以跳越产生联想，而并不把自己思考的基准点加以固定。

4. 转移经验法

广告创意的转移经验法是指把一种知识或经验转移到其他事物上的思维方法。在进行经验的转移时，既可以是同类、同质经验上的转移，也可以是异类异质经验上的转移。

（二）广告创意产生的方法

1. 对比法

例如，"三十岁的人，六十岁的心脏；六十岁的人，三十岁的心脏！"电视画面上一侧是一位三十多岁的年轻人慢腾腾地拍着皮球，另一侧是一位老人矫捷地拍着皮球，伴随皮球砰然落地的音效。这是海王银杏片的电视广告。

2. 恫吓法

例如，"你把螨虫传给了女儿！"电视画面上一位年轻的爸爸正在与女儿亲热地拥抱，父女面颊接触的特写。镜头拉近，三维效果表现父亲皮肤毛孔中蠕动的大号螨虫向女儿幼嫩的皮肤爬去……

将所要诉求的广告卖点以恐怖的电视语言尽可能地放大，对于那些目标消费群体来说无疑是一种震惊或威胁！可以想象，经过频繁恫吓与诱惑，相信那些担心自己就是被螨虫或其他病菌所侵犯的对象会心甘情愿地掏出钞票，还是"破财免灾"吧！

3. 名人法

例如，"抽完之后你给我含一片！"吕丽萍愠怒地用手指点着葛优的额头，葛优故作傻相冲着电视画面一笑："呵呵，我有吃！"这是亿利甘草良咽的广告。类似的以形象代言人为产品进行广告宣传的品牌数不胜数，如盖中盖与李丁、曲美与巩俐、护彤与宋丹丹等。

名人广告或形象代言人广告是较为古老和常用的广告创意和表现手法。寻求合适的广告形象代言人，利用他们的知名度、美誉度及其形体、演艺和生活中的特点充分展示广告产品的诉求点，能够取得消费者趋同心理的消费效果。

4. 幽默法

例如，甲：咋地了哥们，让人给煮了！乙：感冒了，正发烧呢！甲：我有办法呀，整点易服芬吧！电视画面上两个螃蟹哼哼唧唧地说着人话。

又如，"胃酸、胃胀、消化不良请吗叮啉帮忙！"电视画面上一只青蛙挺着大肚子痛苦地呻吟。这是吗丁啉的广告。

幽默法大体分为情节幽默和表现幽默两种。以上的例子属于表现幽默法。与名人广告相比，动物的幽默与滑稽表演更能拉近人与产品的距离，因为人们从心理上更愿意接受原始的玩笑表现形式，正如迪斯尼的动画片依旧有无数的成人在津津有味地欣赏一样。但是，动物幽默必须同时注意产品的品牌形象的正面树立，防止知名度升高的同时诋毁了产品的美誉度。

5. 悬念法

例如，"我要清嘴……要清嘴，不要亲嘴！"电视画面上一位青春少女嚷嚷着要"亲嘴"，正当观众们为其惊诧之时，而画外音解释道："要清嘴而不是要亲嘴！"

又如，"你爸爸胃病又犯了，快去找'四大叔'……是斯达舒，不是你四大叔！"

悬念法最大的特点就是在广告的一开始就以一种似乎非理智或不符合逻辑的方式吸引人们的眼球、揪住人们的心，而正当你想了解其真相的时候，诉求点便展现在你的眼前，于是你记住它了！

6. 情感法

例如，电视画面展示出青山绿水，一对母女亲密地站在山顶欣赏如画的风景。女儿温柔地将脸贴在母亲怀中，突然被母亲身上的植物针刺刺痛，画面出现千金片的药品包装，继而母女会心地笑了！画外音："贴心还是千金！"。

该则广告巧妙地抓住了母女之间的情感，深深打动了该产品的目标人群，是一则成功的感情诉求广告。另外，还有丽珠得乐胃药广告——"其实，男人更需要关怀"，这句广告语配合普通百姓的目标人群定位，同样征服了大多数消费者的心。情感法的运用一定要挖掘人性深处的、能够引起人类共鸣的东西，否则会让人大跌眼镜，适得其反。

7. 歌唱法

例如，"老张今天感冒了，头疼鼻塞咳嗽了，多亏准备了白加黑呀……"利用雪村的《东北人都是活雷锋》的滑稽曲调重新填词，很好地借助流行歌曲的大众传播性，尤其是那些青年目标人群被牢牢地吸引过来，感冒的时候便哼着小曲到药店买药。不能不说该广告创意的机智与幽默，这是一则成功的创意广告！

又如，"腰腿痛，肩背痛，痛痛痛，贴贴贴，早贴早轻松！"这是天和牌骨通贴膏的电视广告。电视画面上一群"夕阳红"韵味十足地用京剧的腔调演绎了一则中老年人喜闻乐见的止痛膏的广告画面。电视广告鲜明的画面语言同时配合个性、幽默的音乐或歌唱无疑使得观众为之一震，从众多的广告夹缝中跳跃出来，便于识别、记忆和传播。

8. 专家法

例如，"医学研究证明，感冒是由于病毒引起的，感康有效杀灭病毒，治疗感冒！"这是感冒药感康的电视广告。电视画面上一位身着白色西装、表情凝重又略显兴奋的老者，站在酷似人民大会堂的礼堂里以庄严的语调向全场人员宣布着似乎很重要的消息（实际上有故作神秘之嫌）。

运用专家法创意广告能够制造庄严、可信的氛围，从侧面烘托广告对象的权威性，从而坚定消费者购买产品的信心。

如何进行广告创意，人们还提出了许多种其他方法，但本质上与上述几种没什么不同。创意可以是瞬间灵感思维的体现，但这种"顿悟"却是大脑长期思考、紧张运转的产物。要获得瞬间的灵感，更要注意平时的积累。要肯于动脑，让思维始终保持在活跃状态。还要勤于动笔，可以借助图示和笔记等方法，随时把观察到的事物勾勒出来，把脑海里瞬间显现的思想火花记录下来，这样有助于打开思路，积聚构思，使思维更开阔、更活跃、更易产生好的创意。

（三）广告创意的基本要求

广告创意是一种创造性的劳动。在市场竞争日趋激烈的情况下，更需要通过广告加强与目标消费者的信息交流，也对广告创意提出更高的要求。

一般来说，成功的广告创意至少要具有五个要素：主题是新颖的；能够产生冲击力；能够引发受众的兴趣；能够告知并能使受众接受有关信息；使消费者产生购买欲望，采取购买行动。具体来说，广告创意应注意以下几点。

1. 要新颖独特

广告只有标新立异，才能吸引受众的注意力，为消费者留下深刻的印象。因此，广告必须推陈出新，针对人们普遍存在的逆反心理和好奇心理，刻意求新，力求不落俗套，不去模仿他人的意境，不去抄搬别人的言语，不去运用平泛的手法。要做到新颖独特，必须仔细认真研究广告的诉求内容，并找出与众不同的独特之处，巧妙地予以表现。

2. 要立足于真实

真实是广告的生命。广告创造必须建立在真实的基础上，广告创意必须以事实为依据，诚实的广告是广告创意最好的策划。

首先，广告创意要以真实作为构思创造的根本。广告内容必须是真实的，有一说一，有二说二，不能子虚乌有、添油加醋，哄骗消费者。如果以此为目的，乃广告创意之大敌。其次，要正确处理好艺术加工与事实本身的关系。广告创作允许进行艺术创作和适度的夸张，但并不能因此而脱离事实本身，虚无缥缈。要从反映产品和企业的本质出发，真实地表现有关信息来进行构思。

3. 要有情感

广告创意是一种灵感性思维活动，要满怀激情。没有情感的思维必然是冷漠的、干枯的，这样产生的创意所变现的广告作品，也肯定会平淡乏味，形成不了强大的冲击力。

因此，要求广告创作人员在构思时能从内心深处流露出真情实感，要善于从日常生活中撷取与消费者共通共识、情趣相投的场景，要充分运用各种表现手法来加强情调的感染作用，力求以简单生动的情节、情景交融的场面来再现、传递广告内容。在语言文字的表达上要动之以情，富有文采。

4. 要简洁含蓄

在进行创作构思时，切勿张扬。广告信息的传达要求简洁而又内容丰富。要从宏观着眼，从全局设想，善于把握、发现能够反映本质的、全面的信息内容的那些"眼""点"，以一滴水见太阳。不论是语言文字，还是图像、画面等表现手段，要尽量做到意在言外，含而不露，既能准确地把广告诉求的宗旨表达显现出来，又能让受众感到意味深长、寓意无穷，觉得饶有趣味，从而加深印象。

 任务演练

继续情境 1 的产品创意，尝试用不同的方法来为这个产品继续进行广告创意，并分析其是否达到了基本要求。

任务评价标准与记录如表 5-4 所示。

表 5-4 任务评价标准与记录

评价内容与标准	1 组	2 组	3 组	4 组	5 组	6 组
方法选择						
创意效果						
汇报内容						
汇报效果						
创新体现						
合计						

重点记录：

注：评价内容一般分为五项，评价标准一般分为优秀（A 记 2 分）、一般（B 记 1 分）、不合格（C 记 0.5 或 0 分）三个等级，每个任务满分为 10 分。此表可用于教师打分和学生互评。

任务三　了解广告创意的表现

学习情境 1　明确创意诉求

情景导入 ////

进步科技，完全掌握

随着科技的进步，人类在应用上越来越精密，也越来越深入。

在广告影片制作上，数字化的后期作业也利用了科技，把肉眼看不到的世界进行层层剖析，强化了品牌及商品的专业程度。

乐百氏纯净水曾使用过这一手法，以字幕表现水粒经过二十七层过滤的工艺。不只

让顾客安心、信赖，也取得了相当的地位。

洗剂类商品，让消费者看过洗衣粉如何在衣服的布质纤维中达成去污效果，层层剖析、深入浅出地解释，加上统计数字佐证，产生很好的说服力。

类似的手法在洗发精、洗衣粉、空调、美白乳霜，还有卫生巾、肠胃药等商品的广告中，常常会用到。

（资料来源：http://wenku.baidu.com/link?url=3DymbMgZDF-F14AyHRcNdLQGuvRHRwxiWs2Jo6xkgwXine6lq2vR4YGo8tauzL1cyNq_LKKZxRV0g0jioI0Gra-10Z6DJX-eVlxEPFByvMK）

思考： 此情境中的方法是理性还是感性的？理性和感性的手法能分别达到什么样的效果？

知识储备

（一）创意诉求

美国著名的广告大师大卫·奥格威指出："要吸引消费者的注意力，同时让他们来买你的产品，非要有很好的特点不可，除非你的广告有很好的点子，不然它就像很快被黑夜吞噬的船只。"这里所说的点子就是创意，即通过创意构想出新的意念和意境。广告作品是否有创意，创意是否准确、充分地表达了广告主题，是决定广告作品成败的关键所在。

但是，综观当今喧闹的广告市场，有多少广告的创意能真正打动消费者呢？又有多少广告能使人"过目不忘"呢？每日面对那些满篇陈词滥调、滔滔不绝的讲解员式的广告形式，消费者早已反感至极，广告效果自然大打折扣。究其原因，有多方面的因素：其一，广告主对媒体和广告代理公司的选择不精，导致大量的投入不能很好地得到市场回报，甚至有些企业不惜巨资邀请明星投拍的广告也被束之高阁的例子屡见不鲜。其二，广告公司急功近利，把赚钱放在第一位，只顾揽客户、拉业务而忽视了在广告定位创意和广告效果方面的投入，直接影响了广告的宣传效果。其三，眼界与思路的闭塞，创意者对广告与创意制作缺少独到的见解，设计思路狭窄，缺少独创性与震撼性，创意平平、效果索然。

随着全球化经济模式的逐渐形成，广告行业正朝着立体化、多元化、全面化的方向发展。如何在光怪陆离、五彩斑斓的广告创意海洋中独辟蹊径、出奇制胜，将是今后决定广告成功与否的关键。

（二）广告诉求的三个要素

广告就是利用多种创意途径，把要传达的产品利益或形象折射出来，让目标受众充分受到这种由产品的功能转化而来的利益点的感染，从而潜移默化或立竿见影地实现一种渴望拥有产品的行动。而广告诉求便是使目标受众理解并接受广告所传达产品的这些利益或形象。

广告诉求是商品广告宣传中所要强调的内容，俗称"卖点"。它体现了整个广告的宣传策略，往往是广告成败的关键。倘若广告诉求选定得当，会对消费者产生强烈的吸引力，激发消费欲望，从而促使其实施购买商品的行为。

广告诉求是广告内容中很重要的部分，是创意性的企图和信息传播者为了改变信息接受者的观念，在传播信号中所应用的某些心理动力，以引发消费者对于某项活动的动机，或影响其对于某样产品或服务的态度。

广告要进行有效诉求，必须具备三个条件：正确的诉求对象、正确的诉求重点和正确的诉求方法。

1. 诉求对象

广告的诉求对象即某一广告的信息传播所针对的那部分消费者。

（1）诉求对象由产品的目标消费群体和产品定位决定

诉求对象决策应该在目标市场策略和产品定位策略已经确定之后进行，根据目标消费群体和产品定位而做出。因为目标市场策略已经直接指明了广告要针对哪些细分市场的消费者进行，而产品定位策略中也再次申明了产品指向哪些消费者。

（2）产品的实际购买决策者决定广告诉求对象

根据消费角色理论可以知道，不同消费者在不同产品的购买中起不同的作用。例如，在购买家电等大件商品时，丈夫的作用要大于妻子；而在购买厨房用品、服装时，妻子的作用则大于丈夫。因此，家电类产品的广告应该主要针对男性进行诉求，而厨房用品的广告则应该主要针对女性进行诉求。儿童是一个特殊的消费群体，他们是很多产品的实际使用者，但是这些产品的购买决策一般由他们的父母做出，因此儿童用品的广告应该主要针对他们的父母进行诉求。

2. 诉求重点

广告活动的时间和范围是有限的，每一次广告都有其特定的目标，不能希望通过一次广告就达到企业所有的广告目的；广告刊播的时间和空间也是有限的，在有限的时间和空间中不能容纳过多的广告信息；受众对广告的注意时间和记忆程度是有限的，在很短的时间内，受众不能对过多的信息产生正确的理解和深刻的印象。

广告中向诉求对象重点传达的信息称为广告的诉求重点。制约广告诉求重点的因素主要有以下几种。

（1）广告目标

广告的诉求重点首先应该由广告目标来决定。如果开展广告活动是为了扩大品牌的知名度，那么广告应该重点向消费者传达关于品牌名称的信息。如果广告目的是提高产品的市场占有率，那么广告的诉求重点应该是购买利益的承诺。如果广告目的是短期的促销，那么广告应该重点向消费者传达关于即时购买的特别利益的信息。

（2）诉求对象的需求

广告的诉求重点应该是直接针对诉求对象的需求，诉求对象最为关心、最能够引起他们的注意和兴趣的信息，因为企业认为重要的信息，在消费者看来并不一定非常重要。

3. 诉求方法

广告诉求方法从性质上可分为理性诉求和感性诉求两类。

理性诉求广告向消费者"推介产品",诉诸目标受众的理性思维,使消费者能够对产品的特质、功能等有一个清楚的了解,从而决定是否购买。感性诉求广告主要诉诸消费者的感性思维,以情动人,使消费者在感动之余认同该产品。当然还可用情理结合的诉求策略,即用理性诉求传达信息,以感性诉求激发受众的情感,从而达到最佳的广告效果。

雕牌系列产品的广告策略就经历了一个从理性诉求向感性诉求的转变。初期,雕牌洗衣粉以质优价廉为吸引力,打出"只买对的,不买贵的"口号,暗示其实惠的价格,以求在竞争激烈的洗涤用品市场突围。结果使这则广告效果一般。而其后一系列的关爱亲情、关注社会问题的广告,深深地打动了消费者的心,取得良好效果,使消费者在感动之余对雕牌青睐有加,其相关产品连续四年全国销量第一。

"妈妈,我能帮您干活了",这是雕牌最初关注社会问题的广告。它通过关注下岗职工这一社会弱势群体,摆脱了日化用品强调功能效果等差异的品牌区分套路,对消费者产生深刻的感情震撼,建立起贴近人性的品牌形象。其后跟进的"我有新妈妈了,可我一点都不喜欢她"延续了这一思路,关注离异家庭,揭示了"真情付出,心灵交汇"的生活哲理,对人心灵的震撼无疑是非常强烈的。

透过雕牌产品的广告策略,我们可以看出:要使广告深入人心,诉诸人的情感是一种有效的方式。

（三）创意诉求的注意事项

怎样才能使广告创意的诉求准确呢?应注意以下几个方面。

1. 创意目标要明确单一

广告创意绝不能为创意而创意,要有明确的目标,一切要服从于这个目标。创意目标应服从于广告目标。广告目标即广告在特定的时期和范围内要达到的目的。广告的目标有很多,如在新产品推入市场时引起消费者的注意和兴趣;在消费者心里建立起良好的品牌形象;与企业品牌的竞争对手进行竞争;树立良好的企业形象,建立起消费者对企业的信任感等。广告目标不同,其创意内涵的差异性是很大的,为了达成预定的广告目标,就要采取与之相应的创意策略。

2. 创意诉求要保持单纯集中

广告创意要达成良好的效果,其诉求一定要单一集中,一定要确定什么是最重要的。表达对目标消费者最有影响力和最有价值的东西,从目标消费者的关心点切入,才能产生打动人心的力量。认为什么都重要而不加以选择、期望值过高、目标过大,反而会削弱重点,造成诉求力的分散,这是创意策略上的误区。

广告创意表达的时间与空间是极其有限的,不可能在有限的时空中传达更多的信息,唯一有效的策略是注重单一集中,以少胜多。

3. 创意要突出广告的品牌

在商品推销过程中,商品的品牌是消费者选择的依据。商品品牌的声望或印象的建立过程中，消费者的购买动机、心理因素占极重要的地位。商品的心理价值包括了品牌形象和企业形象。品牌形象是消费者心目中对商品的主观评价，其创造离不开卓越而成功的广告创意表现，好的品牌在消费者心目中产生决定性的作用，往往成为他们购物的指南。

广告创意要全力去塑造一个适合潜在消费者的品牌形象，将品牌名称强而有力地印在消费者脑海里，以期这个印象在他产生购物行为时，发挥引导作用。

4. 充分利用产品利益能力，做出可信的承诺

承诺是消费者在购买享用广告的商品时能获得的独特的利益和好处，是广告主在广告中向消费者表示的一种许诺和保证。

广告创意中的承诺必须是有意义的、实实在在的；必须要有保证，使消费者相信承诺是能兑现的。承诺要具体实在，具有操作性，切忌说大话、空话、套话，也不可模棱两可、花言巧语，这样的承诺会使消费者难以相信或熟视无睹，是没有任何意义的。

任务演练

分析广告作品的诉求表达，并描述自己为产品制订的诉求。

任务评价标准与记录如表 5-5 所示。

表5-5 任务评价标准与记录

评价内容与标准	1组	2组	3组	4组	5组	6组
产品分析						
制订诉求						
汇报内容						
汇报效果						
创新体现						
合计						

重点记录：

注：评价内容一般分为五项，评价标准一般分为优秀（A 记 2 分）、一般（B 记 1 分）、不合格（C 记 0.5 或 0 分）三个等级，每个任务满分为 10 分。此表可用于教师打分和学生互评。

学习情境2 创意广告表现

情景导入

点石成金，随心所欲

"魔术灵"是一个厨房清洁剂、浴室清洁剂、玻璃清洁剂的品牌，它的广告一如品名，多年来保持一贯的手法，只见家庭主妇一抹一擦，如同仙女魔棒一点，厨房、浴室立即清洁如新，强化了轻松去污的效果。

中国台湾的创意人深深为四川戏法"变脸"所折服，多次运用在广告之中，增加商品的奇幻价值。

苹果的一体电脑，将显示器和机箱合而为一，造型超炫。广告中有这样的情节，看到计算机在橱窗中，一位路人对着计算机摇头，计算机也摇头，对着计算机伸舌头，计算机的光盘也像舌头一样伸出来。让计算机有了拟人化的演出，引人会心一笑。给一个新颖的工业设计添加了魔术趣味。

（资料来源：http://wenku.baidu.com/link?url=3DymbMgZDF-F14AyHRcNdLQGuvRHRwxiWs2Jo6xkgw Xine6lq2vR4YGo8tauzL1cyNq_LKKZxRV0g0jioI0Gra-10Z6DJX-eVlxEPFByvMK）

思考：有趣味的广告能吸引人们哪些方面的注意？这种风格能够被广泛接受吗？

知识储备

（一）广告创意表现的风格

1. 夸张广告

夸张是广告当中经常使用的手法，但是将夸张使用得恰到好处却不见得都能做到。美国芝加哥有家美容院的门口挂着这样的广告牌："请不要和刚刚从这里走出来的姑娘调情，她很可能是你奶奶！"一则化妆品的广告语："如果说姑娘的脸就像一张天然的画布，那么抹上一点美加净爱萝莉，就会诞生一幅世界名画。"

2. 荒诞广告

可口可乐有一个电视广告：在非洲的某个部落里，人们因遭受严重的干旱正在用宗教的方式求雨，当仪式进行到高潮时，一辆可口可乐的冷藏饮料车从天而降!人们围着车子载歌载舞尽情狂欢。整个广告看起来像一部荒诞的好莱坞电影片段，在极短暂的紧张之后给人留下了深刻的印象，这种效果是正常的广告形式难以达到的。

3. 游戏广告

国外有一则牛奶的广告写道："只要您连续 1200 个月每天喝一杯我的牛奶，你就能活 100 岁。"乍看这段文字好像也没有什么特别之处，但是要再品味一下或许就不那么简单了，1200 个月不就是 100 年吗？它告诉你一个千真万确的事实：当你连续喝上 1200 个月的时候，你已不知不觉是个百岁老人了。关键在于"连续"这两个字。这是广告中玩的一个数字游戏。

4. 逆反广告

国外有家酒店的广告："本酒店长期以来出售的是掺水 10%的陈年老酒，若有不愿掺水者请预先说明。但若因此醉倒，本店概不负责"。此告示一出，该店生意马上兴隆起来。这则广告正是利用人们的逆反心理，将酒店出售酒的质量巧妙地告诉消费者，比那些"绝不掺水"之类的话更加可信。《水浒传》里的"三碗不过冈"与此有异曲同工之妙。

5. 空白广告

香港的一家大公司曾不惜重金，在报纸上登了一幅整版广告。整个画面就一个大

"？"，在最下面附一行小字：答案请看第十版右下角。读者好奇地翻到一看，那里画着一个嬉皮笑脸的小丑，旁边写着："请接受××公司采用出众的特殊方式向您问好！您受惊了！如果您光临敝公司，众多的新产品将使您更为惊喜。"

《纽约时报》曾刊登过一家皮货店的广告。这则广告整版几乎空白，只在中心位置登了几个字："星期天不开门。"下面用小字写着："本公司认为，每个人在星期天都应该好好休息一下。"这则广告虽然看起来平淡无奇，似乎也没什么吸引人的文案。但是，当它刊登在整版都是密密麻麻文字的广告中间时，却显得独树一帜，特别引人注目。读者不免会对这则广告产生兴趣，那句大白话般的广告语看起来也意味深长了，它读起来不像广告，倒像是对人们的一种关爱。

6. 幽默广告

英国有一个乡村理发店，店主为引人注意，竖了一块广告牌，上面写着："先生们，我要你们的脑袋！"这则广告可谓一语双关、别出心裁。

国外的一个掌上电脑的广告。为了突出产品的快捷、准确、方便的短信息功能，该广告设计的连续画面是：海报左右各有一张图片，左面是一个西装革履的年轻人意外地从高空往下坠落（让人联想到可能是从飞机上掉下来的），情急之中拿出掌上电脑给地面发求救信息；右边的画面是接到消息的救援公司的人员已经铺好安全气垫在仰望天空等待。广告语是："想一想，行动起来。"广告画面让人忍俊不禁，产品功能表现得淋漓尽致，让人能不心动？

（二）广告创意表现的形式

1. 拟人

拟人是视觉元素物化和感观世界的写照。例如，动物、器物，予以人格化，赋予图形新的生命和一种新意义。在梦想与现实所表现的手法，通常在漫画和动画中常使用这种语言和手段。

2. 隐形的构成

所谓隐形构成，似形而蔽，含于其中。在梦想中其隐形借助于实形存在，或是轮廓边缘的共用效应。隐藏的形态，超越现实、空间、结构、梦想已成为艺术表现的重要手段，表现起来很容易达到一语双关、一箭双雕的效果。其构成条件为隐形依附于实形存在，并相似其实形，这样才自然合理。

3. 梦想的实现

这种构成方法实际上就是图形视觉元素的替代关系（换句话说就是梦想与现实的再塑），是画面中某一局部因素的替代，即减少某一局部因素，增补另一因素，其形、轮廓大致相互照应，力图表达双方在某种层面的内在联系和在形态上的相似性。使人们至少在心理上能够接受。

人们常说的张冠李戴，在图形视觉因素的某一阶段上截取，然后换上另一视觉元素，通过类比，近似联想，使移花接木的结果仍在情理之中。这种梦想的构成能深刻地表达图形主题，其构成条件大都是改头换面。

4. 对称

对称图形是图形构成中最古老的构图方式，图形对称构成的形式构筑基础上融入了视觉心理的感应作用。对称的一个意思是，一个图形的正反形态、投影形态等绝对对称，另一个含义是相对对称同量不同质或图形的某一局部。

5. 视觉推移

视觉推移实质上是视觉元素的渐变过程，是由一形态过渡到另一形态推移过程中质的变化过程。具有超自然的假想性，借助一定的图形构筑手段在一种空间配置中表现出两种截然不同的空间关系，这在广告设计中往往取得意想不到的成功。

6. 变形构想

将视觉元素图形有意识地加以改变，拉长或压扁，抽象表现或夸张地突出某一局部，目的就是强调某物象的某一特征，从而显现出特殊的视觉效果。

7. 趣味

所谓趣味就是为强化广告、插画等设计中所表达的主题而采取的富有情趣、耐人寻味和引人深思的手段。常采用寓意、比喻、夸张、讽刺、幽默、诙谐和抒情等各种表现方法，不求合理，让人注意，给人以艺术享受和艺术感染。

8. 文字构想

文字是视觉传达设计的重要元素之一。图形中文字构想及文字本身象形化，将文字赋予一种新的形式、情趣、生命；赋予以字代图或以图代字这一特殊的视觉功能。

设计构想文字应具有双重功能；一方面是作为信息传递作用的视觉功能，应使字形符号具有强烈、鲜明的视觉效果以使信息传达更具体更具标识性；另一方面是作为传情达意的心理功能，赋予字形形象化、图形化，强化文字本身意义的外延，增加可视性，强调文字的形象化及直觉化。

9. 名作利用

名作利用大都用于广告、插画及现代艺术的创作表现，利用名画家笔下人物或是著名雕像进行有意识地做以局部改动、添加、减少、移动、错位原画面的视觉因素，借以达到广告、插画所要表达的意思和目的。构成条件是需要人们普遍熟悉的人物形象。

（三）广告创意表现的原则

在广告创意过程中必须运用创新思维。为此，应把握以下原则。

1. 冲击性原则

在令人眼花缭乱的报纸广告中，要想迅速吸引人们的视线，在广告创意时就必须把广告创意、提升视觉张力放在首位。

2. 新奇性原则

新奇是广告作品引人注目的奥秘所在，也是一条不可忽视的广告创意规律。有了新奇，才能使广告作品波澜起伏、奇峰突起、引人入胜；有了新奇，才能使广告主题得到深化、升华；有了新奇，才能使广告创意远离自然主义向更高的境界飞翔。

在广告创作中，由于思维惯性和惰性形成的思维定式，使得不少创作者在复杂的思维领域里爬着一条滑梯，看似"轻车熟路"，却只能推动思维的轮子做惯性运动，"穿新鞋走老路"。这样的广告作品往往会造成读者视觉上的麻木，弱化了广告的传播效果。

3. 包蕴性原则

吸引人们眼球的是形式，打动人心的是内容。独特醒目的形式必须蕴含耐人寻味的深邃内容，才拥有吸引人一看再看的魅力。这就要求广告创意不能停留在表层，而要使"本质"通过"表象"显现出来，这样才能有效地挖掘读者内心深处的渴望。

4. 渗透性原则

人最美好的感觉就是感动，广告创意感人心者，莫过于情。读者情感的变化必定会引起态度的变化，就好比方向盘一拐，汽车就得跟着拐。出色的广告创意往往把"以情动人"作为追求的目标。

5. 简单性原则

牛顿说："自然界喜欢简单。"一些揭示自然界普遍规律的表达方式都是异乎寻常的简单。近年来国际上流行的创意风格越来越简单、明快。

一个好的广告创意表现方法包括三个方面：清晰、简练和结构得当。简单的本质是精炼化。广告创意的简单，除了从思想上提炼，还可以从形式上提纯。简单明了绝不等于无须构思的粗制滥造，构思精巧也绝不意味着高深莫测。平中见奇，意料之外，情理之中往往是传媒广告人在创意时渴求的目标。

总之，一个带有冲击性、包蕴深邃内容、能够感动人心、新奇而又简单的广告创意，首先需要想象和思考。只有运用创新思维方式，获得超常的创意来打破读者视觉上的"恒常性"，寓情于景，情景交融，才能唤起广告作品的诗意，取得超乎寻常的传播效果。

（四）幽默广告的创意原则

幽默广告能产生良好的传播效应，但必须遵循一定的创意原则。

1. 要针对合适的广告对象

并不是任何广告都适合幽默的诉求手法，幽默广告要针对合适的对象或目标受众，才能发挥良好的效应。一般来说，人的自然性需求产品，如餐饮、服饰、旅游、运动型产品适合用幽默广告促销；而高理性产品，如与生命、资产有关的则不适宜用幽默广告。如果幽默广告与产品特性结合不当，则会弄巧成拙，使受众产生不信任感。创作幽默广告切忌喧宾夺主，不能为了幽默而幽默，从而使广告与品牌脱钩，达不到广告传播的效果。幽默广告也并不是全民娱乐，不同产品的目标受众不同，因此要根据不同目标受众的国情、文化背景、民族习惯、审美心理、社会阶层、性别群体、年龄阶段采用不同的方式进行诉求，这样的幽默广告才能引起受众的感情共鸣。

2. 要紧扣诉求点

幽默广告情节的设定一定要与诉求点紧密相扣，才能发挥其效应。例如，一则《达能牌冰淇淋》广告：一个超级大胖子端坐在沙发上，左手拿着一筒冰淇淋，右手拿着小匙，盯着冰淇淋满面愁容。他一方面禁不住冰淇淋的诱惑，十分想吃；另一方面理智上又知道不能吃，再吃这种高糖高蛋白的甜食，体重还会增加。在吃与不吃矛盾尖锐冲突的幽默情景中，使达能牌冰淇淋的诉求点"甜美可口、营养滋补"的优异品质得以充分表达。广告创意表现奇妙风趣，画面情节单纯集中，紧扣产品的诉求点，极具喜剧意味。

3. 要有情趣和思想性，不能流于低俗

幽默广告的成功与否，在于广告创意有没有让人会意的情趣和深刻的思想性。德国现象美学家莫里茨•盖格尔认为，艺术的审美效果可以分为两个层次，即表层效果和深层效果。表层效果是属于生命的本能领域的一种反映，以达到一种类似生理性的快乐为目的；而艺术的深层次效果是一种从人格的深度效果获得的幸福感。因此，幽默广告不仅需要感官美感，还应该具有情趣性、含蓄性和思想性，在表现手法上要形成一种生气勃勃的富于情趣的意境。

4. 要强化文案与画面的配合

广告由文案与图形组合而成，文案对画面起到了解读的作用，潜移默化地指导着受众的思想，画面是对文字的解释，起着升华主题的作用，所以画面要与文字的风格、广告的情趣等方面相吻合，才能发挥出这则幽默广告的最大效用。幽默广告的标题和广告语，以双关语、俏皮话、警句、格言为主要的语言形式；幽默广告的画面，常采用夸张、拟人、比喻等手法，增强了广告的趣味性。幽默广告的文案与画面的协调一致能强化广告的感染力，加速信息的传递。

任务演练

以小组为单位，每个小组搜集选择 10 个有创意的广告作品，分析讲解这 10 个广告作品的表现风格和创意手法。

任务评价标准与记录如表 5-6 所示。

表 5-6　任务评价标准与记录

评价内容与标准	1组	2组	3组	4组	5组	6组
材料搜集						
材料展示						

续表

评价内容与标准	1组	2组	3组	4组	5组	6组
创意分析						
汇报效果						
创新体现						
合计						

重点记录：

注：评价内容一般分为五项，评价标准一般分为优秀（A记2分）、一般（B记1分）、不合格（C记0.5或0分）三个等级，每个任务满分为10分。此表可用于教师打分和学生互评。

任务四　认知广告文案创意

学习情境1　认知广告文案

➡ 情景导入 ////

脑筋转弯，会心一笑

英国人最喜欢把幽默放在广告中，但是也只有英国人自己懂得其中的风趣。在欧洲有一个专卖橘子口味汽水的品牌，在大品牌汽水的夹攻下，仍然生存得很好，数十年如一日，无论何种情境，只说一句话："除了解渴，什么也不能。"有些嘲讽其他饮料品牌，为饮料添加了太多的感受世界。即使这个品牌60周年庆的广告，也只见老妪为它唱生日快乐歌，唱得荒腔走板，喝上一口汽水，嗓音也没有改善，还是那句老话："除了解渴，什么也不能。"

还有一支甜辣酱的广告：一人正在好好享受他添加了甜辣酱的美食，蚊子叮上了他，此人毫不在意，等蚊子吸饱了血飞起后，在空中爆炸，可见该甜辣酱有多辣。

此类型广告，不温不火，有些迂回，突显了广告人的机智，功力在于如何能百看不厌，否则看过一次，就不再有趣了。

（资料来源：http://www.chuangyimao.com/detail/15425.html）

思考：广告中的广告词能够起到什么作用？你印象深刻的广告词都有哪些？

📖 知识储备

（一）广告文案的含义

广告文案有两层含义：一是为产品写下的打动消费者内心，甚至打开消费者钱包的文字；二是专门创作广告文字的工作者，简称文案。广告文案是由标题、正文、广告词和符文组成的。它是广告内容的文字化表现。广告文案的写作要求有较强的应用写作的能力。目前广告界对广告文案有广义与狭义之说。广义的广告文案是指广告作品的全部，就是指通过广告语言、形象和其他因素，对既定的广告主题、广告创意所进行的具体表现。狭义的广告文案则指表现广告信息的言语与文字构成。广义的广告文案包括标题、正文、口号的撰写和对广告形象的选择搭配；狭义的广告文案包括标题、正文、口号的撰写。

（二）广告文案的构成

广告文案是由标题、广告正文、广告口号和随文组成的。它是广告内容的文字化表现。在广告设计中，文案与图案图形同等重要，图形具有前期的冲击力，广告文案具有较深的影响力。

1. 广告标题

广告标题是广告文案的主题，往往也是广告内容的诉求重点。它的作用在于吸引人们对广告的注目，留下印象，引起人们对广告的兴趣。只有当受众对标语产生兴趣时，才会阅读正文。广告标语的设计形式有情报式、问答式、祈使式、新闻式、口号式、暗示式、提醒式等。广告标语撰写时要语言简明扼要、易懂易记、传递清楚、新颖个性，句子中的文字数量一般掌握在 12 个字以内为宜。

2. 广告副标题

广告副标题是广告方案的补充部分，有一个点睛的作用。它的作用主要表现在对标题的补充及让人感觉前面的没有懂，在这里全部让人了解。

3. 广告正文

广告正文是对产品及服务，以客观的事实、具体的说明，来增加消费者的了解与认识，以理服人。广告正文撰写使内容要实事求是、通俗易懂。不论采用何种题材式样，都要抓住主要的信息来叙述，言简意明。

4. 广告口号

口号是战略性的语言，目的是经过反复和相同的表现，以便明白它与其他企业精神的不同，使消费者掌握商品或服务的个性。这已成为推广商品不可或缺的要素。广告口号常有的形式有联想式、比喻式、许诺式、推理式、赞扬式、命令式。广告口号的撰写要注意简洁明了、语言明确、独创有趣、便于记忆、易读上口。

5. 广告随文

随文又称附文，是广告中传达购买商品或者接受服务的方法等基本信息。

其主要内容包括购买商品或获得服务的方法；权威机构的证明标志；用于接听诉求对象反映的热线电话；网址；直接反映表格；特别说明；品牌（企业）名称与标志等。随文的作用是告诉顾客怎样购买。例如，写明企业名称、地址、电话、购买手续、银行账号、经销部门等。

随文是广告必要的附加说明，一般放在广告文案的最后部分。

（三）广告文案的分类

我们可以根据不同的标准，从不同的角度对广告文案的类型进行划分。

1. 按媒体分

按媒体分，广告文案可分为报纸广告文案、杂志广告文案、广播广告文案、电视广告文案、网络广告文案、户外广告文案、其他媒体广告文案。

2. 按文体分

按文体分，广告文案可分为记叙文广告文案、论说体广告文案、说明体广告文案、文艺体广告文案。

3. 按内容分

按内容分，广告文案可分为消费物品类广告文案、生产资料类广告文案、服务娱乐类广告文案、信息产业类广告文案、企业形象类广告文案、社会公益类广告文案。

4. 按诉求分

按诉求分，广告文案可分为理性诉求型广告文案、情感诉求型广告文案、情理交融型广告文案。

（四）广告文案的特点

一般来说，系列广告文案的表现特色与其写作目的有密切关系。系列广告文案的写作目的是全方位、多角度、全过程和立体地表现广告主体，从而形成较大的广告影响力和广告气势，满足受众对广告信息深度了解的需求。为了实现这个目的，系列广告文案在表现上就比较注重刊播的连续性和信息的全面性。

1. 刊播的连续性

系列广告文案一般是连续刊播的，这样可以形成宏大的广告气势。

系列广告是在广告策略的指导下，通过一定的广告策划，经过统一的安排，有计划地进行广告连续刊播活动。在这些系列的、连续刊播的广告中，广告文案用统一的主题和风格，甚至是同一种表现形式、同一个广告标题、同一篇广告正文来对受众进行连续的广告传播活动。这种连续的刊播可以形成广告宣传的排山倒海之势，对受众产生强烈的震撼。可以全面反映广告主的企业宗旨和企业实力，也可以反映产品的过人之处。

2. 信息的全面性

多则不同表现内容的广告文案，可以较为全面地、多角度地表现广告信息，满足受众对广告信息深度了解的需求；而表现相同广告信息的多则广告文案，可以反复地体现广告信息而使广告得到有效的传播。

在系列广告作品中，广告文案所表现的信息内容之间一般呈现以下关系：信息并列关系、信息递进关系、信息同一关系。

（1）信息并列的系列广告文案

信息并列的系列广告文案一般有两种表现。

一种是将广告主体的各个方面分解成不同的侧面，在每一则单个广告文案中表现其中的一个侧面，或者将同一品牌的不同系列产品做并列表现。广告受众在连续的阅读或接收过程中，通过各个侧面信息了解到一个全面的广告主体或同一品牌的不同产品特征。这是单纯处于并列关系的系列广告文案。

另一种是在系列广告中的第一则广告文案里采用总括性的信息表现，而在以后的几则广告文案中，又分列出不同的侧面来表现，将后面多则广告所表现的信息总括在一定范围内。

属于信息并列的系列广告文案，可以多角度地、全面地传递广告信息，让受众从各个侧面了解到广告主欲告知的方方面面的广告信息。

（2）信息递进的系列广告文案

信息递进的系列广告文案，有的是对广告信息进一步的深入发掘，可以使受众一步步由浅入深地了解广告信息；有的是完整地反映企业、产品和服务在各个不同时期一步步的发展状况和现实存在，使受众能跟随广告的系列表现了解广告主体的发展状况。这样受众对广告信息能有一个全面的了解，也能使广告主和受众之间达到一种长时间的沟通，在沟通中受众对广告主体的有关情况产生兴趣。

（3）信息同一的系列广告文案

信息同一的系列广告文案，是就广告主体的特征，进行同一信息诉求的不同表现形式的广告文案。这种表现可以将一个广告信息进行反复的、不同角度的表现，使同一信息的诉求深入拓展，可以避免广告文案表现得空泛和乏味。

例如，网易系列广告文案就采用了同一信息的多角度表现方式，形成一个风格独特的广告系列。

任务演练

分析广告作品中的文案，指出其文案的组成和具体内容，为某一产品结合广告创意设计广告文案。

任务评价标准与记录如表 5-7 所示。

表 5-7　任务评价标准与记录

评价内容与标准	1组	2组	3组	4组	5组	6组
资料搜集						
文案提炼						
设计文案						
汇报效果						
创新体现						
合计						

重点记录：

注：评价内容一般分为五项，评价标准一般分为优秀（A 记 2 分）、一般（B 记 1 分）、不合格（C 记 0.5 或 0 分）三个等级，每个任务满分为 10 分。此表可用于教师打分和学生互评。

学习情境 2　撰写广告文案

情景导入

Nike广告创意

地铁上，男女主人公分坐在两边，男主人公手里拿着面包圈吃得津津有味，对面的女主人公边踮着脚（镜头给女主人公的鞋子来了个特写）边望着正在大吃的男主人公。突然，在地铁就要启动的一刹那，女主人公冲出车厢，跑向出口，来到大街上，冲出人群，跨过前方挡着的车门，逾越了各种障碍，以极快的速度来到了卖面包的婆婆那里，脚都没有停下来，拿起面包，放下钱就跑，手里捏着刚买的面包，又以极快的速度跨越各种障碍，冲向下一站的地铁入口，又是在地铁刚要启动的瞬间，女主人公一只脚伸进了车门（镜头对着女主人公的鞋来了个大特写）。回到车厢，女主人公望望对面的已经品尝完美味的男主人公，指了指男主人公嘴角上的面包渣并递给他一张餐巾纸，然后得意地、自豪地、美滋滋地欣赏着刚买回来的美味。此时，画面上出现"More Go""Nike shox"及耐克经典的"对号"标志。

广告创意阐述如下：

画面一开始展示女主人公踮着脚的细节（镜头还来了个特写），让人很好奇，很想继续看看这广告是怎么发展的，究竟要说什么。

女主人公在车就要启动的情况下冲出车厢这一举动，更是吸引人们想要知道她到底要去干什么，刚才的镜头特写跟这一举动有什么关系。

女主人公突破了层层障碍，来到了卖面包圈的婆婆那里并顺利地买到了面包圈，然后又突破层层障碍跑到了下一站地铁的入站口，让人觉得原来这是一个面包的广告，是因为太美味了，让女主人公为了得到它不惜拼命地奔跑去与地铁赛跑。可是，真的就是这样吗？

女主人公的一只脚踏入下一站地铁的门（镜头又来了个特写），这让我很是疑惑，难道不是面包圈的广告？为什么还要给女主人公的鞋一个特写？

直到广告的最后，画面出现"More Go""Nike shox"及耐克的标志，才让我明白原来这是耐克的广告。再一联系整个广告的情节，原来是因为耐克的鞋可以让女主人公跑得飞快，可以让女主人公在成功地与地铁赛跑的同时获得自己的美味。这么一想，这一广告创意堪称精彩。

这则广告不是"Just do it"这种向人传达拼搏运动精神的品牌内涵广告，而是建立在介绍产品特征基础上的产品广告。与其他介绍产品广告不同的是，它并没有直接介绍产品的好与坏，而是通过穿着它的女主人公突破挑战从而得来想要的美味这一故事来展现耐克运动鞋的舒适与轻便，让人吃惊，让人回味无穷，而且印象深刻。不得不称赞，这真的是一个超具创意的广告。这么一个意想不到的结果，在人的心理上产生了巨大的震撼，广告效果绝不是普通介绍产品的广告可以超越的。

（资料来源：http://3y.uu456.com/bp_8el7s5o9nw0daes3z414_1.html）

思考：广告词或广告文字内容与广告创意怎样配合才能达到最优效果？谈谈你对这则耐克广告的理解。

知识储备

（一）广告文案写作的原则

1. 广告文案文本最直接地与受众产生联系

在广告运动中，广告文案与广告作品中的其他要素一起，作为广告活动的"代言人"站出来和受众对话。人们通过它的介绍和推荐来认识企业、产品和服务，产生相应情绪，对是否接受某种服务形成选择意向。这个代言人所说的话真实与否，将在很大程度上决定受众是否能得到真实、准确的信息，能否产生符合真实状态的对应情绪，能否产生正确的消费意向。因此，只有符合真实性原则的广告文案才符合"以人为本"的广告理念。广告文案人员诚实地表现真实的广告信息，是对受众最好的服务形式。

2. 最终目的是说服和诱导消费者产生消费行为

这个目的以广告文案等组成的广告作品的发布为中介。广告者借助广告作品宣传产品的功能、特点，期望得到消费者的消费。这个目的使得广告文案的写作具有完全的功利性。而一旦广告者为了功利的目的放弃了对消费者的道德责任，不真实的广告文案便会充斥广告空间，为了一己私利而让众多的消费者遭殃。这对于经济的真正发展、对繁荣广告市场、对满足消费者的身心需要，都是十分有害的。从这个意义上讲，真实性原则是对于广告特性所可能带来的负面效应的一个强有力的遏止者。

3. 文本经由媒体得到广泛传播并能产生双重效应

广告文案经由不同的媒体传播，传播范围具有相当的广泛性。这个广泛性与它作为一种文化产品所具有的双重效应一起，会产生广泛的、双重的影响。双重效应即经济效应和社会效应。有效广告可以引导或带动消费者产生物质与文化的双重消费。在产品特点、优点真实的基础上消费当然是广告人梦寐以求的结果，也是对社会经济发展的强有力的推动。但如果是基础于虚假信息前提下的广告文案所造成的消费热潮，将会对消费者和社会经济环境的稳定产生不良后果，会造成对不良生活方式的盲目追求。

4. 真实性是广告文案的生命力所在

广告文案以代表企业、产品、服务宣传其特点、功能，说服和劝诱消费者产生对应性消费为己任。因此，真实性是它的生命所在、力量所在。如果违背了真实性原则，其广告文案会因为失真而丧失自己的可信度。丧失了可信度的广告文案将毫无生命力，毫无价值。受众对广告的怀疑、不信任心态的存在和弥漫，就是许多虚假广告造成的恶果。广告活动如果失去了受众的信任，广告本身也就成了毫无意义的行为。

在广告文案写作中，坚持真实性原则问题，就是坚持广告科学地、真正地为社会服务的问题，坚持正向发展我国广告业的问题。因此，真实性原则应该是广告文案写作行为的首要原则。

（二）广告文案的写作方法

1）要根据产品与市场调查的资料，用不超过 20～30 个文字将产品描述下来，这20～30 个字要包括产品的特点、功能、目标消费群、精神享受四个方面的内容。

2）紧接着要问自己，我应该向我的消费者承诺什么？这一点很重要，若没有承诺没有人会买你的东西，承诺越具体越好。不要写下连自己都不能相信的承诺，你的承诺靠什么保证，在文案中要体现清楚。

3）有一个核心的创意，这个核心创意一是单纯，二是可延伸成系列广告的能力很强，三是有原创性，可以震醒许多漠不关心、漠然视之的消费者。创意的规律，由画面的主体部分延伸到次主体部分，再顾及次要部分。广告画面的主体部分我们称之为"构图中心"。在平面广告里，构图中心是视觉传达的最佳位置，最利于直接表达广告的传播内容。在视觉的心理上，称之为"视觉流程"。

由于视觉流程的设计不能孤立单一地进行，而必须用构图因素、黑白因素及色彩因素相互依赖才能进行设计。因此，广告的构图中心与黑白中心、色彩中心的关系是相辅相成的，有时各中心相互重合，形成视觉中心；有时则应该错开，这应该从表现的内容和构图、构思的需要来考虑确定。所以，要设计出好的广告作品，必须了解视觉的特性，掌握好视觉的规律，使视觉流程能够体现构思，设计形成艺术美感，符合整体节奏的逻辑规律，更好地表现广告传播所需要传达的特定内容。

（三）广告文案的写作要求

1. 准确规范、点明主题

准确规范是广告文案中最基本的要求，要实现对广告主题和广告创意的有效表现和对广告信息的有效传播。

首先要求广告文案语言表达规范完整，避免语法错误或表达残缺。其次，广告文案所使用的语言要准确无误，避免产生歧义或误解。再次，广告文案的语言要符合语言表达习惯，不可生搬硬套，自己创造众所不知的词汇。最后，广告文案中的语言要尽量通俗化、大众化，避免使用冷僻及过于专业化的词语。

2. 简明精练、言简意赅

广告文案在文字语言的使用上要简明扼要、精练概括。首先，要以尽可能少的语言和文字表达出广告产品的精髓，实现有效的广告信息传播。其次，简明精练的广告文案有助于吸引广告受众的注意力和迅速记忆下广告内容。最后，要尽量使用简短的句子，以防止受众因冗长语句而反感。

3. 生动形象、表明创意

广告文案中的生动形象能够吸引受众的注意，激发他们的兴趣。国外研究资料表明：文字、图像能引起人们注意的百分比分别是 22% 和 78%；能够唤起记忆的百分比中文字是 65%，图像是 35%。这就要求在进行文案创作时采用生动活泼、新颖独特的语言的同时，辅助以一定的图像来配合。

4. 动听流畅、上口易记

广告文案是广告的整体构思，对于由其中诉诸听觉的广告语言，要注意优美、流畅和动听，使其易识别、易记忆和易传播，从而突出广告定位，很好地表现广告主题和广告创意，产生良好的广告效果。同时，也要避免过分追求语言和音韵美，而忽视广告主题，生搬硬套，牵强附会，因文害意。

（四）广告正文的写作技巧

1. 说明型

说明型的文案正文以科学、客观的语言来表述、解释产品或企业的有关信息，重在说明事实。

> **案例阅读**
>
> **万和消毒碗柜广告文案**
>
> 这是消毒？这才是消毒！
>
> 传统的消毒方法只能杀灭小部分细菌，生命力强的病菌依然逍遥自在。万和消毒碗柜，采用 125 度红外线高温消毒，彻底杀死病菌。
>
> 万和消毒碗柜：
>
> 远红外线高温消毒，杀毒彻底！
>
> 具有食物解冻、保温、加热功能！
>
> 多层放物架，有效容量大！
>
> 外观新潮，结构紧凑合理！
>
> 臭氧消毒、保洁！
>
> 保修一年，常年服务！

切忌写成说明书，需要注意：第一，写目标消费者感兴趣的事实或让消费者感到惊异的事实。第二，将专业化信息转化为消费者能理解、能接受的信息。例如，"色彩更鲜艳：使用黑而亮的屏幕，在显像管中添加特殊的黑色素，有防止外来杂光干扰的功能。图像更清晰……音响更震撼……"体现了通俗化。

2. 记叙型

记叙型广告就是以叙述与产品或企业有关的事情的前后经过，来宣传企业形象。

3．描写型

例如，描写魅力迷人的彩色唇膏的文案如下：

方糖红：有二人份的茶水甜味，清淡情调的淡红色，柔软的甜味，适合 20 岁至中年的现代女性使用。

亮光红：像《罗曼史》中的女主角般迷人，有舒适的魅力，在荧光灯下显得特别美丽。

4．论证型

例如，国氏全营养素报纸广告文案："药减肥，当然期望有效又安全"。

寻本溯源，减肥更有效、更安全、更科学。

减肥，为了健康。为了美，无论什么目的，都希望既有效果又安全，这也许是肥胖人减肥时所关注的首要话题。

其实……

有了国氏，减肥更有效、更安全、更科学。令您更加放心地享有一副自然健康的美好姿态。

5．抒情型

例如，怡安花园报纸广告文案：除了家人，他可能是最亲近的人……

（五）广告大师的文案创意建议

1．大卫·奥格威的九条经验

1）不要旁敲侧击，要直截了当。避免"差不多""也可以"等含糊不清的语言。

2）不要用最高形容词、一般化字眼和陈词滥调。要有所指，要实事求是，要热诚、友善并且使人难以忘怀，别惹人厌烦。讲事实，但是要把事实讲得引人入胜。

3）应该常在自己的文案中用用户经验谈。比起不知名的撰稿人的话，读者更易于相信消费者的现身说法。知名人士现身佐证吸引的读者特别多。如果证词写得很诚实，也不会引起怀疑。名人的知名度越高，能吸引的读者也就越多。

4）另外一种很有利的窍门是向读者提供有用的咨询或者服务。这种办法写成的文案可以比单纯讲产品本身的文案多招来 75%的读者。

5）我从未欣赏过文学派的广告……我一直觉得这类广告很无聊，没有事实。

6）避免唱高调。

7）除非有特别的原因要在广告里使用严肃、庄重的字，通常应该使用顾客在日常交谈中用的通俗语言写文案。

8）不要贪图写那种获奖文案。

9）优秀的撰稿人从不会从文字娱乐读者的角度去写广告文案。衡量他们成就的标准是看他们使多少产品在市场上腾飞。

2．斯通的七步曲法则

1）在标题或第一段中允诺一种好处。

2）紧接着详细叙述这种好处。

3）确切地告诉读者将得到什么。

4）用事实等来证实你的叙述。

5）告诉读者如果他不行动将失去什么。

6）在最后再次叙述购买的好处。

7）建议即刻行动。

3. 瑞士学者的 4F 法则

4F 法则即新鲜（Fresh）、有趣（Fun）、忠诚（Faith）、自由（Free）。

4. 中国台湾广告学者的主张

1）一目了然。

2）强调销售重点。

3）简明。

4）用对象常用的话。

5）有趣。

6）易懂。

7）说得娓娓动听。

8）行动之提文。

9）文案要取信于读者。

10）用文案来接近消费者。

任务演练

选择几组广告作品，比较并评价其文案的优缺点，衡量其是否符合广告文案的要求，并界定其类型。

任务评价标准与记录如表 5-8 所示。

表 5-8   任务评价标准与记录

评价内容与标准		1组	2组	3组	4组	5组	6组
	材料搜集						
	分析评价						
	汇报内容						
	汇报效果						
	创新体现						
	合计						

重点记录：

注：评价内容一般分为五项，评价标准一般分为优秀（A 记 2 分）、一般（B 记 1 分）、不合格（C 记 0.5 或 0 分）三个等级，每个任务满分为 10 分。此表可用于教师打分和学生互评。

项目总结

　　广告创意是广告作品生命力的体现，是广告作品创作的重要环节。本项目分析了广告创意的来源，详细说明了广告创意的主要方法和基本要求，在分析广告创意原理的基础上介绍了广告创意的表现，最后落脚于广告文案的撰写，完整地讲述了表现手法和文案配合的创意内容。

检测练习

一、单项选择题

　　1. 美国芝加哥有家美容院的门口挂着这样的广告牌："请不要和刚刚从这里走出来的姑娘调情，她很可能是你奶奶！"这则广告使用的表现手法是（　　）。

　　　　A. 夸张　　　　　　B. 幽默　　　　　　C. 荒诞　　　　　　D. 空白

　　2. 以叙述与产品或企业有关的事情的前后经过，来宣传企业形象的文案写作方法是（　　）。

　　　　A. 论证型　　　　　B. 记叙型　　　　　C. 说明型　　　　　D. 描写型

　　3. 广告创意要突破常理才能引人入胜的原则属于（　　）。

　　　　A. 原创性原则　　　B. 新奇特原则　　　C. 冲击性原则　　　D. 渗透性原则

　　4. 广告效果要达到视觉冲击，起到吸引人的效果，这属于（　　）原则。

　　　　A. 原创性原则　　　B. 新奇特原则　　　C. 冲击性原则　　　D. 渗透性原则

　　5. 广告文案中可以省略的是（　　）。

　　　　A. 标题　　　　　　B. 正文　　　　　　C. 随文　　　　　　D. 口号

二、多项选择题

　　1. 广告文案写作的要求包括（　　）。

　　　　A. 准确规范、点明主题　　　　　　　　B. 简明精练、言简意赅

　　　　C. 生动形象、表明创意　　　　　　　　D. 动听流畅、上口易记

　　2. 广告表现的3B原则是指（　　）。

　　　　A. 美女　　　　　　B. 野兽　　　　　　C. 明星　　　　　　D. 小孩

　　3. 广告诉求的三个要素是（　　）。

　　　　A. 诉求对象　　　　B. 诉求时间　　　　C. 诉求重点　　　　D. 诉求方式

　　4. 广告创意的特征有（　　）。

　　　　A. 抽象性　　　　　B. 广泛性　　　　　C. 关联性　　　　　D. 独特性

5. 广告文案主要包括（　　）。

A. 标题　　　　　　B. 正文　　　　　　C. 随文　　　　　　D. 口号

实 训 项 目

【实训名称】广告创意和设计。

【实训目的】通过实际操作掌握广告创意的基本方法和原理，并会自行设计创作文案。

【实训材料】笔、本、电脑等办公用品。

【实训要求】

1）将全班分为多个广告设计公司，尽量不超过六人一组。

2）各公司选定一种产品，并确定该产品的定位。

3）为该产品创意一个广告作品，并描述创意。

4）为该创意的广告作品撰写相应的文案。

项目六 广告制作

项目内容

1. 知识目标

1）掌握平面广告的类型和制作技巧。
2）掌握电子广告的类型和制作技巧。

2. 技能目标

1）掌握不同广告媒体的广告制作技巧和注意事项。
2）能够制作出表达创意和广告主要策划内容的广告作品。

3. 过程与方法

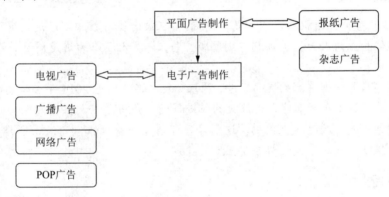

4. 职业素养目标

控制、换位。

任务一　制作平面广告

学习情境 1　报纸广告制作

情景导入

《我的早更女友》电影广告

2014 年，新京报刊登的周迅主演的《我的早更女友》电影广告（图 6-1 和图 6-2），利用悬疑的方式吸引了大量读者的猜测与关注。

图 6-1　报纸广告（一）

图 6-2　报纸广告（二）

"砸钱买广告公开送祝福，这才是真爱啊。"在读者纷纷搜索"谁是袁晓鸥"时，国内外多家媒体和业内人士也关注到这则整版广告。许多人还以为这是周迅的粉丝为她送上的祝福。

但这其实只是一部电影的宣传广告。原来，袁晓鸥是周迅 2014 年上映的新电影《我的早更女友》中男主角的名字，由佟大为饰演，这个广告是一则温情的电影宣传。在周迅宣布婚期第二天，及时送上祝福，这则广告可谓"一箭双雕"。

思考：报纸广告的最大优势在哪里？

知识储备

（一）报纸广告版面

报纸广告的版面大体分为双页跨版、双半页跨版、整版、半版、四分之一版、三分之一版等。

一幅报纸广告主要由商标、品名、标题、广告语、文案、厂名、图片图形等要素构成，因此我们在设计时，应尽量发挥上述各种要素的机能，抓住读者视线，创造出富有个性的版面形式。

版面：报纸的每一页面称为"版"。版面中可以根据需要开辟专门的位置和面积来刊登比较固定的素材稿件，我们称之为"专栏"。

报头：头版的版面中涌来刊印报名的部分。

报眼：横排报纸中与报头相临的部分。

版心：报纸版面中印刷图文内容的部分。

中缝：相邻的两个版面之间的空白部分（一般也可以做广告）。

边白：报纸页面中版心周围的空白区域。

（二）报纸广告内容要求

明确广告对象，使广告内容具有相适应的倾向性；版面设计安排应该合理，版面大小合适，简洁明快，易看易懂；标题应当醒目，惹人注意；最好连续刊登，加深读者的印象；利用形象化的语言和图片传递广告信息；增强广告的感染力和说服力。

（三）报纸广告制作流程

1. 初稿设计

拟好草图，并加上标题；在征得广告主同意后，再制成一个详细的稿样。

设计广告标题时，首先要求标题清晰明了，一目了然。例如，"用这种方法提神——轻松能量，来自红牛"，这个广告标题突出了红牛的特征"能量"，同时介绍了红牛的功能"提神"，标题清晰明了，达到了很好的宣传效果。其次，标题应该具有针对性，尽量反映产品的效用和利益，吸引消费者群体。

2. 字体选择

常用的字体有数十种，但一般标题使用黑体字。正文内容中若须加强调部分，可用黑体字突出。字体的选择，以方便阅读为原则。一般情况下，人的阅读习惯是以楷体和宋体为主，而外文字体最好是用小写体。好的字体设计，并不在于引起读者对字体的注意，而在于注意广告的内容。

3. 美工画稿

美工画稿即正稿，广告制作进入这一阶段，创作稿即可提供给印刷厂。要对广告做出修改，就必须在这一阶段进行；否则，将造成费用浪费。此外，正稿要做得比实际面积稍大，在四周留边，并在画稿背后标出广告稿的实际大小和缩放尺寸。

4. 画稿制作

把广告画稿（正稿）和标题、正文排好，拼接在一起，完成画稿制作。画稿制作是广告各部分的位置和尺寸大小的准确到位阶段，因此，一定要看一看是否符合原来的设计，并经广告主最后审查后制成清稿。如果需要对广告的布局做出改动，必须立即进行。

5. 制版

制版是把画稿制作阶段做出来的稿样送给印刷厂的制版车间，由他们制出印刷版。报纸的印版一般为锌版，而杂志的印刷版一般为金属电铸版。

6. 出清样

用广告印刷版手工印刷出来的第一张广告为清样。在这一阶段，必须对广告文字和图案进行校对，并做些小的改动，使之更接近原来的作品。经校改后的清样交付印刷厂制版，即可印刷。

7. 印刷

现有的印刷技术有四种：活版印刷、照相凹版印刷、平版胶印和网版印刷。活版印刷是最老的也是最灵活的方法，在付印前后，时刻都可对版面进行改动，因此，适合于报纸和杂志的印刷。照相凹版印刷印制出来的刊物质量最好，但价钱贵，一般只用于印刷长而量大的东西，如报纸和产品目录。平版胶印是最近发展最快的一种印刷方法，由于印刷质量高，印版便宜，被许多报纸和杂志采用。网版印刷是最简单的方法，但印量小，只适合于印制招贴或户外广告，这种印刷品的色彩浓厚而鲜明。

任务演练

以小组为单位，按照下列项目的情况设计与制作一个房地产报纸广告。

1. 项目介绍

"西美 70 后院"以全新小户型住宅为主打，楼体以吉祥灰的劲酷与富贵黄的绚丽，焕然挺拔出耀目姿彩，为都市赋予无限风格魅力，跃动于时尚前沿。它不仅象征着无可挑剔的领先品质，更以独创的 90~117 平方米的简约户型，无与伦比的人性化关爱，满足时尚创领者的需求。70 后院以其高品质注重细节的核心，必定成为石家庄市毫无争议的"全新时尚地标"。

2. 题目

设计一个报纸形象广告（1/4 横版），标题为"城市新青年人居典范"。正文为"理想与现实的空间是生命的宽度，我们选择不了起点，但已经在路上，坚持理想，永不言败。西美 70 后院——省会新青年根据地"。随文为"本案位于石家庄市裕华区槐安东路145 号，销售热线：0311-86239999，0311-86238888"。要求：体现出项目时尚、简约的现代特色，给人以温暖、先进的传播效果。资料参考为 http://70houyuanxm.soufun.com。

注意事项和需要考虑的问题：

1）报纸广告排版的几种版式：整版（35cm×49cm）、半版（25cm×35cm）、双通栏广告（约 200mm×350mm 或 130mm×235mm）、单通栏广告（约 100mm×350mm 或65mm×235mm 两种类型）、半通栏广告（约 65mm×120mm 或 100mm×170mm）、中缝（宽 3.5cm 左右）、报眉（宽 8 cm×高 3cm）、报花（宽 3cm×高 2cm）。

2）色彩的搭配。

3）字体、字号的运用。

4）文字的编排方式。

5）图形的选择和运用。

6）整体的构图。

任务评价标准与记录如表 6-1 所示。

表 6-1 任务评价标准与记录

评价内容与标准	1组	2组	3组	4组	5组	6组
文字色彩						
构图排版						
广告创意						
汇报效果						
创新体现						
合计						

重点记录：

注：评价内容一般分为五项，评价标准一般分为优秀（A 记 2 分）、一般（B 记 1 分）、不合格（C 记 0.5 或 0 分）三个等级，每个任务满分为 10 分。此表可用于教师打分和学生互评。

学习情境 2　杂志广告制作

情景导入

杂志广告

图 6-3 和图 6-4 所示两则广告都是比较有创意的杂志广告，运用了杂志本身的优势和特有的表达形式，第一则广告在杂志中夹带了一个特别制作的宣传册子，而第二则广告则把平面的内容变得立体。

图 6-3　广告（一）

图 6-4 广告（二）

思考：对于杂志这个媒体的广告制作，你有什么创新的想法？

知识储备

（一）杂志广告设计常识

利用杂志刊登广告，和报纸广告一样，利用杂志的发行网络，取得较大的读者群。虽然杂志的发行量比报纸略低，而且周期比报纸长，但由于它不像报纸那样以新闻为主要内容，而是在内容上更具有较强的专业性、针对性、知识性和趣味性，因此，读者对于杂志阅读起来更为仔细、认真。

由于杂志的封面、封底、插页可以采用精美的彩色印刷，因此不管是精心的广告设计画面，还是优秀的摄影作品，都能够具有良好的艺术效果。有的杂志广告甚至可以形成一幅独幅画，具有独立的欣赏价值。所以，在现代四大广告媒体中，虽然按覆盖率比较，杂志广告名列第四，但由于它独特的优点，却也获得了一个恰如其分的美称——广告媒体中的贵族。

杂志术语涉及以下几个：

封一：杂志的封面（Front Cover），印杂志名称。

封二：封面的内页（Inside Front Cover）。

封三：封底的内页（Inside Back Cover）。

封四：封底（Back Cover）。

一般，封二、封三、封四都是用来印广告的。

（二）杂志广告设计的特点

1. 选择性

各类杂志都有不同的办刊宗旨和内容，有着不同的读者群。通过杂志发布广告，能够有目的地针对市场目标和消费阶层，减少无目的性的浪费。

2. 优质性

杂志广告可以刊登在封面、封底、封二、封三、中页版，以及内文插页。以彩色画页为主，印刷和纸张都精美，能最大限度地发挥彩色效果，具有很高的欣赏价值。杂志广告面积较大，可以独居一面，甚至可以连登几页，形式上不受其他内容的影响，尽情发挥，能够比较详细地进行商品的内容介绍。

3. 多样性

杂志广告设计的制约较少，表现形式多种多样：有直接利用封面形象和标题、广告语、目录为杂志自身做广告；有独居一页、跨页或采用半页做广告；可连续登载；还可附上艺术欣赏性高的插页、明信片、贺年片、年历，甚至小唱片。当读者接受这份情意，在领略艺术魅力的同时，潜移默化地接受了广告信息。并通过杂志的相互传阅，压在台板下、贴在墙上的插页经常被观摩，不断发挥广告的作用。正因为杂志广告表现力丰富，读者阅读视觉距离短，可以长时间静心地阅读。所以，杂志广告无论其形式和内容上都要仔细推敲，以求艺术性较高、内容较为具体的画面出现，让读者能够被吸引，深入广告中。

（三）杂志广告设计的图片技巧

1. 图片的大小

通常一张篇幅大而醒目的图片，比起一堆零星散布的小图片，能吸引更多的读者。但是图片除了大以外，也必须引人入胜。否则一幅放大的乏善可陈的图片只会变成一个大一号的令人生厌的东西，比小图片更糟糕。

2. 可否包含引人入胜的故事

使用富有故事性的照片曾经使奥美屡屡获胜。读者一瞥到这种图片便会想："这是怎么回事？"然后他就会继续读下去。在照片上注入越多的故事性诉求，广告就有越多的人注意。

3. 可否让图片具有新闻性

新闻性的图片不仅可以增加读者的阅读兴趣，而且通常会部分消除人们对文字的抵触情绪。新闻性的图片关键在于是不是新闻，狗咬人不是新闻，人咬狗才是新闻。新闻性图片与故事性图片的差别在于前者必须真实。

4. 是否可以示范产品

表现如何使用产品的有力方法，就是让读者看着摆在眼前的广告，当场亲自动手示范产品的用法。"视觉化对比"也是示范产品利益点最有力的方法。采用并排对比的照片可显示出使用前及使用后，或者是有产品跟没产品的差别。

5. 产品可否成为图片的主角

把产品塑造成广告中的主角通常是很值得一试的做法，因为产品永远是广告的核心所在。产品本身应该是英雄。但是这种做法如果缺乏好的创意及好摄影师，可能就会把广告变得非常无趣。

6. 是否具有出人意料的视觉效果

天天看见的东西通常会让人麻木，就像陈词滥调一样，应该考虑让那些图片变得与众不同。例如，奇怪的角度、从未见过的组合、特殊的比例等，都可以让一些视而不见的东西引人注目。

投注在图片上的心力至少应该与投注在标题上的一样。很多创意小组经常会为了一个文选考虑四五十个标题，而对于插图却只有几个想法而已。这种做法很少能够引导出杰出的图片或者杰出的广告。

（四）杂志广告设计的注意事项

1. 展示主题形象要明确清晰

杂志广告的设计都是通过视觉化的形象表现在广告中，塑造具有感染力的主体形象，充分发挥杂志广告的有利方面，以达到准确介绍商品和促进销售的目的。一般情况下，杂志广告的设计多以展示分辨率高、印刷精美的产品实物原形为主要手段。

2. 风格统一，色彩柔和

现代杂志广告设计在色彩和风格上要注重视觉的整体效果，内容传达应该清楚，层次分明，整体性强。在设计过程中，图片、标题、说明文字要进行合理的编排与组织，通过关联因素，使它们结合在一起，形成有机的整体；色彩的表现要注意底色的柔和，以达到衬托主题的目的。

3. 注意合理的版面分割杂志

广告的设计重点在封面、封底上，创意应该单纯集中，背景环境的设计要衬托出主题形象，还要注重标题的组合与设计，保证广告信息的层次清晰地传达。杂志广告除了封面、封底之外，还有封二、封三、插页、折页、跨页等形式。另外，杂志广告还可与其他技术结合，创新出更多的广告形式，在设计时应该注重其结构合理。

1）扉页：一本杂志，正面第一页是封面，翻开封面后左边那页（即整本书的第二页）是封二，右边那页（第三页）就是扉页了。一般来说，扉页的材质与做封一封二的纸不一样。对杂志的页码编号，通常从扉页开始，编为第一页。

2）扉页第一跨页：把封二与扉页（摊开杂志，左边那页纸和右边那页纸）合起来看成一张大的页面，忽略杂志的中缝造成的间隙。在扉页第一跨页上印广告的话，广告画面就横跨两页纸，有一般单页广告的双倍大，所以叫跨页。

3）第二跨页：紧接着扉页第一跨页的是第二张跨页，即杂志编有页码的第二页和第三页的合成页。

4）内页硬插页：杂志内页通常是普通的印刷薄纸，而内页硬插页是用不同材质的纸，如较厚较硬的广告纸插在某些内页之间（一般是在杂志最中间的两个页码之间，如果一共有28页的杂志，那就插在第14页与第15页之间）。内页硬插页可以是单页的，也可以是跨页的。

杂志广告画面的组成，同报纸广告一样，包括广告标题、广告形象、广告正文、广告随文和广告标语等部分。在构图的处理上，因为杂志的印刷可以利用印刷厂的彩色印刷技术这样一个优越的条件，所以不一定像报纸那样必须一一铺开，而可以采取压叠、穿插的方式，造成丰富的形式效果。因此，构图形式的安排和设计布局十分重要。

任务演练

为某品牌的化妆品做一则杂志广告，介绍你的创意和表达方式，并尽量专业地绘图。

任务评价标准与记录如表6-2所示。

表6-2 任务评价标准与记录

评价内容与标准	1组	2组	3组	4组	5组	6组
文字色彩						
构图排版						
广告创意						
汇报效果						
创新体现						
合计						

重点记录：

注：评价内容一般分为五项，评价标准一般分为优秀（A记2分）、一般（B记1分）、不合格（C记0.5或0分）三个等级，每个任务满分为10分。此表可用于教师打分和学生互评。

任务二 制作电子广告

学习情境1 电视广告制作

情景导入

德芙巧克力的电视广告制作

德芙巧克力是世界最大宠物食品和休闲食品制造商美国跨国食品公司马氏公司在

中国推出的系列产品之一，于 1989 年进入中国，1995 年成为中国巧克力领导品牌，"牛奶香浓，丝般感受"成为经典广告语。巧克力早已成为人们传递情感、享受美好瞬间的首选佳品。

德芙品牌在市场上具有很高的品牌知名度，市场占有率为 35%，知名度为 80%。这样的成绩不仅来自德芙丝滑细腻的口感、精美的包装，也来自德芙的广告宣传工作。而以 2007 年的电视广告为开端，德芙在当今日益激烈的市场环境中成功出位。

2007 年 CCTV 每天黄金时段都会播出德芙巧克力的最新电视广告。专业人士评价它把德芙牛奶巧克力的魅力及纯美品质刻画得丝丝入扣。其独特的创意及制作拍摄技巧，也将德芙牛奶巧克力带向了全新的境界。这支广告片的成功不只在于创意构思，更在于技术成果。这则广告的制作延续了德芙以往的优雅气质，主角还是采用美女，唯美的画面，优雅的音乐，明快的色彩，给人的第一印象就是难以言喻的舒心。

广告的大致内容如下：广告片从一片飞鸟飞过的天空开始，背景音乐响起，镜头转到露台上正在看书的女人（虽然广告采用的不是众人皆知的大牌明星，可是它采用了美女，更能体现广告的唯美，让人心生美的感受），露台咖啡厅男侍者的目光一直落在她身上，女人拿出巧克力的动作流畅，将一块送入口中，画面变成牛奶与巧克力交融的情景（采用 Photo-Sonics 的镜头捕捉，呈现出缓缓旋转运动的美）。顺滑丝感的感觉从口中延续到身边，咖啡色的丝绸轻绕过女人裸出一侧的香肩上，接着又随风轻拂在抚过书页的手背上，最后轻轻环绕在走过的男侍身上，女人一脸甜蜜的微笑，沉浸在阅读和德芙所带来的愉悦里。（整个广告片画面简洁，色彩淡雅，灰白的浅色映衬着巧克力的浓郁，情节简单，却让人印象深刻。此广告背景音乐为也广告加分不少，音乐营造的浪漫气氛使主角享受着巧克力带来的愉悦感受时，观众也伴着醉人的音乐感受生活的浪漫，让你觉得只要吃一块德芙，生活就会更加美妙……）最后丝绸揭开，画面正中一行字：愉悦一刻，更享丝滑。同时低沉、感性的独白响起："愉悦一刻，更享德芙丝滑（简洁明快，紧扣广告表现的愉悦感）。"整个广告片仅 30 秒，却令人回味无穷。

而 2008 年的德芙广告更是深入人心，其内容大致如下：在复古的英伦风街道上，一位身着小礼服的年轻女人（一如德芙以往的风格，用美女代替人气明星，给人一种温馨唯美的感觉），走到橱窗口，比着镜子里的自己，想象着自己佩戴着橱窗里面的帽子，表情很欢快，又走到珠宝的橱窗，看着玻璃上自己的影子，摆出各种 pose，想象着自己佩戴着这些珠宝的样子，里面的店员看到了，温情地回以一笑（该情节创意十足，给人一种新奇欢快的感觉，让人过目难忘、意犹未尽）。此时，女主角从包里拿出德芙巧克力，轻咬一口，丝滑的感觉从口中延续到身上，咖啡色的丝绸轻绕过女人的手臂，最后离开，女孩儿沉浸在欢乐里（表现出德芙巧克力给人带来的是非物质的享受，已经上升到精神层面，使人身心愉悦，给人的生活带来幸福）。背景音乐欢快轻柔，最后丝绸再次揭开，画面正中出现一行字："此刻尽丝滑。"（依然抓住了德芙巧克力丝滑的主题，简洁明快，又不乏愉悦感）同时旁白响起，令人回味无穷。

2009 年的德芙广告明信片篇选用高中女生，唯美地表达出德芙所包含的对浪漫爱情的憧憬。广告内容如下：轻松的音乐响起（贯穿始终），女主角（憧憬爱情、崇尚时尚、追求浪漫、讲究青春的年轻群体，尤其是年轻情侣和年轻女性）正伏案微笑，看到门缝里出现一张明信片，她按照明信片上所说的来到那个地方，突然一条丝巾状的巧克力蒙住了她的眼睛，让她看到了一个美丽的世界，然后她乘着男主角的车来到一处美丽的郊外（轻松愉悦的音乐贯穿始终，多个唯美画面构成一个浪漫的爱情故事，整个广告中，弥漫的是甜蜜、浪漫的情愫，营造的是愉悦、时尚的气氛），看到一个方盒子，方盒子里飘出一条棕色丝巾（使用联想，通过棕色丝巾把德芙的丝滑具体形象化，一步一步地引出文案"此刻尽丝滑"，强化了目标顾客的印象）再一次蒙住了她的眼睛，当她睁开眼睛时，她的手里多了一盒德芙巧克力。旁白响起："发现新德芙，更多丝滑感受，更多愉悦惊喜。"文案出现："此刻尽丝滑。"

此外，德芙巧克力电视广告推出的明信片篇、心声篇、生活篇也都一一焕发出重彩。

（资料来源：http://wenku.baidu.com/link?url=fixg32a6CF1bVDz4XCTxeXgFy8Wog6GRj6pxyC0GQflEIsOz6Pj82x SHxcF9MUzcyA8nXZMYlHY41KHMrDxBjIAyMMCb7hi69-4kZoaKYBS）

思考：电视广告应该用什么博得消费者眼球或刺激消费者感知？

🧘 知识储备

电视广告制作就是对电视广告创意进行具体有效的表现与实施，也就是将电视广告创意转化为真切动人的视听作品。电视广告制作是电视广告创作的最后完成阶段，是对广告创意的执行与落实，也是电视广告作品最后成型的关键阶段。制作电视广告时应充分把握电视媒体的特点，使传播的内容与形式协调一致，以达到最佳的传播效果。

电视广告制作是广告活动中的一项重要内容，是广告理论与广告实践的具体反映和体现。广告制作的成功与否，直接影响到广告效果的好坏，在很大程度上也体现广告经营者（广告公司及其他广告从业人员）前期市场分析工作的科学与否，体现了广告创意人员创意能力如何，甚至能够决定广告主的形象优劣及广告商品的市场命运。

（一）电视广告制作的类型

1. 实景拍摄型电视广告

实景拍摄型电视广告是指根据广告创意要求，由广告片导演指导真人在实景中表演，通过摄像机记录表演过程，经由后期剪辑处理，再加上配音、配乐而形成的电视广告作品。

1）写实广告片拍摄真人、真物、真景，这是常用的广告片，这样的广告给观众以真实感和现实感。

2）纪录片包括现场转播与现场录像两种形式，如拍摄顾客盈门、产品实际操作、时装表演、明星推荐商品等。

3）特殊效果片拍摄时运用特技使商品跳、跑、飞、转，如彩色糖果、巧克力豆、药丸等可以从盒子里跳出来，形成文字、图形等各种所需画面。其方法是将商品摆在各种位置逐一拍摄，一种造型一格画面，连续拍 24 格/秒，序列播放就成为一种可动的效果。

2．计算机创作型电视广告

计算机创作电视广告是根据电视广告创意文案或故事版的要求，由计算机制作人员运用计算机软件将广告创意用音画结合的方法表现出来的广告形式。

3．编辑合成

编辑合成型电视广告是广告制作人员运用后期制作的方式将拍摄或剪辑来的素材进行有效合成而创作出来的电视广告作品。后期制作环境的进步可谓一日千里，无论是广告代理商还是创意人员都跃跃欲试，希望利用这一新工具，将脑海中天马行空的创意视觉化表现出来。然而，新的工具也带来了新的问题。在硬件（后期设备）的背后，更要重视的是软件（后期制作的技术人员），即对"人"的开发。

目前许多广告代理商的通病是将执行形式列为创作的核心紧抓不放，忽略了广告片所要传达的中心概念。事实上，技术只是工具而非核心，运用后期制作已是大势所趋，切不可让高新超卓的技术模糊了创作的真正意图；应让创意插上后期制作的翅膀翱翔于无际的广告天地，而不可让后期工作束缚了创意的手脚，驾驭了概念的贯彻，否则可就大悖初衷了。

（二）电视广告制作流程

电视广告的制作分工很细，一般来说，广告公司只负责构思，制作公司负责拍摄，后期制作公司则负责后期剪接、配乐、配音、计算机特技、动画等工作。电视广告制作的程序也很繁复，大致可以分列如下。

1．构思

构思是广告公司创作人的主要工作。一般而言，在接获客户服务部的新工作演示文稿后，创作总监会指派一对文案与美术指导共同负责构思，并给予适当的创作指引。通常只有五至十天的工作时限让创作人去构思点子。创作队构思完毕，便要在期限前预早与创作总监商讨。创作总监会凭经验给予指导、修改，可行的点子就会与客户服务部进行内部商讨，若发现有任何问题，就会再修改或者重新构思。不过，由于见客户的时间通常都会保持不变，因此构思的时间往往变得只有一两天，甚至一个晚上。

2．卖桥

从前创作人是三步不出闺门的，卖桥是客户服务部的工作。时至今日，创作人大都逢会必到。因为创作人演绎自己的作品，大都比较得心应手，加上客户对创作人一般都较为尊重，所以成功机会会相对较高。卖桥是一份不易为的工作。首先，要做好铺排，把构思变得更有策略，更明白客户的需要。每人的卖桥方式都不同，有的会像演戏般演绎，有的会用大量图画或视像参考材料，甚至会把构思剪辑或拍摄成广告片，让客户更易明白。

3．报价

卖桥成功并不代表真的成功，还要看构思的点子是否超出预算。很多时候由于预算的制作费太过昂贵，会令广告胎死腹中。制作预算包括三大部分，即拍摄费、后期制作费及广告公司费用。拍摄费视广告复杂程度及导演级数而定，相差可以由十多万元至几百万元不等。后期制作费则包括剪接、计算机效果、配乐、配音等。广告公司一般收取制作费的 17.65% 作为报酬。总括而言，最小型的制作约需三四十万元，中型的制作约七八十万元，过百万的已是大制作。SUNDAY 的制作费平均每支广告 100 万，"独立日"约 400 万，"达尔文"约 900 万，可以说是百年难得一见的大制作。

4. 送检

以前检查是电视广播管理局的工作，现在却交由电视台自行审查。若电视广告播放后，收到任何投诉，电视台将会被检控，甚至停牌。所以，电视台审查广告都很苛刻。近年电视广告常收到投诉，令审查变得更严格，甚至矫枉过正。

5. 召开制作会议

广告制作前会有数次制作会议。先是创作人与导演交流意见，然后导演会就广告片的处理手法、选角、服饰、道具、拍摄地点、灯光、配乐等与创作人倾谈。待与客户开过制作会议后，广告片才会正式开拍。

6. 拍摄

拍摄可分为厂景及外景。外景拍摄较厂景难控制，除天气影响外，找场地及控制途人也很困难。一队制作队伍，除导演外，还包括摄影师、摄影助理、灯光、道具、服装、发型、制作统筹（Producer）、制作助理等。遇有海外拍摄，由于经费所限，因此一般只有导演、摄影师、摄影助理出外，其余人手则在当地聘请制作公司协助。

7. 后期制作

现在的广告很依赖后期制作，所以这绝对是不可忽视的一环。广告片拍摄完毕先会送往冲片，然后送到后期制作公司进行初步校色。剪片师会按导演的意思先剪出毛片，待创作人满意后再加上音乐样本及配音样本给客户批阅。上述的制作程序又被称为线外剪接，完成后再进行接上剪接。首先把菲林进行真正校色，确定广告片的整体色调，如黑白、偏蓝、偏绿、偏黄等。然后会进行计算机加工，如把不需要的东西删除、加上字幕、计算机特技等。与此同时，配乐师会就导演的音乐样本创作配乐。创作人亦要选择合适的旁白员录音及加上音响效果。最后就配乐、旁白及音效进行混音。经客户最后批阅后，一支广告片正式完工。不过，广告片仍须得到电视台的最后审批，才可真正在电视中与观众见面。电视广告播放只是几十秒的事，但当中所涉及的程序却非常多，所以，一般广告都要花上几个月，甚至接近一年的时间才可以正式播出。

任务演练

拍摄并制作一个不超过一分钟的电视广告，并讲述制作过程。用手机拍摄和会声会影等软件剪辑。

任务评价标准与记录如表6-3所示。

表6-3　任务评价标准与记录

评价内容与标准	1组	2组	3组	4组	5组	6组
拍摄内容						
文案音效						
广告创意						
制作效果						
创新体现						
合计						

重点记录：

注：评价内容一般分为五项，评价标准一般分为优秀（A 记 2 分）、一般（B 记 1 分）、不合格（C 记 0.5 或 0 分）三个等级，每个任务满分为 10 分。此表可用于教师打分和学生互评。

学习情境2　广播广告制作

 情景导入

肯德基广播广告

时间：29 秒

（背景音乐：《甜甜的》音乐渐起）

男声（有一点痛苦）：喂，老师，我今天肚子疼，想请一天假。

女声（流露出一些关切的语气）：行，明天记得带作业哦。

（老师刚说完，电话另一边响起一阵奇怪的类似亲吻的声音）

女声（疑问但又有一点责备的语气）：干什么呢？

男声（尴尬而又慌张的声音）：噢噢，没什么，没什么，老师再见。

（挂电话声）

男声（欢快而幸福的声音）：肯德基最新推出鸡柳汉堡，挡不住的诱惑，好吃听得见，嗨嘛（类似亲吻的声音）……

（背景音乐渐渐消失）

创意说明：想到广播广告，然后我们就从声音开始联想，想到生活中有许多声音比较相似，容易引起误会，从而产生幽默的效果，吸引别人的注意力，这则广告就利用了这一点：一个学生给老师打电话请假，同时在吃东西，美味的诱惑让人随时都想咬上一口，发出的啃咬咀嚼声就像亲吻一般，在增加搞笑效果的同时也充分说明了汉堡的可口诱人。

（资料来源：http://wapwenku.baidu.com/view/eb1b0a1bff00bed5b9f31dc4?pn=2&pu=）

思考： 鉴于广播广告的特点，通过哪些手段可以制作一则吸引人的广播广告？

知识储备

一般的商业广播广告制作分为预备阶段、录制阶段、后期合成三个阶段。

（一）预备阶段

1. 确定广告制作人

广告公司指定广播广告制作人，由广告制作人挑选录音棚、导演、演员，估算开支，并向广告主提出广告预算。广播广告制作人的职责包括熟练操作广播硬件，负责组建制作小组（包括导演、演播人员、录音师等），审定广告文稿，分配并协调小组成员工作，保证录制工作按时、有序完成，控制预算，创造出高质量的广播广告作品。

2. 准备

1）设计录制方案。广播广告导演反复阅读和研究广告文案，掌握广告内容情节，根据文案中的背景、环境、场景、作者要求、人物等，设计总体文案及音乐音响的录制方案。

2）选择录音棚。多数广告公司都选择独立录音棚。

3）选择演员。制作人或导演负责寻找演员，演员代表着产品形象，要考虑其音色、音质，甚至兴趣爱好和性格特点。广播广告演员一般从话剧演员、电影演员、配音演员中选择。

4）选曲或作曲。配乐分两种：预录音乐、专门作曲。采取哪种方式，取决于广告主题要求和预算限制。常见的广播广告音乐分为描述性音乐（渲染气氛）、标志性音乐（品牌名称、广告语）、导向性音乐（时空变化）和特技性音乐（超常性电子音乐）。

5）精练广告脚本。广播广告导演负责修改文案人员的文案脚本。

6）排练。

（二）录制阶段

录制是广播广告制作流程中最关键的环节，直接反映了前期准备工作的性质，同时影响到后期合成。录制环节主要涉及人声、音乐、音响的录制。

1. 演播与人声录制

1）演播是广播广告制作中最重要的质量指针，是广播广告在文稿基础上的再创造。

2）广播广告的技巧包括以下几点。

① 要调动、控制演播者的情绪与心理，让他们处于一种轻松、自在的心理状态，有利于发挥出最佳的水平。

② 要把握好语调和音量，注意语言的停顿，包括逻辑性停顿和随意性停顿。

③ 对某些声音做特殊处理。

2. 音乐录制

1）广播广告选择音乐有两种情况：电台直接从音乐资料库中挑选，专门为广告创作音乐。

2）音乐在广播广告中的功能：能塑造出符合广告产品或服务功能与特征的形象，传达强烈活跃的广告气氛；能唤起听众注意，增强广告的吸引力，激发受众购买欲望；多方位刺激受众感官，给人以立体感；迅速建立受众与产品之间的联想渠道，帮助消费者识记产品；陶冶情操，愉悦听众。

3）选择音乐基于两点考虑：从广告目标消费者的喜好特性出发，选择其喜闻乐见的音乐；音乐主题、风格、氛围要与广告主题一致。

3. 音响录制

1）音响效果功能。能体现产品特点的本质音响、间接指代情景信息的生活音响，营造环境气氛的自然音响。

2）音响录制手段。部分同期录音、部分现场录音、后期剪辑、部分后期拟音。

（三）后期合成

后期合成是指将广播广告中的人声、音乐、音响三要素通过一定的技术手段，制作成符合广告目标、体现广告主题、可供播放的广告作品。包括语言和音响的组合，语言和音乐的组合，语言、音乐和音响的组合。其组合关系可以以语言开头，穿插音乐、音响；也可以以音乐开头，穿插语言、音响；还可以以音响开头，穿插语言、音乐。三要素组合的规律是要自然，配合默契，主次分明，流畅完整；声音保真，无杂音，做到"四个一致"（音量大小、音色、速度、节奏一致）。

任务演练

录制一则广播广告，并谈谈你的想法和录制体会。

任务评价标准与记录如图 6-4 所示。

表 6-4　任务评价标准与记录

评价内容与标准	1组	2组	3组	4组	5组	6组
广告内容						
录制效果						
制作水平						
汇报效果						
创新体现						
合计						

重点记录：

注：评价内容一般分为五项，评价标准一般分为优秀（A 记 2 分）、一般（B 记 1 分）、不合格（C 记 0.5 或 0 分）三个等级，每个任务满分为 10 分。此表可用于教师打分和学生互评。

学习情境3 网络广告制作

情景导入

前程无忧的网络广告制作

广告主：前程无忧。

投放形式：Gif动画。

广告语：周六不息、年假不批、3年不加薪、迟到扣500块！别逼我上51job（图6-5）。

图6-5 前程无忧广告语

推广位置、尺寸：凤凰网常规新闻通发页方窗、335像素×280像素。

动画时长：10秒。

内容描述：将上班族压抑在心里的一些消极情绪通过漫画的方式表现出来，愤怒情绪的递增最终激发其重新找工作的欲望，最后给出解决的方法——上前程无忧，画面内容简介，有针对性地对受众进行传播。

背景分析：受网络发展和普及程度的影响，相比一些西方发达国家，国内的网络招聘还处于起步阶段。北京人上网求职的比例全国最高，其次是上海，再次是深圳和广州，而在更多的内陆地区，网络求职的比例较低，更多的人还是认可平面媒体发布的招聘广告。然而，机遇与挑战并存，网络的高速度与巨大的信息量赋予了网络招聘得天独厚的优势。据悉，现今中国大陆网络招聘市场被前程无忧、中华英才网及智联招聘三分天下，还有其他国内知名招聘网站及众多区域性招聘网站紧随其后，竞争日益激烈。

受众心理：对于上班族来说，工作中多多少少会有压力、不满，而这些压力与不满需要一个渠道来发泄，特别是近年来随着SNS社交网络的飞速发展，他们会通过微博、博客等发泄这些情绪，求安慰或者"同病相怜"。前程无忧的动画广告就是利用了大部分求职者的心理共性，让他们在广告中找到"共鸣"，并自然带出前程无忧这个网络招聘的广告信息。

创意分析：广告利用了"情绪叠加"的效果，通过五个情绪状态逐步吸引受众的关注，动画形象生动，夸张的表现手法吸引眼球。

（资料来源：http://www.docin.com/p-506479284.html）

思考：网络广告的优势和劣势标下在哪些方面？可以直接把电视广告、报纸广告等作为网络广告投放吗？

知识延伸

（一）网络媒介各领域广告市场分析

1. 门户网站广告市场分析

（1）规模

搜狐从流量上来看，位居门户网站第三名，但是用户群较多分布在北方。其体育频道的影响力不错。加上天龙八部游戏的连带效应，搜狐的流量一直维持着不错的水平。电子商务客户投放的规模很大，转化也比较不错。搜狐整体用户数约为 3.2 亿，但是现在活跃用户的比例很低，只有约 3200 万独立用户。流量呈现稳中有升的格局。

（2）趋势

搜狐这个媒体从总体上来看，电子商务客户投放的点击转化比还是不错的，特别是文章页内的巨幅广告，无论从点击量上看，还是从订单转化率看，都比较理想。但是它同样遇到了新媒体崛起分流主流门户流量的问题。广告的营收单一和吃力，而游戏发展越来越好，使公司的经营中心必然发生偏移。因此长期来看，搜狐的发展会越来越类似于网易：在门户的地位下降，某些特色栏目办得很好，很吸引人气，整体广告价值递减。

（3）一般价位

矩形广告：首屏矩形三轮换价格 25 万元/天。

文字链接广告：根据车型和所处位置不同，价格 2000～12 万元/天。

焦点图：根据所处区及栏目，价格 4 万～34 万元/天。

图文混排广告：根据车型不同，价格 30 万～48 万元/月。

通栏广告：列车海报广告，根据所处位置及栏目不同，4 万～20 万元/天。

悬停广告：根据所处页面不同，价格 1.5 万～9 万元/天。

流媒体+左侧悬停按钮：汽车频道首页 22 万元/天。

底边广告：汽车频道首页 30 万元/天。

巨幅广告：汽车文章页巨幅三轮换 14 万元/天。

摩天楼广告：搜狐首页首屏右四轮换（160×260＜20K）22 万元/天。

多媒体视窗：汽车频道首页（2 轮换）8.5 万元/天。

对联广告：根据车型不同，价格从 5000～1 万元/轮换。

背投广告：汽车频道首页（2 轮换）10 万元/天。

翻卷广告：18 万元/天。

2. 搜索引擎广告市场分析

（1）规模

新浪网搜索引擎是面向全球华人的网上资源查询系统，提供网站、网页、新闻、软件、游戏等查询服务。网站收录资源丰富，分类目录规范细致，遵循中文用户习惯。目前共有 16 大类目录、10000 多个细目和 20 余万个网站，是互联网上较大规模的中文搜索引擎之一。

新浪搜索为用户提供最准确、全面、翔实、快捷的优质服务，以网民需求为本，使用户获得最满意的服务是新浪网永恒的追求。近日，新浪网推出新一代综合搜索引擎，这是中国第一家可对多个数据库查询的综合搜索引擎。在关键词的查询反馈结果中，在同一页面上包含目录、网站、新闻标题、新闻全文、频道内容、网页、商品信息、消费场所、中文网址、沪深行情、软件、游戏等各类信息的综合搜索结果，最大程度地满足用户的检索需要，使用户得到最全面的信息，这项服务在国内尚属唯一。除了资源查询外，新浪网搜索引擎推出了更多的内容和服务，包括新浪酷站、本周新站、引擎世界、少儿搜索、WAP 搜索、搜索论坛等。

（2）趋势

继一个月前推出首款中文互动搜索引擎"爱问"后，全球最大的中文网络门户新浪在搜索市场上再出"奇兵"：8 月 3 日，新浪"爱问"与中国大百科出版社共同合作搭建的"中国大百科在线搜索"服务正式推出，这也是国内搜索市场中第一个以百科全书内容为依托的知识搜索服务产品。以百科全书为依托的知识化搜索将会是搜索产业的一个重要方向。在搜索市场最发达的北美，以著名的大英百科全书为基础的搜索服务就非常受欢迎，甚至在许多评比中压倒谷歌。而谷歌自身也在前不久计划与一家百科全书机构合作，推出相关服务。新浪"爱问"此次抢先出手这一市场，突显了新浪巧妙的差异化搜索策略，也预示着新浪在搜索市场上成为新领跑者的决心。

（3）一般价位

提交快速登录请求后，在三个工作日内，新浪编辑人员将符合收录标准的网站收录到搜索数据库，加入合适的类目下，不保证排名位置。价格在每年 500 元左右。

推广排名如下：首先购买 500 元基础服务（即快速登录服务），之后可以同时添加多个关键词，升级为推广排名，关键词价格要按热门程度实时查询，如果不购买关键词，即 500 元快速登录。关键词价格在每年 500 元起再追加。

3. 视频广告市场分析

（1）规模

易观国际发布的研究报告称，在行业版权化进程推动和广告主认知提升的双重推动下，中国网络视频行业从 2009 的谷底走出，并迎来了 2010 年的爆发式增长。

从 2010 年起，视频行业的广告收入一直保持着良好的增长势头，至今短短几年间，市场规模已突破 100 亿元大关。

（2）趋势

视频广告模式告别传统性、单一性，转向以多元化的营销模式，即摆脱以视频硬广告为主的强制性传播方式，引入如拍客、原创征集、网剧植入、种子视频等新的营销模式。现在的网民掌握了更多的网络资源，对自主性要求更高，对广告信息更加敏感和警惕，广告稍有"冒犯"即引致反感甚至攻击。同时，网民的参与性更加强烈，使用软广告的形式有利于网民对广告信息的接受，引导网民参与还可以加深体验品牌，更充分发挥互联网的参与互动特性。

版权内容得到重视，内容合法化网络视频广告增长新动力。随着国家对视频行业监管力度的加大，版权问题一直困扰着众多网络视频网站，但随着视频网站的发展及视频产业链的日趋成熟，近来各大视频网站纷纷推出高清频道，并加强影视版权的合作或购买，一方面满足了网络视频用户的正版诉求，带给用户良好的体验，进而不断增加用户黏度；另一方面，这将促进网络视频媒介与更多大品牌广告主的合作，积极带动网络视频广告的增长，因为正版高清视频能够给广告主更多的信任感，解决广告主对视频广告质量差、用户关注度低的疑虑。

视频分享网站 UGC（User Generated Content）模式日趋淡化，而 UGA（User Generated Ad）广告模式却看好。随着广告主对视频投放环境的重视，以及版权所有者对互联网盗版打击力度的加大，用户上传内容的比例在逐渐减少，用户生成内容产生的视频在多数视频分享网站中不再成为主流。视频分享网站将更多地购买正版资源来创造一个良好的视频内容和环境。

（3）一般价位

小型广告片一般定价在 5 万～10 万元。

一般电视广告片一般定价在 10 万～100 万元。

大型电视广告片一般定价在 100 万元以上。

4. 游戏内置广告市场分析

（1）规模

目前，中国网络游戏内置广告规模已达到 10 亿元，中国网络游戏市场已经成为国际公认的最具发展潜力的市场。

可以预见，在今后的几年内，国内网游内置广告的利润将呈几何级增长，因为这里具有全球最大的游戏玩家群体，同时也具有极其旺盛的购买力。

应该说中国的网游内置广告市场可以算是块未开垦的荒地。2006 年网游内置广告还处于起步期，市场规模约 1.2 亿元人民币，目前中国网游内置广告市场规模已超过 10 亿元人民币。从这个层面来说，中国网游广告拥有巨大的市场机会和无比的潜力。

（2）趋势

网游植入式广告是在网络游戏高速发展的情况下孕育出的全新的媒体化方向，它给网游爱好者带来一种类似真实世界的信息感受。网络游戏内嵌入广告已成为国际化发展趋势，是游戏获利的一个崭新增长点，以极强的生命力和潜力被越来越多的人群认同，并被公认为将是网络广告发展的重要趋势。在今后的几年内，嵌入式广告在我国将呈现几何级增长。

（3）一般价位

图 6-6 所示为打滚游戏网站广告位报价。

打滚游戏网站广告位报价				
编号	位置	尺寸（像素）	价格（元/月）	表现方式
CB-A1	登陆框顶部广告	390px 70px	800元	图片+链接 5张轮换类
CB-A3	游戏大厅顶部广告	250px 60px	600元	图片+链接 3张轮换类
CB-A4	游戏大厅右侧广告	271px 86px	500元	图片+链接 3张轮换类
CB-A5	游戏大厅底部广告	741px 160px	800元	图片+链接 3张轮换类
CB-B1	赤壁打滚游戏界面右侧广告	208px 238px	700元	图片+链接 4张轮换类
CB-B2	赤壁打滚游戏界面下方广告	400px 22px	300元	文字+链接 10条轮换类
CB-B3	赤壁麻将右侧广告	208px 250px	500元	图片+链接 3张轮换类
CB-B4	欢乐顺右侧广告	222px 153px	600元	图片+链接 3张轮换类
CB-B5	斗地主原始版右侧广告	208px 236px	500元	图片+链接 3张轮换类
CB-C1	赤壁打滚游戏首页幻灯片	490px 329px	1600元	图片+链接 5张轮换类
CB-C2	赤壁打滚游戏首页广告位	120px 110px	600元	图片+链接 固定不轮换
CB-C3	赤壁打滚游戏退弹窗口右1广告	160px 250px	800元	图片+链接 3张轮换类
CB-C4	赤壁打滚游戏退弹窗口右2广告	160px 85px	800元	图片+链接 3张轮换类

图 6-6 打滚游戏网站广告位报价

（二）网络广告的制作方法与效果评价

1. 门户网站广告的发布方法与效果评价

（1）横幅式广告

横幅式广告又名"旗帜广告"，是最常用的广告方式。其通常以 Flash、GIF、JPG 等格式定位在网页中，同时还可使用 Java 等语言使其产生交互性，用 Shockwave 等插件工具可增强其表现力。常见的通栏广告是在网页栏目与栏目之间插入的通栏横幅广告。

（2）按钮式广告

按钮式广告以按钮形式定位在网页中，比横幅式广告尺寸小，表现手法简单。常用广告按钮尺寸有四种，分别是 125 像素×125 像素（方形按钮）、120 像素×90 像素、120 像素×60 像素及 88 像素×31 像素。袖珍图标广告也属于按钮式广告。

（3）插页式广告

插页式广告又名"弹跳广告""弹出窗口广告"，是广告主选择自己喜欢的网站或栏目，在该网站或栏目出现之前插入的窗口显示广告。

（4）墙纸式广告

墙纸式广告是把广告主所要表现的广告内容体现在墙纸上，并放在有墙纸内容的网站上，供感兴趣的人下载。

（5）全屏广告

全屏广告占据全屏面积，是面积最大的广告，通常在网页显示之前显示。

（6）首页中心广告

首页中心广告占据首页中心，位置突出，面积较大、醒目。

（7）画中画广告

画中画广告是存在于文字页面中的画面，该广告可链接至其他网站，增强广告的效果。

（8）飘浮广告

飘浮广告通常是飘浮移动的提示图标，链接到具体的广告内容。

（9）文字链接广告

文字链接广告以文字链接的形式出现在网站首页或频道页的显著位置，并链接至广告网页中。

按所用载体的形式分，网络广告可以分为文字广告、声音广告、图形广告、视频图像广告。

2. 搜索引擎广告发布方法与效果评价

（1）免费递交服务

这类服务有 Add Me 和 Submit It 等，输入相关信息，选好所要递交的搜索引擎，一切工作在随后自动运行。存在的问题是每个搜索引擎的要求不一样，如雅虎对站点描述的字节控制在 25 个字，而其他的可能允许 200 个字以上。另外还可以使用不同的站点名称最大程度地宣传自己的网站，但这类免费服务送出的信息全部统一。还存在对分目录选择不精确的问题（手工可以做到）。所有这些缺陷对客户的排名毫无帮助。优点是节约了大量时间。

（2）亲自去各搜索站点手工登记

到目前为止，免费登记网页的最佳方法就是去各个搜索引擎站点手工登记。充分理解递交表单的含义和规则，一字一句地输入关键词、网页描述、附加信息内容、联系信息等。也可选择多个目录进行登记，提高被发现的概率以吸引访问者。其缺点是耗时，而且没有专业人士辅导，没有技巧，排名上不去也就不奇怪了。

（3）付费的递交服务

这些有偿的递交服务也有区别：有些比较便宜，递交的手段类似于前面提到的免费服务。他们或是为客户做，或是卖软件给客户让客户自己做。效果较差，反正登记总比不登记好。

如果条件允许，那么最好还是多花些钱，买个好的服务，手工登记到最主要的搜索引擎，这样对排名有很大好处。

专业递交公司会教客户并和客户一起做，最大程度地挖掘潜力。通常费用不便宜（600～900 美元），但效果最佳。他们评估客户的站点，帮客户设计关键词和内容，教客户技巧和要点，设计递交方案，他们是排名服务的专家，理应受到尊重，得到最好的报酬。当然，服务的结果是为客户带来巨大的访问量。

（4）搜索引擎递交软件

与前面的免费服务差不多。各搜索引擎的要求不一样，在为客户提高排名满足某一搜索引擎要求的同时，也损毁了客户在其他搜索引擎中的"得分"。当然，目前有些软件改良颇多，从经济角度讲，排名效果最好。效果好的最主要原因是这些软件出自上面提到的递交专家之手。

3. 视频广告发布方法与效果评价

对于展示企业形象的视频，不仅可以放到专门的视频网站上，如优酷、土豆、酷 6

等，还可以放到大型门户网站的博客、播客，通过各个渠道来展示企业形象。优酷网：视频分享网站，以媒体自居，信息量大，"快播、快发、快搜"。与视频网站相比，门户网站的优势在于其是广场式的内容提供商，有忠实的用户。用户的浏览习惯最宝贵，把视频广告嵌入一些优质的栏目和位置，容易吸引受众注意。视频上传时，注意填写名称、标签、描述等，设置相关的关键词。这样，网友在搜索的时候，企业的视频就会出现，或在排名比较靠前的位置。由视频达人（人气旺的发布人）发布视频，网站建设对提高视频的浏览量很有好处。发布后，再以观者的身份对视频内容进行评论、回复，通过不同观点的交锋，引起网友的关注，让视频"热起来"以后，有可能被编辑推荐到网站或频道首页，从而引发更多网友的浏览。

4. 游戏内置广告布方法与效果评价

网游内置广告形式多样，就用户与广告的交互性而言，主要有非体验型广告和体验型广告两种。非体验型广告指的是网络游戏中类似传统媒体的广告形式，用户与广告的互动性不强，游戏与广告的界限明显，广告识别度高，如游戏本身外的游戏前后视频广告、登录窗口广告、健康提示广告等。体验型广告指品牌信息与网络游戏高度融合的广告形式，互动性较强，广告识别度较低，用户在游戏过程中可以切身体验到品牌带来的具体利益，如游戏内的路牌广告和道具植入等。对企业而言，非体验型广告强调创意和视觉冲击力，要求吸引受众"看到"，更进一步吸引他们点击链接；体验型广告侧重于广告与游戏的关联性，要求吸引受众"参与"。对用户而言，在体验游戏的过程中，非体验型广告是可有可无的，用户对其关注度是企业难以掌握的；体验型广告因为融入游戏的体验环节，所以用户对广告的关注度随着对游戏的关注而相应提高。

任务演练

以小组为单位，评价以下"爱尚自然堂"的化妆品网络广告制作方案，给出修改意见并付诸制作。

1. 目标网站

百度。

2. 网络广告制作

创意1：制作平面广告。

标题：自然堂，做最自然的美丽女人！

广告语：自然堂，你本来就很美！

正文：人生，充满挑战！何况在现今这个竞争激烈的社会中，女士的压力越来越大，她们扮演的角色又多又重。怎么忍心让女人这么累？她们也应该有自己追求的生活品质，有自己追求的美。那么从现在、从此刻开始，关注女士对自然美的追求。做最美、最自信的女人。

创意2：制作一个视频。

视频口号：爱她、就给她自然堂！画面一是在一个温馨的家里，妻子在卧室忙碌地整理着物品。画面二是丈夫推门进来，一只手端了一杯牛奶，另一只手藏在背后，走进书桌旁，把牛奶递给妻子，并把一套自然堂护肤品送给妻子。画外音：女人为了家庭，一点小小的关爱，便足以让她们感动。

任务评价标准与记录如表 6-5 所示。

表 6-5　任务评价标准与记录

评价内容与标准	1组	2组	3组	4组	5组	6组
案例评价						
广告制作						
广告创意						
汇报效果						
创新体现						
合计						

重点记录：

注：评价内容一般分为五项，评价标准一般分为优秀（A 记 2 分）、一般（B 记 1 分）、不合格（C 记 0.5 或 0 分）三个等级，每个任务满分为 10 分。此表可用于教师打分和学生互评。

学习情境 4　POP 广告制作

 情景导入

佰草集的 POP 广告与营销

1. 专卖店展示高端形象

以专卖店形式走向市场，也是佰草集在高端市场立足的关键之一。这种推广模式不仅让佰草集减少了终端的白热化竞争，同时塑造了品牌的高端形象。国内消费者平常习惯去大商场的专柜购买高档化妆品，如果佰草集也走专柜渠道，将面临以下几大阻碍。首先，专柜有很强的绩效压力，一旦销售不理想，即面临撤柜压力；其次，商场购买者容易被环境影响，不易于新品牌的导入；另外，佰草集产品品种多，背后需要传递的信息多，而卖场空间有限，也无法展示品牌全部的魅力。在研究了国际化妆品品牌 The Body Shop 的专卖店形式后，佰草集销售人员大胆提出设立专卖店的设想。

2. 体验营销引导生活方式

佰草集把自己的目标人群定位于知性的白领女性，得到她们的高度认同，是佰草集持续发展最为重要的动力。而要打动这些"理性、内敛"的人，并不是件容易的事。佰草集没有大规模投放广告，而是通过体验营销，用润物细无声的方式让知性女人渐渐心悦诚服。首先，佰草集专卖店里环境特别优雅，非常讲究细节。例如，中草药美容文化的海报，精致的产品包装，别具一格的宣传品介绍，这些都能给顾客足够的刺激。其次，

店铺内始终播放着柔和的音乐，弥漫着精油的芳香，让顾客在试用产品外，还能品尝花草茶，从视觉、听觉、嗅觉、触觉、味觉获得全面的体验。从时尚典雅的店面风格到清新雅致的产品包装，让消费者犹如置身气息清新的田园之中，将佰草集自然、健康的品牌文化诠释得淋漓尽致。此外，佰草集还先后在南京、上海、广州等城市开设高端 SPA 会所。在佰草会所里，伴着悠扬的音乐、清幽的芳香，会员可以享受专业的肌肤测试、护肤咨询及为肌肤量身定做的佰草集特色面部、颈部、手部护理；还可以参与定期举办的美丽课堂，彼此交流美丽心得，了解自然、清新的生活方式。通过为会员提供这样一个舒适的环境，让她们更贴近深入地了解佰草集这个品牌，并展示佰草集的文化底蕴，同时也给会员提供了更为立体的交流平台，增进了会员与佰草集、会员与会员之间的感情。正是通过以上国际风行的时尚营销方式，佰草集一步步走进女性生活，在潜移默化中影响她们的生活态度和生活方式。这是佰草集让消费者倾心的根本所在，目前其产品销售收入的 40% 来自于老客户，体现了品牌的高忠诚度。

（资料来源：http://wenku.baidu.com/link?url=CDlfpkECAzYIAvEqgOTJJfafi_h8PQyUcV908bgAfp3XXnzp3qj2
K_5jChX9D-cWgkXn8TOS0lEP6sHYcqClFJEjmReDPV5sT1AOVH3rHiW）

思考：佰草集的 POP 广告有什么特点？POP 广告与其他媒体广告制作的最大不同点在哪里？

知识储备

（一）POP 广告设计制作的要求

1. 引起注意

因为 POP 广告是潜在顾客在购买之前所能看到的最后一次广告，所以引起顾客的注意是非常重要的。

2. 集中于一个目标

大多数的 POP 广告都想包含太多目的，这是最大的错误。集中于一个销售信息即可，但要把它做得尽善尽美。

3. 使品牌意识清楚明确

品牌的意识是促成顾客购买的原因，必须做到清楚明确。

4. 个性化

POP 广告的设计必须与企业精神吻合，广告制品的外形、色彩、名称、插图、大小、字体等，均应体现出企业的个性特征。

5. 整体性

POP 广告都是在店内、外陈列的。商店是一个整体，空间有限，必须了解销售现场的三度空间关系，以及整个色调、光线、照明等环境情况，务求整体的配合与协调。

6. 提供购买资料

必须让广告受众清清楚楚、一目了然,你有什么商品要卖、价格如何,以及如何购买。

7. 直接、简捷、请求购买

POP 广告属于行动导向,必须直接提供信息;每一件事情都要以简捷的方式针对消费者,以便做出最佳的购买决策。

8. 方便性

POP 广告设计还应考虑到运输方便、布置方便、管理方便,力求美观实用,适应需要,避免浪费。

(二)POP 广告的制作流程

POP 广告的制作相对简单,制成后有很大的视觉冲击力,达到商家预期的目的。因此,大部分的 POP 广告是用水性的马克笔或是油性的马克笔和各种颜色的专用纸制作而成;POP 的制作也可以采取喷绘或者大幅印刷,并与橱窗相结合;手绘 POP 也是非常有特色的,具有机动性、经济性、亲和性。

POP 广告的制作一般按照以下流程进行:

1)确定 POP 广告主题与内容。根据柜台整体设计和宣传促销主题,确定 POP 广告的主题和内容。

2)选取形式和制作材料。根据 POP 广告的主题和内容,结合创意特点,选取合适的 POP 表达方式和制作材料。

3)创意设计,对 POP 广告作品进行创意设计,可由专业的设计人员完成也可自行完成设计。

4)绘制或交付印刷制作。

5)安装展示。

任务演练

以小组为单位,手绘设计一则 POP 广告,并谈谈怎样把 POP 广告与营销结合在一起。

任务评价标准与记录如表 6-6 所示。

表 6-6　任务评价标准与记录

评价内容与标准	1组	2组	3组	4组	5组	6组
广告效果						
营销分析						
汇报内容						
汇报效果						

续表

评价内容与标准	1组	2组	3组	4组	5组	6组
创新体现						
合计						

重点记录：

注：评价内容一般分为五项，评价标准一般分为优秀（A 记 2 分）、一般（B 记 1 分）、不合格（C 记 0.5 或 0 分）三个等级，每个任务满分为 10 分。此表可用于教师打分和学生互评。

项 目 总 结

广告制作是广告作品诞生的最后一个环节，掌握对每类不同广告的制作要求和特性，有助于表达广告创意，制作出令客户满意的广告作品。本项目按照平面广告和电子广告两类不同特点的广告形式分类，分别阐述了报纸广告、杂志广告、电视广告、广播广告、网络广告和 POP 广告的注意事项。

检 测 练 习

一、单项选择题

1. 广播广告主要通过（　　）来传播广告信息。
   A. 图画　　　　　B. 色彩　　　　　C. 声音　　　　　D. 触觉感知
2. 杂志广告与报纸广告相比，最大的优势在于（　　）。
   A. 可保存　　　　B. 色彩鲜艳　　　C. 版面大　　　　D. 费用低
3. 电视广告制作的最后一步是（　　）。
   A. 拍摄　　　　　B. 送检　　　　　C. 后期制作　　　D. 报价
4. 不同类型的广告设计与制作有不同的流程，是根据（　　）决定的。
   A. 媒体特点　　　　　　　　　　　B. 广告费用
   C. 广告主　　　　　　　　　　　　D. 广告投放时间
5. 在现代四大广告媒体中，由于独特的优点，获得了一个恰如其分的美称——广告媒体中的贵族的是（　　）。
   A. 报纸广告　　　B. 电视广告　　　C. 杂志广告　　　D. 网络广告

二、多项选择题

1. 将报纸版面按照由大到小的顺序排列，顺序为（　　）。
   A. 双页跨版　　　　　　　　　　　B. 整版

    C. 四分之一版   D. 三分之一版
    E. 双半页跨版   F. 半版

2. 杂志的（　　）可以刊登广告。

    A. 封一   B. 封二   C. 封三   D. 封四

3. 电视广告的类型包括（　　）。

    A. 实景拍摄   B. 电脑创作   C. 图片拼接   D. 编辑合成

4. 网络广告的类型有（　　）。

    A. 门户网站广告   B. 搜索引擎广告
    C. 视频广告   D. 游戏内置广告

5. 广告诉求包括（　　）。

    A. 诉求对象   B. 诉求重点   C. 诉求目标   D. 诉求方式

实 训 项 目

【实训名称】电视广告制作。

【实训目的】以电视媒体为例开展电视广告制作。

【实训材料】摄像机、电脑（视频编辑软件）、笔、纸、本和其他相关材料。

【实训要求】

1）制作电视广告策划书。

2）撰写电视广告文案。

3）撰写电视广告拍摄脚本。

4）进行电视广告创意拍摄。

5）对拍摄素材进行视频编辑。

6）展出并讲解电视广告制作过程与心得体会。

项目七 广告运作规范

项目内容

1. 知识目标

1）明确广告测评的内容和步骤。

2）掌握各种广告测评的方法。

3）熟悉广告管理系统。

4）熟悉广告自我管理的内容和要求。

2. 技能目标

1）能根据公司决策层的要求，制订广告效果评估方案。

2）能够采用恰当的方法进行广告测评。

3）能根据有关部门的广告管理条例，按程序报送审批广告。

4）能够按照相关要求开展广告自我管理。

3. 过程与方法

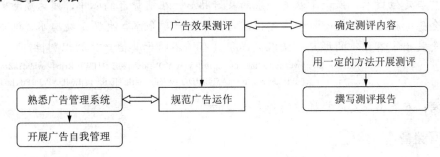

4. 职业素养目标

沟通。

任务一 测评广告效果

学习情境 1 认知广告效果测评

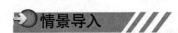 情景导入

我们不生产水，我们只是大自然的搬运工

随着 21 世纪的到来，突然发现我们"不再安全"，我们吃的鸡是打着激素长大的，

我们喝的牛奶加了工业原料，我们吃的油是地沟油，我们喝的水是自来水……

人们对食品安全的担忧提升到了一个前所未有的高度。人们迫切需要健康、安全的产品形象出现。

农夫山泉这句广告应运而生——我们不生产水，我们只是大自然的搬运工。

效果：这则广告从 2008 年发布开始，不断深入人群，主要在电视广告中进行发布，早中晚各两次，晚上在黄金时间段 18:00 至 20:00 播出，以及在公益广告中出现，使纯天然、健康的品牌形象深入人心。

分析：为什么农夫山泉广告定位于"有点甜，天然水"，而不是像乐百氏广告那样，诉求重点为"27 层净化"呢？这就是农夫山泉广告的精髓所在。首先，农夫山泉对纯净水进行了深入分析，发现纯净水有很大的问题，问题就出在纯净上：它连人体需要的微量元素也没有，这违反了人类与自然和谐的天性，与消费者的需求不符。这个弱点被农夫山泉抓个正着。作为天然水，它自然高举反对纯净水的大旗，而它通过"有点甜"正是在向消费者透露这样的信息：我农夫山泉才是天然的、健康的。一个既无污染又含微量元素的天然水品牌，如果与纯净水相比，价格相差并不大，可想而知，对于每个消费者来说，他们都会做出理性的选择。

农夫山泉正是这样抓住了广大消费者的心理，把农夫山泉健康、天然的理念深深地植入了消费者的心中，从而在消费者心中占据了不可替代的位置，突出了其竞争优势。通过天然的理念，塑造了农夫山泉高品质的价值与文化，突出了其品牌特征。通过质量定位的广告定位战术，强调了农夫山泉的良好品质，在消费者的心中，因为质量好，所以有安全感。而且这也是一种形象定位，它既不生产矿泉水，也不是纯净水，通过天然水的理念突出了其独特的形象，使农夫山泉具有了不同于其他产品的识别性。

（资料来源：http://wenku.baidu.com/link?url=yf3wYQV_dxM70fLJUTWIIiRrj64-zw59d1aZ8hWg4Qs
HjdkEmFvebvdthrMA5Ij027DGriWYFxb4aflCUlxSz_msL64UNWJhrPdTh6TPsnG）

思考：农夫山泉是怎样抓住消费者心理的？

🛍 知识储备

（一）广告效果测评的含义

1. 广告效果的含义

广告效果是指广告信息通过媒体传播后所产生的直接或间接影响。从总体来看，广告效果有狭义和广义之分。狭义的广告效果是指广告所获得的经济效果，即广告带来的销售效果；广义的广告效果则是指广告活动的目的的实现程度，是广告信息在传播过程中引起的直接或间接变化的总和，它包括广告的经济效果、心理效果和社会效果。

2. 广告效果的种类

根据对广告效果的不同要求，对广告效果测定的分类有多种标准。

1）按照广告效果的内容划分，广告效果可以分为自身效果、经济效果和社会效果。这是广告效果测定的基本分类。

自身效果也称为广告的心理效果或接触效果，是指广告呈现后对接受者产生的各种心理效应，包括对受众在知觉、记忆、理解、情绪情感、行为欲求等诸多特征方面的影响。这是广告效果最核心的部分，反映广告信息传播效力的大小。

经济效果，最直接的即指广告销售效果，是指由于广告活动而造成的产品和劳务销售及利润的变化，此外还应包括由此引发的同类产品的销售、竞争情况的变化，以及相关市场中经济活动的变化。

广告的社会效果指广告活动不仅对人们的消费行为、消费观念的变化起作用，也会对整个社会的文化、道德、伦理等方面造成影响。

2）按照每次广告活动的总体程序来划分，广告效果可以分为事前测定、事中测定和事后测定。

事前测定主要是指对广告作品及媒介组合进行评价，预测广告活动的实施效果，包括对广告创意的事前测定、广告作品的事前测定等。通常用的测量方法是实验法或现场访问法等。

事中测定指在广告过程中及时了解消费者在实际环境中对广告活动的反应。经常运用市场实验方法、回函测定法、分割测定法进行广告效果的事中测定。

事后测定，在广告活动后往往要进行对效果的全面评估。例如，考察广告销售效果与心理效果等，通常运用统计分析、实验方法等。

3）按照广告活动周期的长短划分，广告效果可以分为短期的、中期的、长期的广告效果。或者说，即时效果或潜在效果。即时效果是广告活动在广告传播地区所造成的即时性反应，主要指即时的销售效果；潜在效果是广告对受众观念上的冲击，如信任度、好感度的增加。这些观念上的影响可能一时难以看出，但经过广告活动的重复、巩固、加强之后，便会逐渐表现出来。

4）按照广告计划的要求进行划分，广告效果的测定可以分为目标效果测定、表现效果测定、媒体效果测定等。

5）按照产品市场生命周期划分，广告效果可以分为导入期的广告效果、成长期的广告效果、成熟期的广告效果和衰退期的广告效果等。

（二）广告效果测评的作用

广告效果测定的作用主要体现在以下几个方面。

1. 对效果的测定可以视作一种目标管理系统的重要部分

我们在广告计划作业过程中，是沿着这样的思维模式：假设广告对个人的波及的影响过程，使它沿着从结果回溯到原因的方向进行分析，并据此建立战略，决定策略，以图达到某一既定广告目标。整个系统的完成及再创造的关节点落到了广告效果的评估。本章涉及的就是对广告计划和广告作品的评估选择，这种评估基于设计管理目标是否实现，广告目标是否正确，媒介策略是否得当，广告费用投入是否恰到好处。

2. 为今后计划提供参考资料

管理目标是指可以从数量上来掌握课题和战略的形式（即可能测定的指标）。当战略方案以几个代替方案的形式提出建议时，就必须从某些观点进行评价选择；当广告进入实施阶段，就必须正确地掌握它的成果，研究战略的是非，作为今后制订广告计划的参考资料。通过效果调查，可以了解到消费者对广告的反应从而鉴定广告主题是否突出，广告诉求是否准确有效，广告创意是否富于打动力，是否收到良好的效果。使广告部门可以及时地修正计划，改进设计，创作出更好的广告作品。

3. 使广告创作摆脱主观印象，真正进入科学化轨道

广告效果调查能客观地肯定广告活动的成效，帮助广告主合理安排广告预算，增强广告主继续合作的信心，激发广告人的自信心，促进广告业务拓展。

（三）广告效果测评的特点与意义

1. 广告效果测评的特点

（1）滞后性

广告的滞后性即广告效果要经过一定的时间周期后才反映出来。

（2）累积性

广告活动是一个动态的过程，消费者接受信息也是一个动态的过程。这种积累一是时间接触的累加，二是媒体接触的累加。

（3）复合性

受各种因素的制约和影响，广告效果往往呈现出复合特性。

（4）间接性

广告效果的间接性表现在两个方面：一是消费者购买广告商品之后感到满意，进而重复购买；二是对广告商品产生信任感而向其他消费者进行介绍和宣传，从而间接增强了广告效果。

2. 广告效果测评的意义

1）有利于掌握广告发展现状，提高经济效益。

2）有利于加强广告目标管理，为实现广告效益提供可靠保证。

3）有利于企业调整、完善广告策略。

4）有利于增强广告主的广告意识，提高广告信心。

（四）广告效果测评内容与步骤

1. 广告效果测评的内容

（1）广告信息测评

广告信息测评是指对广告所对外传播的内容的检测和评定。

（2）广告媒体测评

广告媒体测评是指测评广告所选取的媒体能够很好地表现广告内容，传达广告信息，广告各个媒体之间组合是否恰当，比例、分配是否合适等内容。

（3）广告活动效果测评

广告活动效果测评是指对某广告传播后，对媒体受众所产生的心理、经济、社会等多层次影响的评估。

2. 广告效果测评的步骤

1）确定研究问题。

2）拟定测评工作计划。

3）实施测评计划。

4）整理资料，分析总结。

5）撰写测评报告。

任务演练

依据学习情况撰写一篇广告效果测评方案。

任务评价标准与记录如表 7-1 所示。

表 7-1　任务评价标准与记录

评价内容与标准	1组	2组	3组	4组	5组	6组
材料搜集						
方案撰写						
汇报内容						
汇报效果						
创新体现						
合计						

重点记录：

注：评价内容一般分为五项，评价标准一般分为优秀（A 记 2 分）、一般（B 记 1 分）、不合格（C 记 0.5 或 0 分）三个等级，每个任务满分为 10 分。此表可用于教师打分和学生互评。

学习情境 2　广告效果测评的方法

情景导入

恒大地产声波广告投放效果分析

恒大地产为了推动恒大华府项目的销售，采取了声波广告的方式进行宣传，并取得了显著的效果。

恒大华府利用有限的资本在短时间取得其他地产商一年或更长时间才能完成的成绩，贵在把握住了买家的心理，并通过有效的途径广而告之，最终成就了自己的既定目标。这是一个成功的范本。

思考：什么是声波广告？如何测评这种广告的效果？

知识储备

（一）按广告过程测评广告效果

1. 广告效果的事前测评方法

广告效果的事前测评是指在进行广告策划后，在广告作品刊载前进行的测评。广告效果的事前测评主要是对广告作品和广告媒体进行评定。

（1）广告创意测评方法

广告创意测评是指广告作品完成前，对广告创意的构想及设计方案是否可行而进行的检验和测评，目的是检验广告策划中广告的诉求方向是否正确，能否激发消费者的购买欲望。常见的广告创意测评方法有自由表述法、联想法、选择法、配合法和同意法，具体含义如下。

自由表述法是询问被测试者的建议和意见。

联想法是给定一些创意的符号。

选择法是在备选的各个项目中，请被测试者选出他们认为最恰当的、比较易行的一种方法。

配合法是让被测试者选择两个项目群之间如何配合最为恰当的一种方法。

同意法就是请被测试者说出对创意设想的态度。

（2）广告作品测评方法

广告作品测评方法就是将广告作品提示给被测试者，以探测其反应，具体测评方法如下。

1）残像测评法。

2）专家意见综合法。

3）要点采分法。

4）仪器测试法。

① 视向测评法。

② 瞬间显露测评法。

5）EDG 测评法，又称测谎器法。

（3）广告媒体的事前测评方法

1）对媒体的事前测评的内容：媒体分布、媒体视听众、广告视听众。

2）对媒体的事前测评的方法：日记法、电话调查法、个人收视记录器法、被动式记录器法。

2. 广告效果的事中测评

广告效果的事中测评是指在广告作品正式刊播之后直到整个广告活动结束之前对广告效果所做的检测和评估。

（1）市场实验法

市场实验法也称销售市场实验法，是实地实验法之一，它包括纵向实验和横向实验两种。

（2）追踪测评法

追踪测评法是指在广告活动期间对消费者进行一系列访问，其目的是确定广告活动达成效果的程度。

（3）回函测评法

回函测评法是一种邮寄调查法，目的是检测不同的广告作品及不同广告文案的构成要素在不同的广告媒体上刊载的效果。

（4）分割测评法

分割测评法是检测在同一媒体上仅有一个要素不同的广告效果。

3．广告效果的事后测评

广告效果的事后测评是指在整个广告活动之后所做的效果评估。广告效果事后测评是评价和检验广告活动的最终指标。

（1）认知效果测评

广告认知是指当一个受众者通过某种途径了解到一则广告时，对广告所传达的内容和信息的认知、理解等思维过程。广告认知度是指媒体受众通过多种媒体知晓某则广告的比率和程度。广告认知度测评指标包括广告记忆程度测评指标和广告唤起消费程度测评指标。

（2）经济效果测评

1）广告费用比率法。

2）广告效果比率法。

3）广告效益法。

4）广告效果系数法。

（3）社会效果测评

广告社会效果的测评依据主要有以下方面：一是检测广告的真实性；二是广告必须符合国家和政府的各种法规政策的规定和要求；三是广告传递的内容及形式要符合伦理道德标准；四是广告应对社会文化产生积极的促进作用。

（二）按效果类别测评广告效果

1．广告认知效果测评

（1）广告认知度测评的内容

广告记忆程度测评是指借助一定的方法评估媒体受众能够重述或复制出其所接触广告内容的一种方法。

广告唤起消费程度测评指标，主要测评媒体受众在选择和购买商品时，广告对其消费行为的影响程度。

（2）广告认知度的测评方法

1）问卷调查法。问卷调查法即根据事先确定的调查意图，设计一份调查问卷，对某广告的传播效果进行测试，通过对问卷结果的分析研究，得出一定结论的方法。

具体方法有封闭式问卷和开放式问卷。

采用问卷调查法时，应注意以下几个方面的情况。

① 对问卷的调查效果进行检验。

② 对调查人群的选择。

③ 对调查问卷发放形式的选择。

2）询问调查法。

① 直接询问法是通过面对面的询问、电话询问或网络视频等形式，直接向被调查者进行询问调查，以了解他们对某广告的理解、意见或建议。

② 间接询问法是利用各种媒体手段，向媒体受众提供信息反馈途径，如 800 免费电话、免费赠阅产品目录等，通过受众反馈过来的信息，调查分析广告效果。

2. 广告心理效果测评

（1）广告心理效果测评的内容

广告心理效果是指广告传播活动在消费者心理上引起的各种反应，主要表现为对消费者认知、态度、行为、记忆、理解、情绪、情感方面的心理影响。

广告心理效果测评的主要内容包括以下几个方面。

1）认知测评就是正对广告主的消费者有无看见广告进行测评。

2）注意率测评。

3）唤起购买效果测评指广告信息发布后，在多大程度上能引起消费者的购买行为，可通过广告效果指标（AEI）。

4）记忆程度测评指在一定时间内测评的消费者对某一广告的记忆度和理解度。

（2）测评广告心理效果的阶段

1）广告前测评的内容如下：

① 广告主题测评、创意思路、品牌名称、广告口号等。

② 广告概念测评。

③ 文案表现与广告作品测评。

2）广告中测评的内容如下：

① 销售效果测评。

② 广告文案测评。

③ 广告媒体比较测评。

3）广告后测评的作用如下：

① 评价广告活动是否达到预定的目标。

② 为以后的广告活动提供借鉴。

③ 如果采用几种广告方案，则可以对不同的广告方案的效果进行比较研究。

3. 广告经济效果测评

（1）广告经济效果

广告的经济效果又称销售效果，是指由广告引发的促进产品或劳务的销售，增加企业利润的程度。

广告经济效果测评就是测评在投入一定广告费及广告刊播之后，所引起的产品销售额与利润的变化状况，即用统计分析的方法，对一定广告投入所带来的销售额、利润额的增减变化情况进行分析比较的结果。因此，对广告经济效果的测评就是广告投入产出指标的测评，具体包括以下几个方面：每增加一个单位产品的销售额和利润额，要求广告投入最小，销售额增加最大；每增加一个单位的广告经济效益相对指标，要求广告主（一般是企业）获益最大；这种相对指标的提高，有助于形成一个良好的结构与良性循环。

（2）广告经济效果的测评方法

促进产品的销售效果的因素是多方面的，一方面有广告持续的传播效果的累积效应，另一方面也有营销策略中各个因素的综合效应，如促销、产品试用、公共关系等。同时，有人购买商品不一定看过广告，而是通过人际传播、柜台推荐等方式购买。因此，当测量广告销售效果时，要在确定广告是唯一影响销售的因素，其他因素能够暂属于不变量的条件下进行测定。常用方法有以下几类。

1）实地考察法。在零售商店头或超市的货架上进行直接调查。在售场展示 POP 广告，或将广告片在购物环境中播放，请商品推销员或导购员在现场派发产品说明书和附加购买回函广告单，从现场的销售情况可以看出广告的效果。

还有一种方法是将同类商品的包装和商标卸除，在每一种商品中放入一则广告和宣传卡片。观察不同商品的销售情况，以此判断销售效果。不过这种方法用于实验室测验更为合适，在现实生活中，要消费者做出买无商标产品的决定难度较大。

2）销售地区测定法。销售地区测定法是较为常用的一种。把两个条件相似的地区（规模、人口因素、商品分配情况、竞争关系、广告媒体等不能有太大差异）划分为"实验区"和"控制区"，在实验区内进行广告活动，控制区内不进行广告活动。在实验进行前，将两个地区的其他影响因素（经济波动、重大事件的影响等）控制在相对稳定的状态下，最后，将两个区的销售结果进行比较，可测出广告的促销效果。这种方法也可应用于对选样家庭的比较分析。在计算销售额（量）的增长比例公式中，实验区的广告效果按照控制区的增减比率调整。

3）统计学方法。运用经济学上的统计学原理和运算方式，广告学上也发展了几种测定广告效果的运算方法，这种方法被认为更为科学和准确，也较为普遍实行。但也有人提出，广告效果的产生，不是靠单纯的数字那么简单。

广告销售效果测评主要是通过广告活动实施前后销售额的比较，检验和测定商品销售的变化情况，商品销售额是增加还是维持，销售增长率是多少，广告增销率是多少，广告费占销率是多少，单位广告费效益是多少，等等。各衡量指标的计算公式如下：

销售增长率＝（广告实施后销售额－广告实施前销售额）×100%

$$广告增销率＝销售增长率 / 广告费增长率×100\%$$
$$广告占销率＝广告费用支出 / 同期销售额×100\%$$
$$单位广告费效益＝（本期销售额－上期销售额）/ 本期广告费用支出×100\%$$

广告实施后，销售增长率反映出广告对促进商品销售所发挥的作用。

广告增销率可反映出广告费增长对销售带来的影响。

广告占销率反映出一定时间内企业广告费支出占同期销售额的比例。广告费占销售率越小，广告效果越大。

单位广告费效益可以反映出平均每元广告费带来的促销效益。

4. 广告社会效果测评

（1）广告社会效果

广告社会效果是指广告在社会道德、文化教育等方面的影响和作用。广告能够传播商品知识，可以影响人们的消费观念，会被作为一种文化而流行推广，等等。由于广告所具有的特性，广告对社会所产生的效果是深远的，需要重视和引导。

（2）广告社会效果测评的方法

广告社会效果的测评方法分为两种情况。

第一种情况是测量广告的短期社会效果时，可采用事前、事后测量法。通过接触广告之前和之后的消费者在认知、记忆、理解及态度反应的差异比较，可测定出广告的短期社会效应。具体的操作手段与测定广告传播效果的方法大体相同。

第二种情况是测定广告的长期社会效果，这需要运用较为宏观的、综合的、长期跟踪的调查方法来测定。长期社会效果包含对短期效果的研究，但是远不止这些，同时要考虑广告复杂多变的社会环境中所产生的社会效果。这方面的研究更多属于人文科学范畴。

（3）广告社会效果测评的依据

测定广告所产生的社会效果，应进行综合考察评估。其基本依据是一定社会意识条件下的政治观点、法律规范、伦理道德和文化艺术标准。不同的社会意识形态，调整、制约的标准也是不一样的。同时，测定广告社会效果，往往不能量化。因为社会效果不可能以简单的一些指标数字来标示衡量。这既要通过一些已经确定的或约定俗成的基本法则来测定和评价，又要结合其他的社会因素来综合考评。

广告社会效果测评的依据主要有以下四个方面。

1）真实性。广告所传达的信息内容必须真实，这是测定广告社会效果的首要方面，广告发挥影响和作用，应该建立在真实的基础上，向目标消费者实事求是地诉求企业和产品（劳务）的有关信息，企业的经营状况、产品（劳务）的功效性能等，都要符合事实的原貌，不能虚假、误导。广告诉求的内容如果造假，那么所形成的社会影响将是非常恶劣的。这不仅是对消费者利益的侵害，而且反映了社会伦理道德和精神文明的水平。而真实的广告，既是经济发展、社会进步的再现，也体现了高尚的社会风尚和道德情操。所以，检测广告的真实性是考察广告社会效果的最重要的内容。

2）法规政策。广告必须符合国家和政府的各种法规政策的规定和要求。以广告法规来加强对广告活动的管理，确保广告活动在正常有序的轨道上运行，是世界各国通行的做法。法规管理和制约，具有权威性、规范性、概括性和强制性的特点。一般来说，各个国家的广告法规只适用于特定的国家范畴，如我国于1995年2月1日开始实施的《中华人民共和国广告法》，就是适用于我国疆域（大陆）内的一切广告活动的最具权威的专门法律。而有一些属于国际公约性质的规则条令等，则可国际通行，如《国际商业广告从业准则》就是世界各个国家和地区都要遵从的。

3）伦理道德。在一定时期、一定社会意识形态和经济基础之下，人们要受到相应的伦理道德规范方面的约束。广告传递的内容及所采用的形式，也要符合伦理道德标准。符合社会规范的广告也应是符合道德规范的广告。一则广告即使合法属实，但可能给社会带来负面影响，给消费者造成心理和生理上的损害，这样的广告就不符合道德规范的要求。例如，暗示消费者盲目追求物质享受、误导儿童撒娇摆阔等。要能从建设社会精神文明的高度来认识，从有利于净化社会环境、有益于人们的身心健康的标准来衡量。

4）文化艺术。广告活动也是一种创作活动，广告作品实际上是文化和艺术的结晶。从这方面对广告进行测评，由于各种因素的影响，不同的地区、民族所体现的文化特征、风俗习惯、风土人情、价值观念等会有差异，因而也有着不同的评判标准。总的来看，广告应该对社会文化产生积极的促进作用，推动艺术创新。一方面要根据人类共同遵从的一些艺术标准，另一方面要从本地区、本民族的实际出发，考虑其特殊性，进行衡量评估。在我国，要看广告诉求内容和表现形式能否有机统一，要看能否继承和弘扬民族文化、体现民族特色、尊重民族习惯等；要看所运用的艺术手段和方法是否有助于文化建设，如语言、画面、图像、文字等表现要素是否健康、高雅，摈弃一切低俗的东西。同时也要看能否科学、合理地吸收和借鉴国外先进的创作方法和表现形式。

任务演练

选择一种或几种方法补充广告测评方案，并尝试实施测评。

任务评价标准与记录如表7-2所示。

表7-2 任务评价标准与记录

评价内容与标准	1组	2组	3组	4组	5组	6组
材料搜集						
方案修改						
汇报内容						
汇报效果						
创新体现						
合计						

重点记录：

注：评价内容一般分为五项，评价标准一般分为优秀（A记2分）、一般（B记1分）、不合格（C记0.5或0分）三个等级，每个任务满分为10分。此表可用于教师打分和学生互评。

学习情境 3　撰写广告效果测评报告

 情景导入

网络广告的效果调查

根据最近一家境外调查机构的最新调查数据，中国的家庭上网人数已经突破 5560 万元，跃居世界第二位。网络已经逐渐成为人们生活的一部分。

问题 1：是否会向广告主推荐制作互联网广告。调查结果显示：59%的广告从业人员会向广告主推荐制作互联网广告，21%的人犹豫不决，20%的被调查者表示不会推荐。

问题 2：互联网广告的优势、劣势。在对 114 位广告从业人员进行的调查中，其调查结果显示：位居互联网广告优势前三位的分别为发布成本低（22%）、交互性强（22%）、定向化（17%）。位居互联网广告劣势前三位的分别为可信度低（26%）、效果评估不可靠（18%）、记忆率低（18%）。基于对"互联网广告的优、劣势"的调查，不难看出及时将受众的信息反馈，定期更新广告的信息，保持新鲜感与实用资讯，将是网络广告制作的向导。

问题 3：对目前网络广告最不满意的原因。由于目前互联网广告的创意和制作水平参差不齐，使得不少劣质广告大行其道，因此 36%的被调查者认为网络广告的出现已对其网上活动形成了一种干扰。通过对"最有可能吸引受众注意的表现形式"及"对目前网络广告最不满意的原因"的调查，我们可以得到一些启示——我们可以通过提高网络广告的创意、制作水平来减少其对人们上网活动的干扰。

问题 4：会使得网络广告更为有效的因素。由于目前有些网站发布虚假广告，欺骗消费者；有的网站发布法律、法视禁止或限制发布的商品或服务的广告等。因此，有 49%的被调查者网站只有提供给人们更可靠的信息才能使其广告更为有效。

由此项调查结果不难看出，加强法律与业界规章的结合，完善网络广告业的监管体系势在必行。综上所述，网络广告是新生代的广告媒介，它随着国际互联网的发展而逐步兴起，既具有传统媒介广告的所有优点，又具有传统媒介广告所无法比拟的优势，并已经被越来越多的广告从业人员所认可。基于上述数据，我们的分析如下。

第一，因为网络广告不能像电视广告那样给受众产生巨大的视觉冲击，所以广告从业人员要了解消费者的心理活动，针对受众需求提高广告信息，与受众建立长久的网络关系，及时向他们提供最新的广告信息，并通过他们向更多的人传递这些信息。

第二，网络广告要有创意。例如，提供让受众参与的广告，使受众觉得开心而又无法拒绝你的产品，这才是电子网络广告真正的迷人之处。

第三，网络广告内容要具体、真实，不能提供虚假的信息。例如，在网络上刊登产品目录，让客户进行"线上订货"，实现直接销售时，应提供具体、真实的产品目录，并应对每一种产品做简单的介绍，使客户对产品有个基本的了解。例如，可以在线试用的（软件、音乐、书籍等），可适当提供一些免费试用。

第四，提供"有偿广告"，用付费的方式吸引人们来看广告。大公司建立网站后要充分运用其固有的优势，让更多的受众进入其网站获取公司的各种产品信息。同时，应与一些知名度较高的网站进行网站联接，或参与广告网站交换联盟，实现让更多潜在消费者了解企业和产品的机会。

第五，利用传统媒体进行广告站点的宣传。例如，在报纸、电视上登广告以使更多的受众了解和熟悉广告站点。通过传统媒介的宣传，以提高广告站点或公司站点的知名度。传统媒体与互联网的结合，将进一步促进网络广告的发展，使更多的潜在消费者了解产品的信息。

（资料来源：http://www.br8.com/news/show/147435/index.html）

思考：网络广告的效果调查说明了什么？

知识储备

（一）广告效果测评报告的含义

广告效果测评报告是广告效果测评人员在对调查资料进行科学分析后，用书面语言将广告效果分析、检验、评估的过程及其结论表达出来的书面总结。

广告效果测评报告的撰写是整个广告效果测评活动的最后一个环节，也是广告效果测评活动过程的最终结果。广告效果测评报告是衡量和反映一项广告测评项目效果好坏的重要标志。在广告效果测评报告的撰写中，应该注意以下几个方面的要求。

1. 明确写作目的

要站在广告主的立场上，实事求是、真实客观地反映、分析、评价广告产生的效果，既充分肯定成绩，又要大胆揭露问题，切忌以偏概全，以点带面。要尽量全面、客观真实地反映广告效果测评的结果。

2. 注意测评方法的选取

要根据广告宣传的内容和广告主想要测评的项目，选取适合的测评方法，并注意对收集到的数据和统计资料进行核实和整理，保证测评结果的可靠性。

3. 报告表述简明严谨

报告应该结构严谨、用语简洁、观点鲜明、材料典型、条理清晰，语言表达以叙述为主，具有较强的说服力，同时在撰写过程中还要考虑阅读者的专业水平和层次，避免使用生僻的、过于专业的词汇，尽量使报告适合大部分读者阅读。

（二）广告效果测评报告的格式与内容

广告效果测评报告的格式与内容主要由标题、正文和结尾三部分组成。

1. 标题

由被调查的广告产品品牌、产品名称和调查的主要内容组成。

2. 正文

正文主要分为前言和主体两个部分。

（1）前言

前言主要是简明扼要地说明此次广告效果测评的目的、背景、意义，以及所要研究的问题及其范围、测评的组织及人员情况等。

（2）主体

主体是测评报告的核心内容，主要阐述此次测评的调查范围和结论。广告效果测评报告一般先介绍广告主的基本情况，说明广告主的人财物产供销信息等资源的情况。其次要说明广告效果测评的调查内容，即测评的时间、地点、内容及所导致结果的详细情况，测定、研究问题所运用的方法，各种指标的数量关系。最后，说明广告效果测评的具体结果，包括计划与实际情况的比较、经验的总结与问题分析、提出解决问题的措施和改善广告促销的具体意见等内容。

3. 结尾

强调本次广告效果测评的重要性，提出对今后工作的展望。

（1）附件

附件包括样本分配、推算过程、图标与附表等。

（2）落款和日期

落款和日期包括广告效果测评机构名称、人员名单和本报告的成文日期。

（三）广告效果测评报告的实施过程

在进行广告效果测评和撰写测评报告时，一般按照以下步骤进行操作。

1. 明确测评的目的

测评指标在很大程度上决定一个广告的测评结果是否有效，而测评指标又取决于广告目标或测评目标。广告目标不同，所选取的评估标准也不同。因此，进行一次广告效果测评首先要明确广告测评的目标。广告的目标一般是树立企业形象、提升品牌知名度、扩大产品市场占有率还是推广新产品等。广告测评的目标根据广告主的实际情况确定。

2. 制订测评计划

在明确了测评目标后，应该制订一套详细的具体测评实施计划，保证测评能够有步骤、有系统地顺利进行。广告效果测评的计划一般包括以下几个方面：

1）测评内容。

2）测评的目的和要求。

3）测评的步骤和方法。

4）测评的范围与对象。

5）测评的时间和地点。

6）调查机构的选择。

7）测评人员的安排。

8）测评费用高。

3. 实施测评方案

广告测评的结果是否达到预期目标，主要在于测评人员是否严格、认真、细致地按照预期目标与计划去实施。在测评的具体实施过程中，确定测评方法、明确测评对象和设计调查问卷是整个测评实施最为重要的三个方面的内容。

（1）确定测评方法

广告测评的方法有很多，应该根据本次测评的目的和需求有针对性地选择几个方法的组合来开展测评。

（2）明确测评对象

在开展测评工作时应该确定调查哪些人，怎么调查，调查的人数是多少。测评对象应该重点针对广告的诉求对象进行选取。

（3）设计调查问卷

设计调查问卷也是广告效果测评能否取得预期效果的一个重要环节。设计调查问卷，首先要确定调查的主题，然后通过初步调查、设计草案、实现实验等环节，最后设计问卷成品，从而保证问卷的主题明确、问题有效、范围适当、方式得当。其次，要注意询问技巧与方式，主要有提出的问题要语言亲切，合情合理，使得测评对象愿意回答问题。问卷一般先提问容易回答的问题，敏感性的问题放在后边，避免提出诱导性的问题，开放性的问题一般放在问卷的最后。

4. 撰写测评报告

撰写测评报告是测评实施的最后一个环节。测评报告需要对已经调查到的资料进行整理和分析，提出虚假和不适用的部分，并运用各种统计方法和手段，找出其中的联系和原因，得出具有价值的结论。

任务演练

依据前两个学习情境撰写测评报告。

任务评价标准与记录如表 7-3 所示。

表 7-3 任务评价标准与记录

评价内容与标准	1组	2组	3组	4组	5组	6组
模拟实施						
报告文本						
汇报内容						
汇报效果						
创新体现						
合计						

重点记录：

注：评价内容一般分为五项，评价标准一般分为优秀（A记2分）、一般（B记1分）、不合格（C记0.5或0分）三个等级，每个任务满分为10分。此表可用于教师打分和学生互评。

任务二　规范广告运作

学习情境1　熟悉广告管理系统

 情景导入

乐尔康的虚假广告

2001年3月，由天津市红桥区法院做出一审判决，两名编造广告批文、散布虚假广告的被告人被依法判刑。此案是新《刑法》实施以来，天津市判决的首起虚假广告案件。据了解，被告方某、程某均是西安某制药公司的药品推销人员，2000年2月，石某取得了该公司"乐尔康"药品在天津销售的营业执照、委托书等有关手续，随后与程某一起来到本市搞营销。经市场调研，他们认为这种主治功能为"补肾健脾、益气养血，用于中老年失眠、健忘等症状"的乐尔康胶囊销路很难打开，但是，"性用品"药品的销路却很好，且利润高。于是，编造了《药品广告审查表》。将"乐尔康"的主治功能更改为"治疗性功能阻碍""专治阳痿早泄"。随后，二被告私自印制了"红色火焰乐尔康""绵绵情意——乐尔康"的广告小报宣传品80万份，并雇用20余人在本市主要街道公开散发，还在本市主要媒体上刊登了未经有关部门审批的该虚假广告，借此在本市20余家药店销售并牟取暴利。以上的案例就是由于广告社会监督体系不完善使一些企业钻了空子，不特别注重自己的商业信誉，甚至在利益驱动下，为力求自己利益的最大化而不惜损人利己。

（资料来源：http://www.64365.com/zm/357_anli.aspx）

思考：案例中问题发生的原因是什么？

知识储备

（一）广告行政管理

广告行政管理是指通过一定的行政干预手段，或者按照一定的广告管理的法律、法规和有关政策规定，对广告行业和广告活动进行监督、检查、控制和指导。它是一种运用有关行政法规、命令、指示、规定和政策对广告进行管理的方法和手段。在我国，广告的行政管理，是由国家工商行政管理部门按照广告管理的法律、法规和有关政策规定来行使管理职权的，而且是我国现阶段进行广告管理的一种主要方法。

从整体上来看，广告行政管理可自成一个系统，主要由四个子系统构成。

1. 广告行政管理机构

广告行政管理机构主要由国家工商行政管理机关和地方各级工商行政管理机关构成。我国《中华人民共和国广告法》（以下简称《广告法》）第六条规定"县级以上人民

政府工商行政管理部门是广告监督管理机关"，《广告管理条例》第五条规定"广告的管理机关是国家工商行政管理机关和地方各级工商行政管理机关"。

2. 广告行政管理法规

广告行政管理法规是广告行政管理机关进行广告行政管理的法律依据，主要包括《广告法》《广告管理条例》和一些单项广告管理规章和有关政策规定，如《药品广告管理办法》《医疗器械广告管理办法》等。

3. 广告验证监督管理

广告验证监督管理是广告管理机关依法对广告主、广告经营者和广告发布者的主体资格和广告信息内容进行验证管理，以及对广告发布后的监督管理。

4. 广告行政管理对象

广告行政管理对象主要包括广告经营者、广告主、广告信息内容、广告发布者等。

（1）对广告经营者的管理

对广告经营者的管理是广告管理机关依照广告管理法律、法规对广告经营者实施的管理，属于政府的行政管理行为。广告经营者只有在获准登记、注册，取得广告经营资格后，才能从事广告经营活动。否则，即为非法经营。严格地说，广告经营者要取得合法的广告经营资格，必须符合《民法通则》的有关规定和企业登记的基本要求，必须具备广告法规中规定的资质条件，必须按照一定的法律程序依法审批登记。广告经营者的审批登记程序主要包括受理申请、审查条件、核准资格和发放证照四个阶段。

（2）对广告主的管理

对广告主的管理主要实行验证管理制度。对广告主的验证管理是指广告主在委托广告经营者设计、制作、代理、发布广告时，必须向其出具相应的文件或材料，以证明自己主体资格和广告内容的真实、合法。广告经营者只有在对广告主提供的这些证明文件或材料的真实性、合法性和有效性进行充分审查后，才能为其设计、制作、代理、发布广告，并将所验证过的证明文件或材料存档备查。

（3）对广告信息内容的管理

对广告信息内容的管理集中到一点，即对广告内容的真实性、合法性进行管理，以确保广告内容的真实、合法与健康。《广告管理条例》第三条规定："广告内容必须真实、健康、清晰、明白，不得以任何形式欺骗消费者。"《广告法》第七条规定："广告内容应当有利于人民的身心健康，促进商品服务质量的提高，保护消费者的合法权益，遵守社会公德和职业道德，维护国家尊严和利益。"《广告法》第七条对广告中不得出现的内容，《广告法》第 14 条、第 17 条对药品、医疗器械和农药广告中不得出现的内容都做了明确规定。此外，《药品广告管理办法》《医疗器械广告管理办法》《食品广告管理办法》等单项法规，还对相应的广告内容的管理做出了明确规定。

（4）对广告发布者的管理

对广告发布者的管理又叫广告媒介管理，是指广告行政管理机关依照国家广告管理法律、法规的有关规定，对以广告发布者为主体的广告发布活动的全过程实施的监督管理行为。换言之，广告发布者管理是广告管理机关依法对发布广告的报纸、期刊、电台、电视台、出版社等事业单位和户外广告物的规划、设置、维护等实施的管理。

整个广告行政管理系统运作时，国家行政管理机构依照广告行政管理法规对广告行政管理对象进行广告验证管理并进行广告发布后的监督管理。

（二）广告审查制度

1. 广告审查制度

所谓广告审查制度，是指广告审查机关在广告交付设计、制作、代理和发布前，对广告主主体资格、广告内容及其表现形式和有关证明文件或材料的审查，并出具与审查结果和审查意见相应的证明文件的一种广告管理制度。

广告审查制度包括广告内容核实和广告审查，广告主不论自行发布还是委托发布广告，必须具有或者能够提供真实、合法、有效的证明文件。广告发布前审查是行政主管部门依法进行的行政许可事项。

2. 广告审查的要求

1）对广告进行审查是广告经营者的一项法律义务，未经审查的广告不得进行宣传发布。

2）广告经营者审查广告应当按照广告管理法规的要求，全面审查广告宣传内容和表现形式，严格掌握广告宣传的标准，并查验广告证明。

3）广告审查程序按照承接登记、审查、复审和建立广告业务档案等步骤进行。

4）审查时要看广告客户的主体资格是否合法、广告宣传是否符合真实性原则、有无虚构事实或隐瞒事实真相的词语或画面、有无夸大宣传让消费者上当受骗的地方、有无能使消费者产生误解的文字，审查广告中有无广告法规明令禁止出现的内容。

5）广告审查要把实际审查和通过查验广告证明结合起来，同时注意广告证明的出具机关是否合法、有效。

6）对广告审查合格的，广告经营者可以设计、制作、代理、分布；对不合格者指出其问题，建议修改广告内容或表现手法，引导广告主依法进行广告宣传，在广告经营中必须坚持原则，依法办事。

7）对违背广告审查制度而承接相应广告出现违法虚假的广告，造成社会不良影响的，按规定追究当事人的相应法律责任。

3. 广告审查的方法

（1）根据广告管理法审查

广告管理法规对广告客户从事广告宣传活动应当遵守的行为规范做出了规定。广告经营者和广告证明出具机关在承办广告和出具广告证明时，应当依照广告管理法规确立的规范对广告内容及其表现形式逐次进行检查，发现有违法内容的，应当要求客户删除，广告客户拒绝删除的，做出不予承办或出具证明的决定。

（2）依据证明文件审查

广告管理法规对广告客户委托经营者或广告证明机关承办或出具广告证明，应当提交和交验的证明文件做出了明确、具体的规定。广告经营者和广告证明出具机关应当依据客户的证明文件对广告进行审查，检查广告内容是否与证明文件相符，凡无合法证明或者证明不齐全、证明文件不能证明广告内容真实合法的，做出不予承办或出具证明的决定。

广告经营者审查广告的程序分为承接登记、初审、复审、建档四个步骤。

（三）广告行业自律

1. 广告行业自律的含义

广告行业自律是指广告业者通过章程、准则、规范等形式进行自我约束和管理，使自己的行为更符合国家法律、社会道德和职业道德的要求的一种制度。广告行业自律主要通过建立、实施广告行业规范来实现，行业规范的贯彻落实主要依靠行业自律组织进行。广告行业自律是目前世界上通行的一种行之有效的管理方式，并逐渐发展成为广告行业自我管理的一种制度。

2. 广告行业自律的积极作用

广告行业自律是广告业发展到一定阶段的必然产物，它对于提高广告行业自身的服务水平，维持广告活动的秩序，都有着不可替代的作用。世界上广告业比较发达的国家都十分重视广告行业自律对于广告业发展的积极意义，行业自律逐步形成系统和规模，不断得到加强和完善。我国的广告业正处在初级发展阶段，随着社会主义市场经济的运转，广告管理法规在进一步完善和健全之中。在这种状况下，广告行业自律的作用显得更加重大。实行行业管理，加强广告法规的管理研究和确定行业自律准则，是我国社会主义市场经济发展的需要。

广告行业自律是在广告行业内建立起来的一种自我约束的道德伦理规范，因为这种自我约束是以遵守各种法律为中心而建立起来的自我限制。这种做法既可以起到补充政府法规的指导作用，又表现了广告行业自觉尊重法规的意愿。因此，自我约束对推动广告事业的发展起着积极的作用。

3. 广告行业自律的特点

（1）自发性

广告行业自律的自发性表现：广告行业组织不是政府的行政命令和强制行为的结果，而是由广告主、广告经营者和广告发布者自发成立的；广告行业组织用以进行自我管理的行业自律规则，都是由广告主、广告经营者、广告发布者和广告行业组织共同商议、自行制订并自觉遵守的，体现出广告行业的共同愿望。这是一种完全自愿的行为，并不带有强制性。

（2）灵活性

广告行业自律的灵活性是指广告主、广告经营者、广告发布者和广告行业自律组织在制订广告行业自律章程、公约和会员守则等自律规则时，具有较大的灵活性。只要参与制订该自律规则的各方同意，可以随时制订自律规则，而且还可以根据客观情况的变化和现实需要，随时对自律规则进行修改和补充。

（3）道德约束性

道德约束性是就广告行业自律的运作方式而言的。广告行业自律作用的发挥，一方面来自广告主、广告经营者、广告发布者自身的职业道德、社会公德等内在修养与信念，即他们不仅主动提出了广告行业自律规则，而且还要自觉遵守；另一方面，则来自一些具有职业道德、社会公德等规范作用的广告自律章程、公约、会员守则等对广告主、广告经营者和广告发布者的规范与约束。它主要借助职业道德、社会公德的力量和社会舆论、广告行业同仁舆论的力量来发挥其规范与约束作用。即使广告主、广告经营者和广告发布者有违反广告自律规则的行为，也只在广告行业内部，通过舆论谴责和批评教育等方式，对其行为加以规范与约束。

4. 广告行业自律与广告行政管理的关系

广告行业自律和政府对广告行业的管理都是对广告业实施调整，二者之间既有密切联系，又有根本的不同。广告管理的依据是广告法规，它主要从外在方面对广告管理者的职责行为进行规定；广告自律的原则是广告道德，它主要从内在方面划定出广告行业的职业道德规范。它们之间的关系包括以下几点。

首先，行业自律必须在法律、法规允许的范围内进行，违反法律的，将要被取消。政府管理是行政执法行为，行业自律不能与政府管理相抵触。

其次，行业自律与政府管理的基本目的是一致的，都是为了广告行业的健康发展，但是层次又有所不同，行业自律的直接目的是维护广告行业在社会经济生活中的地位，维护同业者的合法权益。而政府对广告业的管理其直接作用是建立与整个社会经济生活相协调的秩序，它更侧重于广告业对社会秩序所产生的影响。

再次，行业自律的形式和途径是建立自律规则和行业规范，调整的范围只限于资源加入行业组织或规约者；而政府的管理是通过立法和执法来实现的，调整的范围是社会的全体公民或组织。

最后，行业自律的组织者是民间行业组织，它可以利用行业规则和舆论来制裁违约者，使违约者失去良好的信誉，但它没有行政和司法权；而国家行政管理则是以强制力为保证，违法者要承担法律责任。

（四）广告社会监督

1. 广告社会监督的含义

广告社会监督既称为广告社会监督管理，又称消费者监督或舆论监督管理，是消费者和社会舆论对各种违法违纪广告的监督与举报。在通常情况下，广告管理以政府的行政管理为主，但这并不是说广告行业自律和消费者监督管理是可有可无或根本用不着存在的；相反，正是由于有了广告行业自律和消费者监督的加入，政府对广告的行政管理才更加有力，广告管理也才更加富有层次。

2. 广告社会监督的形式

广告社会监督主要通过广大消费者自发成立的消费者组织，依照国家广告管理的法律、法规对广告进行日常监督，对违法广告和虚假广告向政府广告管理机关进行举报与投诉，并向政府立法机关提出立法请求与建议。其目的在于制止或限制虚假、违法广告对消费者权益的侵害，以维护广告消费者的正当权益，确保广告市场健康有序的发展。

3. 广告社会监督组织

我国的广告社会监督组织主要指中国消费者协会和各地设立的消费者协会（有的称消费者委员会或消费者联合会）。此外，1983 年 8 月在北京成立的全国用户委员会，是我国首家全国性的消费者组织。中国消费者协会是经国务院批准，于 1984 年 12 月 26 日在北京成立的。截至 1994 年，全国县级以上消费者协会已超过 2400 个，还在街道、乡镇、大中型企业中建立了各种形式的保护消费者的社会监督网络 3.3 万多个。消费者协会基本上是由工商行政管理、技术监督、进出口检验、物价、卫生等部门及工会、妇联、共青团中央等组织共同发起，经同级人民政府批准建立和民政部门核准登记，具有社会团体法人资格，挂靠在同级工商行政管理局的"官意民办"的消费者组织。

4. 广告监督的特点

与广告行政管理系统、广告审查制度和广告行业自律制度相比，广告社会监督有其自身特点，这些特点包括以下几个方面。

（1）主体的广泛性

广告主的商品或服务必须通过一定的媒介发布出来成为广告信息，才能为广大社会公众所接受，从而产生消费意愿和消费行为；与此同时，一则广告信息一旦发布出来，即意味着已落入社会公众的"汪洋大海"之中，要受到广告受众全方位的监督。这些广告受众即构成广告社会监督的主体，其每一个成员都可以对广告的真实性、合法性进行监督，并向各级广告社会监督组织反馈其监督结果，从而构成一支庞大的广告社会监督大军。因此，广告社会监督主体具有广泛性的特点。

（2）监督组织的官意民办性

在西方，广告社会监督组织即各种消费者保护组织，都是自发成立的，完全代表消费者利益，几乎不带任何官方色彩，在社会上扮演着"消费者斗士"的角色。而我国各级消费者协会则更多地带有"官意民办"的性质。这种"官意民办"性质主要表现在：其一，各级消费者协会都是经过同级人民政府批准后成立的，并非消费者完全自发的行为；其二，它成立后挂靠在同级工商行政管理机关，没有独特的地位；其三，它在经费、编制、人员及办公条件等方面需得到同级政府支持，缺乏自主权。由这种"官意民办"性质决定，广告社会监督组织具有双重使命：既要在一定程度上体现官方意志，又要保护广大消费者的合法权益。当然，二者在更多的时候并不互相矛盾，而是一致的。

（3）监督行为的自发性

广告受众依法对广告进行监督并非广告管理机关和广告社会监督组织的指令所致，

而是一种完全自发的和自愿的行为，在此过程中，几乎不存在任何的行政命令和行政干预。广告受众这种自发行为主要来自：其一，广告受众对自己接受真实广告信息权利的认识的加强；其二，广告受众对保护自身合法权益的意识的提高。而这一切皆取决于人的素质的提高和广告受众自我保护意识的加强。因此，社会越发展，其文明程度越高，人的素质越好，广告受众的自我保护意识越强，那么他对广告的监督行为也就越自发和越自觉。

（4）监督结果的无形权威性

广告主发布广告，向社会公众传递商品或服务信息，其目的在于使一般社会公众成为广告受众，使潜在的购买趋势发展成为现实的购买行为。即要让社会公众接受其广告，进而购买其商品或使用其服务。但社会公众是否愿意接受其广告信息，是否愿意产生购买欲望和发生购买行为，主动权不在广告主一边，也不在广告公司一边，而是在广告受众一边。而广告信息是否属实，广告主的承诺是否可信，将直接影响广告受众对它的认可与否。因此，以广告受众为主的广告社会监督主体对广告的监督结果具有一种无形的权威性。社会监督结果的这种无形权威性，是广告主、广告公司进行广告创意、构思、设计、制作时所不容忽视的，任何对它的忽视或轻蔑，都将招致严重的后果。

任务演练

以广告主和广告公司的身份分别阐述如何遵守广告行业管理规则？

任务评价标准与记录如表7-4所示。

表7-4 任务评价标准与记录

评价内容与标准		1组	2组	3组	4组	5组	6组
	材料搜集						
	汇报文本						
	汇报内容						
	汇报效果						
	创新体现						
	合计						

重点记录：

注：评价内容一般分为五项，评价标准一般分为优秀（A记2分）、一般（B记1分）、不合格（C记0.5或0分）三个等级，每个任务满分为10分。此表可用于教师打分和学生互评。

学习情境2 开展自我管理

情景导入

哈尔滨市公交车广告

据哈尔滨市公交管理处有关负责人介绍，目前哈尔滨市有公交企业35家，运营车辆 5020 台。除了 2011 年政府投资购置的 300 台公交车不允许设置车体广告外，其余 148 条线路上的 4720 台公交车都可以设置车体广告。近年来，由于车体广告监管部门较多，协调不到位，竞争无序，以及设置标准低、维护不力等原因，导致公交车广告脏、乱、差现象严重，影响了城市形象。为此，哈尔滨市公交管理部门从今年 3 月 16 日开始，对全市 3714 台公交车广告进行了清理。清除、整治后，又对哈尔滨市交通部门制订的《哈尔滨市城市公共汽车电车广告设置管理暂行规定》进行了修订和完善，学习借鉴上海、杭州、济南、大连和北京等地的经验和做法，按照统一受理、统一审批、统一设计、统一价格、统一制作、统一设置、统一维护的工作标准，对公交车体广告进行规范和管理，明确规定：公交车身两侧的广告长度从前轮中心线至后轮眉、宽度在两侧车窗玻璃下沿以下车身底边以上，并对广告画面色彩、广告用喷绘材料、字体和广告内容等做出了明确规定。公交管理部门设立专门科室管理广告审批、发布等事项。哈尔滨市公交管理部门提出，今后要聘请专业人员成立专家组，从内容的合法性和形式的艺术性上对公交车广告进行考核、评审，聘请市民、媒体等社会力量对公交车违规违法现象进行监督，让公交车广告成为哈尔滨市公交事业的有力补充，成为哈尔滨市创建全国文明城的一道风景。

（资料来源：http://3y.uu456.com/bp_4dg522cht42xzhu2l5dx_1.html）

思考：公交车广告在消费者生活中都能起到哪些作用？此情境中为何要统一公交车的广告要求？

知识储备

（一）严格遵守广告法

《中华人民共和国广告法》已由中华人民共和国第十二届全国人民代表大会常务委员会第十四次会议于 2015 年 4 月 24 日修订通过，现将修订后的《中华人民共和国广告法》公布，自 2015 年 9 月 1 日起施行。

新广告法明确规定，任何单位或者个人未经当事人同意或者请求，不得向其住宅、交通工具等发送广告，也不得以电子信息方式向其发送广告。在互联网页面以弹出等形式发布的广告，应显著标明关闭标志，确保一键关闭。违者将被处五千元以上三万元以下罚款。

《广告法》中明确规定，广告不得有下列情形。

1）使用或者变相使用中华人民共和国的国旗、国歌、国徽，军旗、军歌、军徽。
2）使用或者变相使用国家机关、国家机关工作人员的名义或者形象。
3）使用"国家级""最高级""最佳"等用语。
4）损害国家的尊严或者利益，泄露国家秘密。
5）妨碍社会安定，损害社会公共利益。
6）危害人身、财产安全，泄露个人隐私。
7）妨碍社会公共秩序或者违背社会良好风尚。
8）含有淫秽、色情、赌博、迷信、恐怖、暴力的内容。

9）含有民族、种族、宗教、性别歧视的内容。

10）妨碍环境、自然资源或者文化遗产保护。

11）法律、行政法规规定禁止的其他情形。

（二）科学制订广告战略

1. 广告战略策划

广告战略策划是指对整体广告活动指导思想、目的、原则的宏观运筹与谋划，对于整体广告策划具有一种总领性的作用，对广告过程中的各个具体环节都有指导意义。

战略：军事术语，"泛指重大的、带有全局性和决定性的计谋"。

广告战略：是指一定时期内指导广告活动的带有全局性的宏观谋略，或者说，它是一定时期内广告活动的指导思想和总体方案。

2. 广告战略策划的意义

广告战略策划是广告策划的中心，是决定广告活动成败的关键。

一方面，广告战略是企业营销战略在广告活动中的体现；另一方面，广告战略又是广告策划活动的纲领。它对广告推进程序策划、广告媒体策划、广告创意等都具有统帅作用和指导意义。

3. 广告战略策划的特征

（1）全局性

广告战略策划是对整个广告活动总的指导思想和整体方案的谋划、确定，当然具有明显的全局性。它体现在以下两个方面。

1）服务于企业营销战略。广告战略是企业营销战略的一部分，它既要体现企业营销总体构思的战略意图，又要服从于企业营销战略，并创造性地为企业营销战略服务。

2）着眼于广告活动的全部环节。广告战略作为对广告活动的整体规划和总体设计，本身就是一项系统工程。它研究广告活动在整体上应持什么态度，坚持什么原则，把握什么方向，统率广告活动的各个环节，全程始终。因此，广告战略的策划必须着眼于广告活动的全部环节。

（2）指导性

在广告策划过程中，广告推进程序策划，广告媒体策划都是操作性、实践性极强的环节，而广告战略策划所要解决的是整体广告策划的指导思想和方针的问题，它对广告策划的实践性环节提供了宏观指导，能使广告活动有的放矢，有章可循。

（3）对抗性

广告是商品经济的产物。商品经济的显著特征之一就是竞争。因而广告战略策划必须考虑竞争因素，针对主要竞争对手的广告意图，制订出针对性强的抗衡对策。所谓"知己知彼"，体现的就是对抗性。

（4）目标性

广告活动总是有着明确的目标的。广告战略策划要解决广告活动中的主要矛盾，以保证广告目标的实现。因此，广告战略策划不能脱离广告目标这一中心。

（5）稳定性

广告战略是在市场调查的基础上，经过分析研究制订的，对整个广告活动具有牵一发而动全身的指导作用，在一定时期内具有相对的稳定性，没有充分的理由和迫不得已的原因，不能随便改变。

4. 广告战略策划的程序

广告战略策划程序一般包括以下几个步骤。

（1）确定广告战略思想

广告战略思想是广告活动的指南。例如，日本的松下电器公司在中国市场上的广告活动，其广告目标是扩大松下电器在中国市场的占有率，为实现这一战略目标，他们以"长期渗透"的观念来确定广告战略思想。十余年来，不惜重金，通过长久有效的广告终于在中国消费者心中树立起了松下电器的品牌形象，使松下电器在中国拥有了约21%的市场占有率，居日本电器行业之首。这与松下广告战略思想中的长期渗透观念不无关系。

根据不同情况，可以确定不同的广告战略的思想观念对广告战略产生的影响也不同。常见影响广告战略的主要观念有以下几种。

1）积极进取的观念。一般而言，持积极进取观念的广告策划者对广告的作用十分重视，持这种思想的企业大多在市场上尚未占有领导地位，而处于二、三流的位置，但它却具有较强的竞争实力，因此，他们希望通过积极的广告宣传向处于领导地位的竞争对手发起进攻。扩大自己的影响，积极夺取市场领导者的地位。此外，进取的思想也较多地出现于企业在推广新产品和开拓新市场的过程中。

2）高效集中的观念。持高效集中观念的广告策划者很重视广告的近期利益，在广告策划中，强调"集中优势兵力，打歼灭战"。以集中的广告投资和大规模的广告宣传，在某一市场上或某一时间段内形成绝对的广告竞争优势，以求在短期内集中奏效。持这种观念的企业，一般具有较强的经济实力，能达到集中投资、及时见效的目的。另外，有些产品生命周期较短，也迫使企业必须持高效集中的战略思想。以高效集中思想为战略思想的广告策划风险较大，所以对广告战略策划的质量要求较高。

3）长期渗透的观念。持长期渗透观念的广告策划者特别注重广告的长期效应，在广告战略中强调"持之以恒，潜移默化，逐步渗透"。持长期渗透观念的企业一般面临的市场竞争比较激烈，产品的生命周期较长，企业要在广告宣传上及时奏效困难很大，需要花费较长的时间，付出较高的代价。所以企业往往采取长期渗透的战略，逐步建立企业在目标市场上的竞争优势。

4）稳健持重的观念。持稳健持重观念的广告战略策划者对广告的作用也比较重视，但在思想和行为上却体现为慎重，一般不轻易改变自己的战略方针。主要以维持企业的现有市场地位和既得利益为主要目标，很少有进一步扩张的要求。其战略姿态往往是防御型的，以抵御竞争对手的进攻为主。持稳重持重观念的企业一般有两种：一种是已经处于市场领导地位的，因对使自己获得成功的传统手法充满信心而持之。另一种是受主、客观因素制约，一时无力开展积极竞争不得已而为之。

5）消极保守的观念。持消极保守观念的广告战略策划者对广告的作用不很重视。在思想和行动上较为消极和被动，广告活动的主要目标在于推销产品，一旦销路打开就停止广告宣传。持消极保守观念的企业要么是缺乏市场营销意识，不懂得广告战略作用的；要么是在市场上居于垄断地位或由于市场环境的原因（比如计划经济条件下）而缺少外在竞争压力的。

（2）明确广告战略目标

明确广告战略目标即解决"为什么宣传"的问题，这是整个广告策划最重要的部分。

广告目标是指广告活动所要达到的预期目的，它规定着广告活动的总任务，决定着广告活动的发展方向。

（3）分析内外环境

1）内部环境分析。主要是对产品和企业进行分析。

① 对产品分析：产品本身、产品供求关系、产品方案。

② 对企业分析：企业规模、企业观念、企业文化。

2）外部环境分析。

① 分析市场环境：主要包括市场分割情况，市场竞争情况，生产资料和消费品可供量，消费品购买力的组成情况，消费者对市场的基本期望和要求。通过对市场环境的分析，能为确定目标市场、制订成功的广告策略提供可靠的依据。

② 分析消费者：主要分析消费者的风俗习惯、生活方式，不同类型的消费者的性别、年龄、职业、收入水平、购买能力，以及对产品、商标和广告的认识态度。

③ 分析竞争对手：主要是分析竞争对手的数目、信誉、优势、缺点及产品情况。要在众多竞争对手中找出最具威胁性的竞争对手，并对主要竞争对手的优缺点进行比较，避其长，攻其短。还要对竞争对手的质量、特点、数量、品种、规格、包装、价格服务方式了如指掌，使广告战略的确定更具有针对性。

通过对外部环境的分析，能找出其中的问题与机会，从而利用有利因素，克服不利因素，制定出正确的广告战略。

（4）确定广告战略任务

确定广告战略任务就是要具体明确广告内容、广告目标受众、广告效果等项任务。

1）确定广告内容。在一定时期（即解决"宣传什么"的问题）的广告活动中，要对广告内容加以选择，确定出主要内容。例如，是以宣传企业为主，还是以宣传产品为主。如果以宣传产品为主，还要进一步确定是以宣传品牌为主、宣传质量为主，还是宣传功能为主。另外，一定时期内的广告活动中，广告内容并非自始至终保持不变。可以根据不同发展阶段，确定不同的广告内容。例如，产品刚上市时，可以以宣传品牌为主；产品已为人所知后，可以改为以宣传功能为主；在市场竞争激烈时，则应以宣传质量或服务为主。

2）确定广告目标受众：即解决"向谁宣传"的问题。广告目标受众是指广告的主要接受者。广告接受者，广告，虽属"广而告之"的行为，但对企业来说，广告的效果并不体现在社会上不特指的所有人，而只体现在与其产品有关的即部分受众身上，因而，广告策划人只有明确了广告宣传的目标受众，才能根据目标受众的社会心理特征来采用符合其关心点的广告策略,从而最大限度地贴近消费者的需求,提高广告宣传的实际效果。

3)确定广告效果:即解决"宣传的效果如何"的问题。在广告战略思想中已经明确了广告的主要目标,但那是比较抽象的,在广告宏观战略的制订中应将此目标体现为一系列衡量广告效果的量化指标,如销售额增长的百分比、市场占有率的提高幅度、企业形象的衡量指标等,有了这样的量化指标体系,才可能对广告的战略效果进行评估,才能将广告战略付诸实施。

(5)确定广告策略

1)广告策略是广告过程中具体环节的运筹和谋划,是实现广告战略的措施和手段。

2)广告策略具有以下特点。

① 多样性:在广告活动中,广告战略只有一种;广告策略则是多种多样的,广告活动的各个环节都含有相应的广告策略。

② 针对性:广告策略要针对不同的产品、不同的消费者、不同的媒体、不同的广告活动环节来策划,具有较强的针对性。

③ 灵活性:广告策划人参照的背景条件、媒介差异不同,可以灵活地选用不同的广告策略,同时,还可以根据变化了的情况做相应的策略调整,以保证广告战略的实施。

④ 具体性:广告策略是实现广告战略的手段、方式,侧重于广告活动的具体环节,因而具有具体性。

3)广告策略的确定,不仅要依据广告战略,同时还必须结合市场营销的具体情况。

① 时间条件:广告时限策略、广告时序策略、广告频次策略。

② 地域条件:全球市场策略、地区市场策略、目标市场策略。

③ 产品条件:生命周期广告策略、产品系列广告策略、产品好处广告策略。

④ 市场条件:目标市场广告策略、市场渗透广告策略、市场开发广告策略、无差别市场广告策略、差别化市场广告策略、密集型市场广告策略。

(三)根据实力确定广告预算

1. 广告预算

广告预算是企业广告计划对广告活动费用的匡算,是企业投入广告活动的资金费用使用计划。它规定在广告计划期内从事广告活动所需的经费总额、使用范围和使用方法,是企业广告活动得以顺利进行的保证。

广告预算是在某特定时间内,对方广告活动所需经费总额及其使用范围、分配方法的策划。

广告预算是广告战略策划的一项重要内容,它是一项系统性工程。广告所有活动的实施,要以广告预算来支持。多数企业是依据广告预算来制订广告策略的,即有多少广告费用投入,决定进行多大规模的广告活动。

广告预算与广告费用是两个紧密相连的概念,但两者也有着很大的区别。广告费用一般是指广告活动中所使用的总费用,主要包括广告调研费、广告设计费、广告制作费等;广告预算,是企业投入活动的费用计划,它规定着计划期内从事广告活动所需总额及使用范围。因此，广告费用可以说是广告活动中所需经费的一般概念，是企业财务计划中的一种。

2. 广告预算的意义

广告预算在进行广告活动中具有很重要的现实意义，广告预算多了则会造成浪费，少了势必会影响必要的广告宣传活动，甚至影响整个销售环节，在竞争中处于不利地位。其具体意义体现在以下几个方面。

（1）使经费使用合理

广告预算的主要目的就是有计划地使用广告经费。广告预算对每一项活动、每一段时间、每一种媒体上应投入的多少费用都做了合理分配。这就保证了广告经费的合理支出，避免不必要的浪费。

（2）提供广告活动的控制手段

广告预算是一个系统性的工程，它对广告费用的多少如何分配、怎样分配都做了明确的规划，这些规划又直接影响到广告的时空、广告的设计与制作、广告媒体的选择与使用等。这就为企业有效地对广告活动进行管理和控制提供了手段，保证广告目标与企业营销目标一致，以确保广告活动按计划进行。

（3）提供效果评价的指标

评价广告闲时的主要标准是看广告活动在多大程度上实现了广告目标的要求，达到了相应的广告效果。广告预算对广告费用的每项支出都做出了具体规定，这就和广告效果与广告费用的对比提供了依据。

3. 广告预算的具体内容

广告费的内容主要包括广告活动中所需的各种费用，如市场调研费、广告设计费、广告制作费、广告媒介使用租金、广告机构办公费与人员工资等项目。

依据其用途，可以把广告费划分为直接广告费和间接广告费、自营广告费与他营广告费、固定广告费和变动广告费。

1）直接广告费是指直接用于广告活动的设计制作费用和媒介租金，间接广告费是企业广告部门的行政费用。在管理上，应当尽量压缩间接广告费，增加直接广告费的比例。

2）自营广告费是指广告主本身所用的广告费，包括本企业直接与间接的广告费。

3）他营广告费则是委托其他广告专业部门代理广告活动的一切费用。一般而言，他营广告费在财务上比自营广告费要节约，使用效益也更好。

4）固定广告费是自营广告的人员组织费用及其他管理费，这些费用开支在一定的时期内是相对固定的。

5）变动广告费是因广告实施量的大小而起变化的费用，如受数量、距离、面积、时间等各种因素的影响而变化的费用。

变动广告费又因广告媒介不同，可分为递增变动和递减变动。比例广告费是随同广告实施量的增加而递增，递减广告费则相反，是反比例变化的，广告费用随广告实施量的增加而递减。广告预算的多少不仅影响广告主对媒体类型的选择，也影响其对某一类型媒体的版位、时间段的选择，而这些又与广告效果有密切的关系。广告主注重的是根据企业的经营范围和竞争能力出发，考虑到自己的经济承受能力和广告预算的多少，从比较中选择效益最好的媒体。例如，实力雄厚、竞争力强、广告预算多的企业，可利用覆盖面广、信誉度好的媒体；中小型企业可选择费用较低而有效的媒体；零售企业则应充分利用本身条件，如橱窗、店面、柜台展示等手段。如果某产品专业性强，销售对象集中且价格昂贵，则只需寄发邮寄广告或派人上门推销即可达到效果。

4. 广告预算制订的方法

制订广告预算的方法目前为广告界采用的有数十种之多。常见的广告预算制订的方法有七种，包括销售百分比法、利润百分比法、销售单位法、目标达成法、竞争对抗法、支出可能法和任意增减法。

（1）销售额百分比法

这种匡算方法是以一定期限内的销售额的一定比率计算出广告费总额。由于执行标准不一，又可细分为计划销售额百分比法、上年销售额百分比法和两者的综合折中——平均折中销售额百分比法，以及计划销售增加额百分比法四种。

销售额百分比计算法简单方便，但过于呆板，不能适应市场变化。例如，销售额增加了，可以适当减少广告费；销售量少了，也可以增加广告费，加强广告宣传。

（2）利润百分率法

利润额根据计算方法不同，可分为实现利润和纯利润两种百分率计算法。这种方法在计算上较简便，同时使广告费和利润直接挂钩，适合于不同产品间的广告费分配。但对新上市产品不适用，新产品上市要大量做广告，掀起广告攻势，广告开支比例自然就大。利润百分率法的计算和销售额百分率法相同，同样是一种计算方法。

（3）销售单位法

这是以每件产品的广告费摊分来计算广告预算方法。按计划销售数为基数计算，方法简便，特别适合于薄利多销商品。运用这一方法，可掌握各种商品的广告费开支及其变化规律。同时，可方便地掌握广告效果。计算公式为

广告预算＝（上年广告费/上年产品销售件数）×本年产品计划销售件数

（4）目标达成法

这种方法是根据企业的市场战略和销售目标，具体确立广告的目标，再根据广告目标要求所需要采取的广告战略，制订出广告计划，再进行广告预算。这一方法比较科学，尤其对新上市产品发动强力推销是很有益处的，可以灵活地适应市场营销的变化。广告阶段不同，广告攻势强弱不同，费用可自由调整。目标达成法是以广告计划来决定广告预算。广告目标明确也有利于检查广告效果，其公式为

广告费＝目标人数×平均每人每次广告到达费用×广告次数

（5）竞争对抗法

这一方法是根据广告产品的竞争对手的广告费开支来确定本企业的广告预算。在这里，广告主明确地把广告当成了进行市场竞争的工具。其具体的计算方法有两种，一是

市场占有率法，一是增减百分比法。市场占有率法的计算公式为

广告预算＝（对手广告费用/对手市场占有率）×本企业预期市场占有率

增减百分比法的计算公式为

广告预算＝（1±竞争者广告费增减率）×上年广告费

需要注意的是，此法费用较大，采用时一定要谨慎。

（6）支出可能额法

这是根据企业的财政状况可能支出多少广告费来设定预算的方法，适应于一般财力的企业。但此法还要考虑到市场供求出现变化时的应变因素。

（7）任意增减法

以上年或前期广告费作为基数，根据财力和市场需要，对其进行增减，以匡算广告预算。此法无科学依据，多为一般小企业或临时性广告开支所采用。

此外，其他计算广告预算的方法还有很多。

（四）防范广告风险

1. 广告风险产生的原因

（1）非常态原因

非常态因素是因为突发性和巧合性的往往难以充分应对准备的原因。例如，2008 年 5 月 12 日的汶川大地震导致不得不中途取消所有宣传及展销活动。又如，有些法令法规的突然颁布和实施可能使得本来正常开展的广告活动无法预期开展甚至取消，2003 年国家广电总局颁布实施的关于严格限制广告播放的禁令就是一个例子。由于这些非常态因素，原本做好的一切准备都可能不得不终止或修正，广告企业就要承担相应的损失和打击。

（2）主观性因素

主观因素包括决策者风险和广告经营者风险。决策者风险是由企业本身特别是企业领导决策层的主观因素造成的。现实中如果广告主把企业的全部希望寄托在广告上，也许就会出现广告的收益与投入不相适应的尴尬局面。而广告的具体执行是广告公司，所以这也是导致广告风险衍生的一个因素。广告从业人员的素质和不规范操作，包括没有遵照正常的流程和规律都有可能导致广告活动的失败，再精美的广告作品也可能无法达到产品销售的效益。

（3）代言人风险

名人代言广告宣传不是万能的，并不适应每个企业，而且在选择名人代言的方式、人选、活动等各个环节中，都有风险存在。找名人代言来宣传自己的品牌或产品，并不是砸钱就可以，要预计可能产生的负面效果并准备好相对应的措施，才能使名人代言宣传策略行之有效。总体来说，企业在实施名人代言广告宣传中有可能存在成本风险、适用度风险和个人突发风险等。

2. 防范广告风险的策略

（1）事先分析

企业要以实事求是的态度来对广告及广告活动进行预期和运营。要准确地预算估计

广告支出与可得收益之间的比例关系，特别是估算出广告风险出现后其企业发展流程所导致的负面影响消除的弹性活动的范围的大小。

（2）统一决策

企业领导层特别是营销决策层必须加强统一协调能力的培养，要在整体的营销活动中扮演一种更积极的角色。这对一些大公司包括全球性公司极为重要，像有的广告以方言或习俗为表现手段的，这时候决策层在不同地方进行推广的时候就不能完全照搬。

（3）教育培训

广告公司人员必须强化法律意识和职业道德意识，必须以专业精神来从事广告运营，规范广告的运营过程，积极提高自身素养，以一种对广告主负责的使命感去进行活动。为了提高广告从业人员的素质，各个广告相关部门和领域都可以开展教育培训工作。

（4）建立预警

为了防范因代言人等问题给广告品牌和广告推广造成的风险，提高管理风险的意识，增强应对突发事件的危机处理的能力，企业在与广告代言人签约时都应该有附加条款，签署非常详细的行为规范条款。

任务演练

阅读《广告法》，选出你认为最容易出错或违反的广告法条款，进行讲解。

任务评价标准与记录如表 7-5 所示。

表 7-5　任务评价标准与记录

评价内容与标准	1组	2组	3组	4组	5组	6组
材料搜集						
汇报文本						
汇报内容						
汇报效果						
创新体现						
合计						

重点记录：

注：评价内容一般分为五项，评价标准一般分为优秀（A 记 2 分）、一般（B 记 1 分）、不合格（C 记 0.5 或 0 分）三个等级，每个任务满分为 10 分。此表可用于教师打分和学生互评。

项 目 总 结

本项目主要介绍了广告实施完成后的测评阶段，并从理论上阐述了如何规范地开展广告运作。在广告测评阶段，应制订广告测评方案，确定广告测评的内容、方法和效果，并撰写广告测评报告，一则广告或一个广告项目的效果如何，很大程度上要依据广告测评结果。在广告业务运作过程中，我们还需要掌握广告的管理系统，做好自我管理。

检 测 练 习

一、单项选择题

1．在广告活动期间对消费者进行一系列访问，其目的是确定广告活动达成效果的程度，这种测评方法是（　　）。

    A．市场实验法　　B．追踪测评法　　C．回函测评法　　D．分割测评法

2．测评广告引发的促进产品或劳务的销售，增加企业利润的程度，指的是（　　）效果测评。

    A．广告认知效果测评　　　　　　　B．广告社会效果测评

    C．广告的经济效果测评　　　　　　D．广告收益效果测评

3．现行的《中华人民共和国广告法》是自（　　）起施行的。

    A．2015年9月1日　　　　　　　B．2015年4月24日

    C．2015年10月1日　　　　　　　D．2015年3月15日

4．决策者风险和广告经营者风险属于广告风险当中的（　　）。

    A．非常态风险　　B．主观性风险　　C．经纪人风险　　D．代言人风险

5．广告效果测评报告的主体主要阐述（　　）。

    A．广告效果测评的目的、背景、意义

    B．广告测评的调查范围和结论

    C．广告主的基本情况和目的

    D．广告效果测评的重要性

二、多项选择题

1．按照广告效果的内容划分，广告效果可以分为（　　）。

    A．自身效果　　B．视觉效果　　C．经济效果　　D．社会效果

2．按照每次广告活动的总体程序来划分，广告效果可以分为（　　）。

    A．事前测定　　B．事中测定　　C．事间测定　　D．事后测定

3．广告效果测评的内容包括（　　）。

    A．广告信息测评　　　　　　　　　B．广告媒体测评

    C．广告收益测评　　　　　　　　　D．活动效果测评

4．广告测评的目标根据广告主实际情况确定，一般包括（　　）。

    A．树立企业形象　　　　　　　　　B．提升品牌知名度

    C．增加产品销售　　　　　　　　　D．扩大产品市场占有率

5．广告行业自律的特点有（　　）。

    A．自发性　　B．灵活性　　C．道德约束性　　D．法律约束性

实 训 项 目

【**实训名称**】广告效果测评。

【**实训目的**】测评广告的投放效果。

【**实训材料**】笔、纸、其他相关材料。

【**实训要求**】

1）制订测评方案。

2）开展测评。

3）计算和统计测评结果。

4）评价测评结果。

参 考 文 献

郭肖华. 1999. 广告创意训练教程. 北京：高等教育出版社.

李霞，王蕾. 2008. 广告策划案例教程. 北京：高等教育出版社.

李政敏. 2007. 广告实务. 大连：大连理工大学出版社.

钟立群，任淑艳. 2011. 广告实务. 北京：清华大学出版社.